高等院校公共基础课系列教材

高职大学生
就业与创业指导

主编 陈江 阮雪刚

·北京·

内 容 提 要

本教材主要介绍了大学生就业形势、就业心理调适、就业流程及求职准备、求职技巧和就业权益维护、就业政策及相关法律、创业基础与创业实践等内容，按照学生职业认知与发展规律，在编写中注重教学内容的系统性和完整性，理论和实践密切配合，重点和难点突出，循序渐进。引入典型创业实践校本案例，可读性强；且选取的案例都是大学生当前碰到的实际困难和疑惑，针对性较强。本教材有利于提高职业能力和整体素质，有利于充分挖掘学生自我潜能，培养学生的创新意识，锻炼学生的自主创业能力，从而增强学生的职业适应力和竞争力。

本教材可以作为高职高专院校创业、就业指导教材使用。

图书在版编目（CIP）数据

高职大学生就业与创业指导 / 陈江，阮雪刚主编. 北京：中国水利水电出版社，2025.1. -- （高等院校公共基础课系列教材）. -- ISBN 978-7-5226-2909-4

Ⅰ. G717.38

中国国家版本馆CIP数据核字第2024TM0894号

书　　名	高等院校公共基础课系列教材 **高职大学生就业与创业指导** GAOZHI DAXUESHENG JIUYE YU CHUANGYE ZHIDAO
作　　者	主编　陈　江　阮雪刚
出版发行	中国水利水电出版社 （北京市海淀区玉渊潭南路1号D座　100038） 网址：www.waterpub.com.cn E-mail：sales@mwr.gov.cn 电话：（010）68545888（营销中心）
经　　售	北京科水图书销售有限公司 电话：（010）68545874、63202643 全国各地新华书店和相关出版物销售网点
排　　版	中国水利水电出版社微机排版中心
印　　刷	天津嘉恒印务有限公司
规　　格	184mm×260mm　16开本　15.75印张　383千字
版　　次	2025年1月第1版　2025年1月第1次印刷
印　　数	0001—5500册
定　　价	**52.00元**

凡购买我社图书，如有缺页、倒页、脱页的，本社营销中心负责调换
版权所有·侵权必究

前 言

党的二十大报告中明确指示要坚持教育优先发展战略,加速推进教育强国、科技强国和人才强国的建设,致力于为党和国家培养优秀人才。党的二十大报告指出,"实施就业优先战略""实施就业优先战略,强化就业优先政策,健全就业促进机制,促进高质量充分就业"。高校毕业生是我国劳动力市场大军中最为重要的一个群体,目前高校毕业生已突破千万大关,2024年我国高校毕业生总人数已达1187万人。值得注意的是,我国高校录取人数依旧呈现上升态势,高校毕业生的就业问题是当前社会关注度很高的问题。本教材紧密遵循党的二十大精神,旨在培养学生树立职业精神和创新创业意识,增强学生分析和解决问题的能力,教材还注重提升学生的团队协作意识、创新能力和社会责任感,以培养全面发展的社会主义合格建设者和可靠接班人。

习近平总书记指出:"创新是社会进步的灵魂,创业是推动经济社会发展、改善民生的重要途径。"我国已迈上全面建设社会主义现代化国家的新征程,我国经济由高速增长阶段转向高质量发展阶段,经济发展方式正实现根本性转变,国家着力推进高质量发展,推动我国进入创新型国家行列,这必将带来对高素质技术技能人才和创新人才需求的日益增加。各国综合国力竞争更趋激烈,世界科技正处于群体性突破和加速化发展阶段。同时,高校毕业生就业结构性矛盾依然突出,促进高职大学生高质量充分就业,任务依然艰巨。就业是民生之本,党和国家高度重视解决大学生就业问题。"互联网+"时代下人们信息获取更容易、更公平,可以更好地发现需求,拓展市场空间,但也让大学生的就业和创业面临着更大的挑战。每个大学生都有自己的长处和短处,大学生选择职业时要充分考虑自己的特长,既要扬长也要避短,走上工作岗位后要勤奋努力、爱岗敬业,要对工作精益求精、对事业执着追求。面对严峻的就业形势,大学生更应注重自身知识储备和能力提升,这是争取就业机会的关键,要树立大局意识,把个人的就业创业和社会发展相结合,实现人生价值。

本教材主要介绍了大学生就业形势、就业心理调适、就业流程及求职准备、求职技巧和就业权益维护、就业政策及相关法律、创业基础与创业实践等内容，按照学生职业认知与发展规律，在编写中注重教学内容的系统性和完整性，理论和实践密切配合，重点和难点突出，循序渐进。在体例设计上，增加了篇首导言、学习目标、经典语录、案例引导、能力训练、创业实践案例等环节，特别是结合绍兴职业技术学院学生自身特点，梳理了典型创业实践校本案例，可读性强。每个项目中所选取的案例都是大学生当前碰到的实际困难和疑惑，针对性较强。有利于提高职业能力和整体素质，有利于充分挖掘学生自我潜能，培养学生的创新意识，锻炼学生的自主创业能力，从而增强学生的职业适应力和竞争力。

  本教材在编写过程中，编写组成员结合自身实际的教学和实践指导，参阅了大量的文献资料，也吸收了许多同行著作的精华。由于编者水平和实践经验的局限，难免有不当之处，敬请同行专家与读者批评指正，也希望大家能不吝赐教，提出宝贵意见与建议，使本书更加完善。同时，对所引参考文献的作者表达诚挚的感谢！

编者

2024 年 6 月

目 录

前言

项目一
认清就业形势　调适就业心理

任务一　就业形势与环境 ·· 2
　　一、大学生就业形势严峻 ·· 3
　　二、就业环境特点 ·· 3
　　三、就业影响因素 ·· 5
任务二　大学生就业市场 ·· 8
　　一、功能 ·· 8
　　二、作用 ·· 10
　　三、分类 ·· 11
　　四、现状及应对 ·· 13
任务三　大学生就业心理 ·· 16
　　一、大学生就业心理准备 ·· 16
　　二、常见的就业心理问题 ·· 19
　　三、诱发因素分析 ·· 22
　　四、就业心理的自我调适 ·· 24
任务四　大学生就业政策 ·· 25
　　一、市场规制政策 ·· 26
　　二、就业准入政策 ·· 26
　　三、招考录用政策 ·· 27
　　四、权利维护政策 ·· 27
　　五、宏观调控政策 ·· 27
　　六、创业扶持政策 ·· 27
　　七、社会保障政策 ·· 29
　　八、派遣与接收政策 ··· 30
　　九、指导服务政策 ·· 30

十、国家促进普通高校毕业生就业政策 …………………………… 31

项目二
做好职业规划　选择就业途径

任务一　自我探索 …………………………………………………… 35
　　一、自我认知概述 ………………………………………………… 35
　　二、自我认知方法 ………………………………………………… 37
任务二　职业认知和职业规划 ……………………………………… 39
　　一、职业的概念 …………………………………………………… 39
　　二、职业的分类 …………………………………………………… 39
　　三、职业环境分析 ………………………………………………… 41
　　四、职业规划 ……………………………………………………… 42
任务三　就业途径 …………………………………………………… 46
　　一、直接就业 ……………………………………………………… 46
　　二、政策性就业 …………………………………………………… 47
　　三、升学 …………………………………………………………… 53
　　四、出国留学 ……………………………………………………… 53
　　五、自主创业 ……………………………………………………… 54

项目三
熟悉就业流程　做好求职准备

任务一　大学生就业流程 …………………………………………… 58
　　一、就业管理部门 ………………………………………………… 58
　　二、各高等学校就业管理部门的工作流程 ……………………… 59
　　三、毕业生就业基本流程 ………………………………………… 60
　　四、毕业鉴定 ……………………………………………………… 61
　　五、毕业生登记表 ………………………………………………… 61
　　六、毕业生推荐表 ………………………………………………… 62
　　七、做好报到入职衔接 …………………………………………… 62
　　八、户口迁移证 …………………………………………………… 62
　　九、毕业生档案 …………………………………………………… 62
任务二　用人单位招聘流程 ………………………………………… 63
　　一、筛选申请材料 ………………………………………………… 63
　　二、预备性面试 …………………………………………………… 63

三、心理测试 ………………………………………… 64
　　四、笔试和面试 ……………………………………… 64
　　五、评价中心技术 …………………………………… 64
　　六、背景调查 ………………………………………… 64
　　七、录用决策 ………………………………………… 65
任务三　求职材料准备 …………………………………… 65
　　一、求职材料的内容 ………………………………… 65
　　二、简历 ……………………………………………… 67
　　三、自荐求职信 ……………………………………… 71

项目四
掌握求职技巧　应对求职挑战

任务一　笔试技巧 ………………………………………… 76
　　一、笔试种类 ………………………………………… 77
　　二、试题类型 ………………………………………… 78
　　三、笔试准备 ………………………………………… 79
　　四、实战技巧 ………………………………………… 80
任务二　面试技巧 ………………………………………… 82
　　一、面试种类 ………………………………………… 82
　　二、面试途径 ………………………………………… 85
　　三、面试次数 ………………………………………… 86
　　四、面试准备 ………………………………………… 87
　　五、实战技巧 ………………………………………… 98

项目五
签署就业协议　维护就业权益

任务一　就业协议书 ……………………………………… 103
　　一、作用 ……………………………………………… 103
　　二、签订原则 ………………………………………… 104
　　三、签订步骤 ………………………………………… 104
　　四、签订程序 ………………………………………… 104
　　五、主要内容 ………………………………………… 105
　　六、就业协议书解除 ………………………………… 105
　　七、就业协议书无效的情形 ………………………… 105

　　　　八、违约责任……………………………………………………… 106
　　　　九、签订就业协议应注意的事项………………………………… 106
　　任务二　劳动合同…………………………………………………………… 107
　　　　一、作用…………………………………………………………… 108
　　　　二、签订原则……………………………………………………… 109
　　　　三、合同期限……………………………………………………… 110
　　　　四、签订步骤……………………………………………………… 110
　　　　五、主要内容……………………………………………………… 111
　　　　六、约定事项……………………………………………………… 113
　　　　七、合同变更……………………………………………………… 114
　　　　八、合同解除……………………………………………………… 115
　　　　九、违约责任……………………………………………………… 117
　　　　十、签订劳动合同应注意的事项………………………………… 117
　　任务三　区别………………………………………………………………… 118

项目六
激发创业梦想　投身创业实践

　　任务一　创业者应具备的基本素质………………………………………… 123
　　　　一、良好的文化素质与鲜明的个性特征………………………… 123
　　　　二、敏锐的政治观察力和准确的市场判断力…………………… 125
　　　　三、良好的管理才能和健康的体魄……………………………… 126
　　任务二　影响创业的因素…………………………………………………… 127
　　　　一、个人能力因素………………………………………………… 127
　　　　二、个人的性格、气质、个性、爱好和特长…………………… 127
　　　　三、家庭因素……………………………………………………… 127
　　　　四、社会因素……………………………………………………… 128
　　任务三　创业准备…………………………………………………………… 128
　　　　一、树立创业意识………………………………………………… 128
　　　　二、创业的基础…………………………………………………… 129
　　　　三、创业前要考虑的内容………………………………………… 130
　　任务四　创业的类型和步骤………………………………………………… 131
　　　　一、创办企业类型………………………………………………… 131
　　　　二、注册公司的步骤……………………………………………… 133
　　　　三、创业融资……………………………………………………… 134
　　　　四、大学生创业的四大方向……………………………………… 135
　　　　五、大学生创业优惠政策………………………………………… 137

任务五	创业成功的"赢的策略"	140
任务六	创业实践案例	141
	一、绍兴职业技术学院优秀创业案例	141
	二、绍兴职业技术学院优秀创业者榜单	155

项目七
适应职场环境　转变职业角色

任务一	角色差异	163
	一、社会角色不同	163
	二、人际关系不同	164
	三、生活管理方式不同	164
	四、对社会认识的内容、途径不同	164
任务二	适应职业角色	165
	一、角色适应	166
	二、心理适应	168
	三、生理适应	170
	四、群体适应	170

附录

附录一	浙江省各市（区）、县（市）毕业生就业工作部门通讯录	173
附录二	绍兴职业技术学院学生创业团队申请大学生创业园条件和程序	177
附录三	部分就业信息网站网址	182
附录四	绍兴职业技术学院毕业生就业推荐表	183
附录五	绍兴职业技术学院毕业生成绩登记表	185
附录六	中华人民共和国劳动合同法	186
附录七	中华人民共和国就业促进法	198
附录八	人力资源社会保障部　教育部　财政部关于做好高校毕业生等青年就业创业工作的通知	205
附录九	浙江省2024年选拔高职高专毕业生进入本科学习实施细则	208
附录十	2024年浙江省各级机关单位考试录用公务员公告	231

参考文献 240

项目一 认清就业形势 调适就业心理

 篇首导言

在岁月的脉搏里，我们听见了时代的呼唤；在历史的脚步中，我们感受到了未来的重量。如今，当我们把目光投向当代大学生的就业天空时，一幅既充满机遇又布满挑战的画面徐徐展开，这是属于新时代青年的独特风景线，也是他们必须面对的人生考验。

本项目将围绕"认清就业形势，培养就业意识"这一核心议题，从四个维度展开探讨：首先是对当前就业市场的宏观扫描；其次是对当前大学生就业市场的解析；再对就业制度与就业政策进行解读；最后聚焦于培养科学的就业观念。

1—1
就业概述、就业形势、政策与理念（一）

 学习目标

通过本项目的学习，在知识、技能、素养三个层面应达到如下目标。

知识目标

1. 了解大学生就业形势的现状及应对。
2. 熟悉常见的就业心理问题及自我调适办法。
3. 熟悉大学生就业政策。

技能目标

1. 分析就业市场，提升对就业形势与自我定位的认知。
2. 掌握就业市场的分类，选择自己合适的就业市场。

素养目标

1. 调节就业心态，增加就业的竞争意识。
2. 树立正确的就业观念，调节心理预期。

1—2
就业概述、就业形势、政策与理念（二）

 经典语录

不应当急于求成，应当去熟悉自己的研究对象，锲而不舍，时间会成全一切。凡事开始最难，然而更难的是何以善终。

——莎士比亚

项目一　认清就业形势　调适就业心理

最有希望得成功者，并不是才干出众的人，而是那些最善于利用时机去努力开创的人。

——苏格拉底

进则安居以行其志，退则安居以修其所未能，则进亦有为，退亦有为也。

——张养浩

案例引导

了解就业市场

小张是一名应用技术专业的专科生，即将步入社会，开始自己的职业生涯。这个专业在很多人眼中是一个就业前景广阔的领域，技术人才的需求在各行各业都很大。然而，现实的情况远比小张预期的要复杂得多。

随着毕业季的到来，校园招聘会一场接着一场，小张也和其他同学一样，带着满满的期待和精心准备的简历，奔波于各个企业的招聘摊位之间。他用心挑选了每一份简历的模板，反复斟酌了简历上的每一句话，每一个数据，力求将自己的能力和经验以最完美的姿态展现出来。

但是，尽管小张付出了巨大的努力，结果却并不尽如人意。他投递出的简历仿佛石沉大海，没有回音。那些曾经满怀希望的期待，逐渐被一次次的沉默和拒绝所取代。小张开始感到困惑和挫败，他不明白，为什么自己的努力总是得不到回报。

每天晚上，小张都会躺在床上反复思考，是自己的简历不够吸引人，还是面试时的表现不够出色？他甚至开始怀疑自己的专业能力，以及是否真正适合这个职业方向。

然而，小张并没有因此放弃。他开始主动寻找原因，向已经成功就业的学长学姐请教经验，上网查阅资料，了解当前的就业市场和企业需求。他意识到，找工作不仅是一场实力的较量，更是一场信息和策略的比拼。

小张开始调整自己的求职策略与心态。他不再盲目地投递简历，而是针对每一个意向岗位，量身定制简历，突出自己与岗位最匹配的技能和经验。同时，他也开始积极参加各种职业培训和工作坊，提升自己的专业技能和面试技巧。

经过一段时间的努力，小张的情况逐渐有了改观。他开始收到一些企业的面试邀请，虽然不是每一次面试都能成功，但每一次的经历都让他更加成熟和自信。终于，在一次知名企业的面试中，小张凭借自己扎实的专业技能和出色的面试表现，赢得了面试官的青睐，获得了一份心仪的工作。

任务一　就业形势与环境

在璀璨的人生画卷中，择业之路如同经纬交错的大地，承载着无数梦想与期待。而今，在社会发展的快车道上疾驰，大学生们的就业之旅面临着前所未有的复杂格局。让我们一起来探讨这一现象，并对如何应对提出一些见解。

一、大学生就业形势严峻

当前，我国正处在由高速增长转向高质量发展的关键时期，经济结构持续优化升级，新兴产业不断崛起，为大学毕业生提供了广阔的职业蓝海。然而，这片海域并非一帆风顺。随着科技的日新月异，人工智能、大数据等新兴技术正在颠覆传统行业，对劳动力市场提出了新的要求。

首先，必须认清当前的宏观环境：科技的日新月异带来了产业的转型升级，人工智能、大数据等新兴产业不断崛起，传统的劳动密集型行业则逐渐萎缩。这种结构性转变导致了人才供需的不平衡，出现"用工荒"与"就业难"并存。一方面，部分行业的岗位数量急剧减少；另一方面，新兴领域对于专业技能的要求越来越高，且往往需要长时间的学习和实践才能胜任。应届毕业生由于缺乏工作经验以及培训成本等原因，部分用人单位并不愿意招收。

同时，高校扩招带来的毕业生人数激增也是造成就业压力的一大因素。随着我国高等教育事业的蓬勃发展，越来越多的年轻人接受到高质量教育，具备了扎实的专业知识和技能。每年都有数以百万计的新鲜血液涌入职场，在有限的工作机会面前展开激烈的竞争。尤其是热门专业，往往会出现供大于求的状态，使得竞争更加激烈。

此外，"慢就业"趋势也在一定程度上加剧了市场的紧张状态，许多年轻人选择延迟就业，进一步压缩了市场空间，就业形势日益严峻（图1-1）。

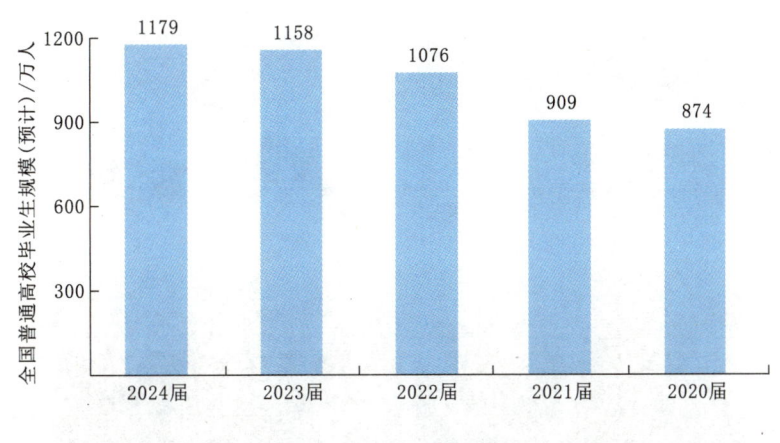

图1-1　就业形势严峻

二、就业环境特点

时代的脉搏跳动不息，我国经济正处在结构调整、转型升级的关键期，正处于力能制造向智能制造跃迁的路上，这不仅重塑了产业结构，也深刻改变了劳动力市场的需求分布。大学生群体作为国家宝贵的人才资源，就业环境也呈现出独特的面貌。

当前大学生的就业现状具有以下特点：

（一）多元化

在全球化的推动下，各行各业不断融合新的元素和技术，从而产生了多样化的工作岗位。毕业生的就业意向也呈现多样化趋势，包括考公务员、国内外升学、自主创业等。就业环境也变得越来越多元化，从国有企业到民营企业，再到外资企业以及创业公司，选择的空间不断扩大。

全球化背景下，国际交流的机会增多，各行各业对人才的需求更加多样化，为大学生提供了更为宽广的舞台。从生物科技到区块链技术，从远程办公到虚拟现实，"万花筒般"的职业选择映射出现代社会的高度分化与发展。只要拥有足够的勇气去追逐，并有足够的实力去把握，每个人都能在这片广阔的天空里找到属于自己的一片云彩。

（二）灵活性

随着共享经济的兴起以及独立合同工的身份转变，传统的职业道路不再是唯一的选择。一种新型的就业形态逐渐获得了年轻人的喜爱——那就是"灵活就业"。自由职业者、远程工作者……这些名词不再仅仅是理想主义者的专利，而是成为了一种切实可行的生活方式。越来越多的人倾向于灵活多变的工作模式，追求工作与生活的平衡，甚至是在多个领域间游走，这种工作模式不仅赋予个体更多的自由度和选择权，也为应对未来的不确定性提供了一个全新的思路，以实现更加全面且个性化的人生价值。

（三）就业人数激增

2025届高校毕业生预计规模1222万人，比2024年增加43万人，这表明就业市场面临较大压力。据统计，近年来大学毕业生人数持续增长（图1-2），而社会提供的就业岗位却未能同步增加，导致供需失衡。

图1-2 毕业生人数持续增长

在这一幅宏伟的就业画卷上，"竞争"二字如同一颗璀璨夺目的明珠，吸引着所有人的目光。一方面，高等教育的普及使得每年都有数以百万计的年轻人涌入求职市场；另一方面，工作岗位的数量并未同步增长，这也导致了激烈的岗位争夺战。每一位毕业生都必须使出浑身解数，才能在茫茫人海中脱颖而出。

（四）竞争激烈

伴随着人工智能、机器学习等颠覆性科技的发展，一方面许多行业面临着前所未有的变革压力；另一方面，这些新兴力量也催生出了全新的就业市场。然而不容忽视的事实是：优胜劣汰的速度加快，对人才的要求不断提升，使得求职之路变得更为坎坷。

（五）持续学习

面对日新月异的技术革新和飞快的知识更新速度，终身学习已经成为适应未来职场的基本准则。"铁饭碗"已成为过去式，只有那些能不断自我迭代，紧跟时代脉搏的人才，才能在职业生涯的马拉松中保持领先。

（六）第三产业

从世界经济发展的规律看，随着科技水平的提高，第一、第二产业的就业人数会逐步下降，而第三产业的就业人数会逐步提升。例如，对于大多数发达国家而言，第一、第二、第三产业就业人数占比通常在5％、25％和70％左右。

2023年，全年国内生产总值1260582亿元，比上年增长5.2％。其中，第一产业增加值89755亿元，比上年增长4.1％；第二产业增加值482589亿元，增长4.7％；第三产业增加值688238亿元，增长5.8％。第一产业增加值占国内生产总值比重为7.1％，第二产业增加值比重为38.3％，第三产业增加值比重为54.6％。因此，与发达国家相比，我国第三产业仍有很大的发展空间。相应地，第三产业将成为吸纳高校毕业生及其他劳动者就业的主要产业。

（七）跨界合作

"跨界合作"的序曲已经拉开。今天的项目往往跨越国界和地区，团队成员可能来自世界各地，不同的文化背景和专业知识在这里交融碰撞。因此，良好的沟通能力、跨文化交流的能力及协作精神成为了现代工作者不可或缺的重要素质。

三、就业影响因素

高校毕业生的就业行为是一种社会行为，关系大学生人生价值的实现、家庭教育投资的收益，也关系高等教育的可持续发展、人力资源的投入分配，关系社会发展的方方面面，吸引着政府、社会、学校、家庭、个人等多方的视线。

就业问题并不是单一因素造成的，而是多种原因共同作用的结果。当前影响大学生就业的因素，既有来自社会环境、学校教育的外部原因，又有来自大学生个体的内部原因。

（一）外部因素

1. 供求矛盾突出

大学生就业遇到的最大问题是岗位满足不了毕业生需求，高校毕业生人数每年都在递增，而社会提供的就业岗位数却不能随之扩大。当前，我国经济发展进入一个新常态，社会对高校毕业生的需求处于相对稳定的阶段，高校毕业生供给增长的速度与经济增长速度不匹配，劳动力市场在短时间内难以吸纳全部高校毕业生就业（图1-3）。

2. 社会大环境

经济形势、政策导向、人口迁移等宏观层面的变化无时无刻不在重塑劳动力市场的需求格局。在全球化的今天，国际市场的风云变幻同样牵动着国内行业的脉搏，从而间接作用于个体就业的选择与可能性。例如，新冠病毒感染冲击下全球经济增长放缓，不少企业

项目一 认清就业形势 调适就业心理

图1-3 供求矛盾突出

招聘计划受阻或缩减规模，直接增大了应届毕业生的就业难度。而随着疫情结束，经济逐渐恢复向好，用人单位对高校毕业生的需求也随之增长。

3. 区域发展不平衡

当把目光投向更广袤的土地时会发现，我国各地区经济发展水平差异悬殊。东部沿海城市高楼林立、繁花似锦，而一些西部省份却依旧面临着基础设施薄弱、产业发展不足的问题。

发展不平衡导致东部沿海城市与其他地区间就业机会与待遇差异明显，也带来了新的就业问题——人口迁移压力增大。使得大学生就业呈现"南辕北辙"的现象，很多优秀人才倾向于向少数几个大城市群集中，从而增加了其他地区的招才引智难度。

4. 政策支持

有效的政策措施能起到四两拨千斤的作用（图1-4），比如通过提供职业培训来提升劳动者的技能水平；通过调整产业结构以促进新兴产业的发展，并引导人力资源向这些领域流动等。此外，减税降费、创业补贴等一系列激励措施也能激发市场主体活力，为就业创造更多空间。

5. 教育体系

首先，传统的高等教育体系可能无法迅速适应日新月异的市场需求，对市场实际需求的信息反馈不足，使得专业知识与产业应用之间存在脱节的风险，导致部分专业的学生毕业后难以找到与其专业相对口的工作。

其次，高校教育教学质量和人才培养模式有待改进，往往忽略了对学生实践能力和创新精神的培养，造成"毕业即失业"的尴尬局面。今后，需要更加关注培

图1-4 政策支持

养学生的综合能力和创新思维，并且加强校企合作，以实现教育资源与市场需求的有效对接。

（二）内部因素

在这场供求博弈之中，个体的选择同样至关重要。面对海量信息以及不断变化的社会需求，如何精准定位自我价值并有效匹配相应的职业生涯成为每一位大学毕业生必须直面的问题。

1. 教育背景

教育资源配置及其质量直接关系到人才的培养质量和劳动市场的适应能力。它不仅为我们提供了专业技能的基础，更塑造了我们的思维模式及学习习惯。高等教育、职业教育或是技能培训，都在不同程度上为求职者打造了一块敲门砖。然而，仅有学历光环并不足以保证顺风顺水的职业生涯；相反，没有良好的基础也并非注定被边缘化，关键在于如何发挥自身所长，并将之与市场需求相对接。

2. 个人能力

无论是专业知识的应用、多语言沟通的能力还是跨文化适应性，这些软硬实力均能在求职过程中转化为竞争力。而不断地学习与提升自我，则是在这股竞争激流之中保持不败之地的重要法门。"纸上得来终觉浅"，除了学生的能力、专业知识储备等方面，许多时候，实习经验、项目参与度等因素往往能在就业过程中起到加分作用。

3. 就业倾向

当前，大学生在就业意愿上呈现出较为显著的"体制内偏好"倾向。所谓"体制内偏好"指的是大学生更倾向于选择党政机关、事业单位和国有企业等具有稳定性和较高社会地位的工作岗位。这些体制内单位通常提供较好的福利待遇、稳定的工作环境和清晰的职业发展路径，因而对大学生有着较大的吸引力，竞争也格外激烈。

与此同时，大学生群体中跨专业就业的比例也在逐年攀升。地域选择、薪资待遇、职业发展前景也是影响就业的一定因素。

此外，面对不理想的就业机会，许多学生会选择继续深造或者准备公务员考试，以期在未来获得更稳定、更有价值的工作机会。这种"重心转移"反映了大学生在就业压力下的现实考量，以及对个人职业前景的长远规划。

4. 就业预期

"预期"二字宛如一面镜子，映射了学生们对未来职场生涯的理想化设想。受家庭背景、成长经历等多重因素的影响，每个人心中的那份期待千差万别。过高的预期可能导致频繁碰壁，反之则可能使人才资源得不到有效利用。理想与现实之间常常存在鸿沟，因此灵活调整就业预期有助于拓宽道路。

5. 就业信息捕捉

在这个海量数据的时代，谁掌握了更全面、更新鲜的信息，便能在就业这场战役中占得先机。遗憾的是，不少高校学生在这方面略显欠缺。他们或是缺乏获取信息的渠道，或是不会筛选有价值的信息。如此一来，即便机会就在眼前，也可能因未能及时捕获而错失良机。因此，提升大学生的信息素养和把握机遇的能力至关重要。

项目一　认清就业形势　调适就业心理

任务二　大学生就业市场

在时光的织锦上，每一位大学生都怀揣着属于自己的梦想与期待，而这些梦想与期待往往需要通过就业这一重要途径来实现。然而，现实却常常像一面多棱镜，将理想的光芒折射成复杂的图景，大学生就业市场的现状及前景，无疑是这复杂图景中的一个焦点（图1-5）。

图1-5　大学生就业市场

随着社会主义市场经济体制的不断完善，市场在资源配置中发挥的作用越来越大，人力资源作为重要的社会资源，同资金、技术等生产要素一样，主要依靠市场自身来优化、选择和配置。这样，就形成了一个大学生就业和资源配置的市场。

大学生就业市场属于人才资源市场的一种，它是毕业生与用人单位进行双向选择的重要场所，也是引导毕业生调整择业期望值，合理优化社会人才配置，实行公开、公正竞争、优胜劣汰的场所。其主要任务是为高校毕业生举办各种类型的双向选择会、洽谈会，开展就业咨询，为用人单位提供招聘服务等，通过这一系列的就业活动，最终为高校毕业生寻找合适的工作岗位，满足高校毕业生的就业需求和用人单位的人才需求。

下面将从四个维度探讨大学生就业市场的功能、作用、规律、现状及应对。

一、功能

大学生就业市场具备劳动力市场的一般特征，但其功能及作用又有其自身的特殊性。全面了解大学生就业市场的功能和作用，把握大学生就业市场的运行规律，有利于大学生在求职择业活动中抓住机会，获得成功。具体来讲，大学生就业市场具有以下功能。

（一）交易功能

大学生就业市场既然是大学生就业交流的场所，那么，其首要功能便是通过市场实现大学生的交易，完成供求双方的价值交换。

毕业生携带的知识储备、技能特长和潜在创造力成为他们进入职场的入场券；而企业提供岗位，作为对价来获取这些宝贵的人力资源。通过市场这一交易平台，使无形的大学生资源转化为有形的货币（工资）表现形式，并通过交易，实现大学生资源的使用价值，使之转化为现实生产力，进而实现其价值。

每一次成功的匹配都是一场双赢的交易，不仅满足了个体的职业需求，也为整个经济社会发展注入新鲜血液。为确保这一功能的实现，大学生就业市场应提供交易机会和中介服务，同时应具备咨询、评估、登记、仲裁等条件，并为交易提供良好的环境条件。

（二）服务功能

大学生就业市场具有为大学生就业和用人单位选才直接服务的功能。"服务"不仅仅是职业介绍所简单的信息提供，更是在深层次上的引导和支持。就业市场提供的一系列服务，包括但不限于：就业指导与咨询、就业能力培训、组织招聘活动、就业信息发布等。

其中，组织招聘活动是关键环节，构建平台为用人单位和大学生就业提供空间。主要表现为：为大学生和用人单位进行双向选择提供必要的场地和设施，保证供需见面、双向选择活动顺利进行；提供政策咨询和业务指导，为大学生和用人单位提供必要的信息咨询服务，对就业协议书的签订进行必要的监督和管理等。

充分利用大学生就业市场的服务功能对大学生和用人单位来说都是十分重要的。大学生可以据此尽快地了解掌握有关就业工作的具体要求，获得必要的就业信息，做到心中有数，依章行事，有的放矢，提高效率，避免盲目地奔波和经济上的额外负担。对于用人单位来说也是如此，通过大学生就业市场招聘大学生，针对性强，方便快捷，同时也节约了资金。

（三）调节功能

然而，市场的波动总是难以避免，此时"调节"作用显得尤为重要。就业市场的调节机制体现在动态平衡供需关系上，通过调整政策导向、优化产业结构等方式实现人力资源的有效分配，以适应经济发展的需要。例如，当某一行业或职位的需求增加时，就业市场可以通过吸引更多的大学生进入该领域，从而调节人才供给。这种灵活的自我修正能力能够确保整体稳定并推动持续的发展。

调节作用也体现在招聘空间上。由于参加大学生就业市场的大学生和用人单位相对集中，使得供需双方有一个较为宽松的选择余地。在大学生就业市场上大学生和用人单位进行双向选择，用人单位希望挑选到本单位急需的人才，大学生同样希望选择一个既适合自己的发展又能发挥个人专业特长的单位，在大学生就业市场上大学生和用人单位都相对集中，故对于大学生来说，完全可以充满自信地去洽谈应聘，充分展现个人的基本功底和综合素质。在某种意义上说，它会成为影响改变用人单位初衷的重要因素。因此，大学生就业市场具有一定的调节功能。

（四）协调管理功能

大学生就业市场根据相关法规和交易惯例，制定市场管理办法，维护市场的正常秩序，确保其运作的规范化和科学化。此外，市场还承担着组织和促进招聘活动的职责，为大学生提供更多的就业机会。同时，市场也要求参与其中的大学生遵守既定的交易规则，确保择业行为的规范性。这样，大学生就业市场不仅发挥了其基本的交易功能，还体现了其在协调和管理方面的重要作用。

(五)人才配置功能

最后但同样关键的一个功能就是"人才配置"。人才作为一种战略性资源,在国家和社会发展中扮演着举足轻重的角色。合理的配置能激发创造潜力,促进经济增长,并引领创新潮流。

就业市场主要通过以下方式实现人才的最优配置:匹配大学生的专业技能与用人单位的需求;促进大学生跨区域就业,缓解地区间的人才供需不平衡;帮助大学生了解不同职业的发展前景,做出更合理的职业选择;为企业培养和储备人才,尤其是对于未来有发展潜力的新兴行业。

二、作用

就业市场具有巨大的作用:通过这一市场,个人才能得以展现,社会价值被创造出来。同时,这也是个不断自我调整的过程,通过对人才资源的有效配置,推动整个经济社会向前发展。

(一)通过双向选择实现择业和择人

大学生作为就业主体,在国家政策范围内具有自我支配权,可以根据自身的素质、意愿和市场信息,选择职业和用人单位;用人单位作为用人主体,具有按照工作需要选择人才的权利。两者的择业和择人通过大学生就业市场来实现。

(二)利用两个规律调节人才活动

在大学生就业市场,人力资源的配置受价值规律和供需规律的调控。大学生主要依据人才价格信息、个人与职业匹配、人才就业竞争情况来决定到哪个用人单位就业,用人单位则是根据工作要求、经营状况、社会平均人才价格来决定对人才的录用。这两个规律影响人才价格高低和人才市场竞争强弱,从而决定人才的组合和配置,推动人才的合理流动。

(三)为大学生和用人单位引入公平竞争机制

为大学生和用人单位引入公平竞争机制、优胜劣汰是市场经济的主要特点,大学生就业市场也不例外。大学生在就业市场中取胜的直接原因就是自身的竞争实力,当竞争实力较弱时,就业相对来说就会出现困难,甚至会被淘汰出局。为了毕业后能找到份理想的工作,根据市场需求和个人意向,大学生不断学习和补充各种知识,以增强自己的就业竞争力。近几年高校出现的"考证热""考研热"等都与用人单位择人标准的不断升级有关。可以说,市场竞争机制进一步激发了学生们的求知欲望,调动了学习积极性。市场作用也使用人单位的竞争更加激烈,不见硝烟的"人才战"已经打响,能否网罗优秀人才,能否保证人才不流失,是企业成败的关键。当前,逐步形成了优秀人才脱颖而出的公平竞争机制。

(四)为学校教育教学改革导航

近几年,教育部公布了教育部直属高校就业率,各省也陆续公布了省属高校就业情况,在社会上引起了强烈的反响,报考普通高等学校的考生以此为依据了解社会对人才的需求信息并填报志愿,高等学校则以此为警钟,反思专业、课程设置与社会需求的关系,根据市场供需变化调整专业设置和教学计划,增强主动适应经济与社会发展的能力,特别是教育部于 2003 年提出的"十八个挂钩",有力地促进了教育教学改革。

三、分类

在这个信息爆炸的时代,每一代人都面临着前所未有的机遇与挑战,而站在风口浪尖上的无疑是即将步入社会的大学生们。

大学生就业市场可分为线下市场和线上市场两大类。随着科技的日新月异,传统的线下就业市场逐渐被打破,线上市场的蓬勃兴起为这一代年轻人打开了新的大门。然而,在这充满无限可能的天地间,如何抉择成为了他们必须面对的重大课题。

(一)线下市场

传统意义上的就业市场,是指在某一时间内,将用人单位与毕业生聚集在某一场所,便于双方进行交流和双向选择的就业活动平台(图 1-6)。线下市场具有固定的场所、固定的举办时间及特定参与对象。比如实体的职业介绍所、招聘会或者是企业校园宣讲会等可以触摸得到的地方。

对于初涉职场的大学生来说,线下就业市场是求职过程中不可或缺的一环节。这里不仅是展示自我能力的平台,更是学习人际交往和社会规则的课堂。一个微笑、一份自信、一次主动的背后,隐藏的是未来职业生涯中的宝贵财富。而在这样的场合中所建立的人脉关系,则可能是开启职业之门的关键钥匙。

主要包括:校园招聘会、宣讲会、合作企业访问、职业洽谈会、行业协会活动、地方人才市场等。

线下就业市场的优势在于能够提供直接的人际交流和即时反馈,有助于建立信任和人际关系,对于提升大学生的就业成功率具有重要作用。在这里,学生可以直接与招聘人员交流,面对面地了解岗位需求和个人发展前景。

图 1-6 线下就业市场

(二)线上市场

线上市场主要是指与大学生就业活动相关的网络市场。伴随互联网的发展,线上就业

项目一　认清就业形势　调适就业心理

网站、求职平台如雨后春笋般涌现出来，它们以便捷高效的方式吸引着越来越多的年轻人，为用人单位和大学生就业提供更广阔的选择空间。由于网络本身具有覆盖面广、信息传递快速、打破区域限制等特点，无论是通过手机 App 还是电脑网页，只需轻轻一点，万千职位尽收眼底，个性化推荐让合适的工作主动找上门来（图 1-7）。

线上就业市场主要有以下特点：

（1）平台服务全面化：如"国家 24365 大学生就业服务平台"提供从就业意愿登记、简历制作上传、岗位查询、应聘面试到网上签约的求职全周期服务。

（2）招聘信息集中化：线上平台集中发布大量就业岗位，如"国家 24365 大学生就业服务平台"与多个省（自治区、直辖市）、高校和社会招聘机构实现互联共享，累计提供岗位数量庞大。

（3）技术应用先进化：网络招聘平台利用 AI、大数据分析等技术提升招聘效率和求职体验，进行精准匹配和 AI 面试。

（4）求职渠道多样化：除了通用的招聘网站，还有专门为大学生设计的求职平台，如前程无忧学生版、应届生求职网等。

（5）就业信息获取便捷化：学生可以通过网络招聘平台随时随地搜集职位信息，拓宽就业信息获取渠道。

线上市场的这些服务不仅提高了求职的效率和成功率，极大地节省了时间和成本，同时也为用人单位提供了更广泛的人才选择，促进了就业市场的活跃和高效运作。随着技术的不断进步和市场需求的不断变化，线上就业市场预计将继续发展和完善，为大学生提供更加全面和高质量的就业服务。

图 1-7　线上就业市场

（三）融合与发展

在这个信息爆炸的时代，互联网无疑成为了信息连接的桥梁。大学生就业市场上线下的拥挤场面逐渐转移到了线上平台。"招聘 App""在线职业咨询"以及"远程面试"等数字化工具让求职过程变得更加便捷高效。学生可以随时随地浏览招聘信息、投递简历乃至参与视频面试，节省了大量的时间和空间成本。这种变化不仅提升了求职效率，也为广大毕业生带来了前所未有的便利性和广阔的职业选择范围。

但线上市场的繁荣背后同样潜藏着诸多问题。网络环境中的虚假信息、隐私泄露风险和个人数据安全等问题不容忽视；同时，对于缺乏社会经验的应届毕业生而言，自我展示的空间更加有限，往往只能依赖一份冷冰冰的文字简历来获得雇主的认可。

相比于线上市场的虚拟性，传统的线下招聘会依然有着不可替代的优势。面对面的交流使企业和应聘者之间能建立更为直观的印象，有助于双方进行深入沟通并作出更准确的选择。此外，一些特定行业或岗位可能仍倾向于通过线下渠道选拔人才，强调实际操作能力和社会交往技巧的重要性。

然而，线下市场的缺陷也同样明显。地域限制可能导致机会不均，且组织一场大型招聘会需要巨大的人力、物力投入，其低效性也常常被诟病。加上新冠病毒感染的影响，人与人之间的接触变得愈加谨慎，这进一步推动了向线上转型的趋势。

因此，面对日新月异的就业形势，纯粹依靠线上或者线下都不足以满足当前大学生多元化的就业需求。此时线下线上有机结合的趋势逐渐突显。许多企业和求职者开始倾向于结合两种方式的优点，例如在线投递简历之后，再进行线下面试，从而更全面地评估彼此是否适合。线下市场的人情味与线上市场的效率构成了当前大学生就业市场的双重视角。无论选择哪种形式，对于大学生来说最重要的是认清自我，明确职业方向，并且不断地提升自身能力。新时代下的就业市场对个人综合素质提出了更高的要求，专业技能固然重要，跨学科的知识背景、良好的人际交往能力和创新思维同样不可或缺。

四、现状及应对

（一）大学生就业市场现状

据统计，目前大学生就业市场主要呈现出以下几方面的特点。

1. 供需不平衡

大学生就业市场供需不平衡主要体现在以下几个方面：

（1）岗位供需不平衡：随着高校扩招，毕业生人数逐年增加，而市场上的岗位增长速度未能及时跟上毕业生的增长速度，导致供大于求的局面。

（2）学科专业供需不平衡：随着高新技术产业的迅猛发展和国家对基础设施投资的力度加大，社会对计算机、机械、自动化、医药、人工智能、大数据、新能源等学科人才的需求旺盛，而对哲学、社会学、经济学、法学、农学等学科人才的需求时有波动，从而导致热门行业的门槛越来越高，而一些相对冷门或被认为"非主流"专业的学生们则苦于找不到匹配的职业方向。

（3）学历人才供需不平衡：社会对高层次的复合型、外向型和开拓型的人才需求日益迫切，出现了对人才结构、学历层次"重心"上移现象，形成了研究生需求旺盛，本科生供需基本持平，而专业对口的专科生、高职生需求旺盛的局面。

（4）地区之间供需不平衡：一般来说，经济发达地区的就业岗位多且待遇高，因而吸引了大批年轻人前往。这无疑加剧了一些大城市的人口过剩压力，并进一步提高了当地的房价和生活成本，反之则相反。目前我国东部沿海经济发达地区和中心城市的人才需求比较旺盛，呈现出供需平衡或供不应求的现象。而随着西部大开发战略的实施，中西部地区的人才需求也有所回升，而一些边远省（自治区）及经济欠发达地区的人才需求明显不足。

项目一　认清就业形势　调适就业心理

（5）院校之间供需不平衡：重点大学、名牌院校、名牌专业的毕业生呈现出"名牌"效应，社会需求增长，其就业率相对较高；而一般院校、一般专业的毕业生，社会需求相对较弱。

（6）用人单位之间需求不平衡：国有大中型企业引进毕业生数量的所占比例在逐年下降；政府机关及事业单位的用人指标有限，难以接受大量毕业生；三资企业、民营企业及高新技术产业企业（尤其是信息产业）的人才需求数量连年增加。

2. 招聘标准提高

随着每年数百万大学毕业生的涌入，就业市场已经从卖方市场转变为买方市场，这一现象已成为现实（图1-8）。在这样的市场环境下，大学毕业生面临的就业竞争变得尤为激烈。用人单位在招聘时对应聘者的素质和能力提出了更高的要求，他们在选拔人才时变得更加审慎和理性。目前，许多企业已将毕业生的综合素质视为衡量其潜力和能力的关键因素。

用人单位在招聘过程中，不仅注重毕业生的专业知识和技能，还更加关注其沟通能力、团队合作精神、创新思维、问题解决能力以及适应变化的能力等综合素质。这种转变意味着大学毕业生要想在就业市场中脱颖而出，不仅需要扎实的专业知识，还需要具备良好的个人品质和广泛的技能集。

此外，用人单位也越来越重视毕业生的实践经验，如实习经历、项目参与和志愿服务等，因为这些经验往往能够体现毕业生的实际工作能力和职业素养。对于初出茅庐的应届毕业生而言，这一标准无疑增加了他们的就业难度。

图1-8　买方市场

3. 就业竞争日益激烈

随着高等教育的普及，大学毕业生的人数持续攀升，而社会对人才的有效需求在短期内增长相对缓慢，这导致了就业机会相对有限，从而加剧了大学毕业生的就业压力和市场竞争的激烈性。此外，由于大学生毕业时间的集中性，以及他们进行职业选择的时间窗口相对较短，在一定程度上进一步增加了就业市场的紧张状况。

4. 以学校为主体的就业市场形成

得益于高校与企业间长期建立紧密联系的校企合作模式，双方在人才专业要求方面的匹配度较高，这使得学校在就业市场中的桥梁作用得以有效发挥。因此，以高校为主导的就业市场通常具有较高的签约率，市场效益也相对较好。这类就业市场的另一个优势在于信息的可靠性和真实性，加之组织工作的规范性和高效率，赢得了毕业生和用人单位的广泛认可。

（二）应对措施

1. 认清就业形势

鉴于当前的经济状况，人才市场上的招聘企业数量可能有所减少，这使得大学毕业生在求职时面临更多挑战。面对这种情况，大学毕业生需要在思想上正确理解就业市场的现状，积极适应市场的需求变化，并善于捕捉就业机会。

2. 了解自身能力

用人单位决定是否招聘某位大学毕业生以及愿意为此支付多少薪酬，主要是基于该毕业生的专业能力、实践经验以及其为公司带来的潜在价值。在人才市场中，大学毕业生可视为提供特定技能与知识的商品，而用人单位则是寻求这些资源的消费者。大学毕业生能否成功就业以及获得怎样的薪资待遇，很大程度上取决于他们如何评估自己的市场价值，并据此设定合理的期望。因此，大学生需要客观分析自己的专业技能、工作经验和个人优势；了解当前就业市场的需求，以及具有类似背景和技能的人才的一般薪资水平；认识到自己的独特价值，并能够清晰地向潜在用人单位展示这一价值。

3. 调整薪资预期

劳动力市场上的工资水平确实会因供求关系的变化和多种外部因素的作用而出现波动。大学毕业生在求职时，应密切关注市场动态，根据自身情况和市场状况，合理设定薪资预期，做出理性的就业决策。重要的是，毕业生应认识到，薪资并非职业选择的唯一标准，而应综合考虑工作的性质、个人的职业发展以及工作与个人技能和兴趣的契合度。

4. 确定就业目标

确立就业目标意味着清晰地认识到自己期望从事的工作类型（图1-9）。大学毕业生应通过深入研究人才市场的当前状况，洞察人才需求的最新趋势，并结合个人的专长、兴趣及职业规划，迅速而精准地定位自己的就业方向和职业发展点。这样做不仅能有效地减少求职过程中的时间、精力和经济成本，同时还能提高求职效率和成功率，使整个择业过程更加高效和有成效。

5. 提高个人竞争力

在买方市场主导的就业环境中，大学毕业生必须采取更为积极的态度，深入了解市场的最新需求，并主动规划自己的职业发展路径。为了在激烈的求职竞争中脱颖而出，毕业生们需要通过多种方式和渠道增强自身的市场竞争力。这不仅涉及到学术知识的深化，更重要的是全面提升个人的综合素质和实际工作技能，以符合用

图1-9 确立就业目标

人单位对人才的高标准和多元化需求。

在求职准备阶段，大学毕业生可以通过积极参与校内校外的各种项目实践、获取专业资格证书、参与学术研究和社会实践等方式，来增强自身的实战能力和职业资格。终身学习不再只是一个概念，而是成为新时代大学生在不断变化的就业市场中保持竞争力、实现可持续发展的必要条件。

任务三 大学生就业心理

双向选择的就业模式为大学生提供了公平的竞争平台，让他们能够根据自己的意愿和能力选择适合的工作，但同时也伴随着不小的心理压力和挑战（图1-10）。为了在就业市场中脱颖而出，大学生需要在毕业前做好充分的职业规划和心理准备，这是他们成功就业的关键一步。

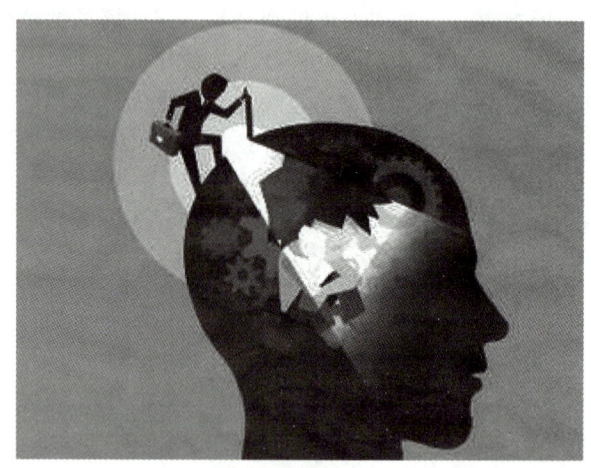

图1-10 就业心理

一、大学生就业心理准备

（一）心理素质概念

心理素质是指人在认知、情绪情感、意志、性格、自我意识、价值观及社会交往与适应能力等方面的素养。它是在环境的熏陶下，个体经过长期的修养，逐步内化出的一种心理结果。

通常我们说的心理素质与心理健康是既有联系又有区别的，心理素质是指人的心理品质，心理健康指一个人积极适应环境的能力或状态。良好的心理素质是使心理保持健康状态的基础，而健康的心理状态又是培养良好心理素质的基本条件，两者互为因果关系。

（二）心理素质对大学生就业的影响

1. 对确定择业目标的影响

心理素质对于求职者在就业过程中的表现至关重要。它影响着个人是否能够理性地评估自己，包括所学专业知识、思想道德水平、个人技能特长以及兴趣爱好等方面；同时也影响着个人能否准确把握用人单位的需求以及社会的整体需求。具备良好心理素质的求职者能够将个人的职业抱负与社会的期望相协调，将个人利益与国家利益相结合，并在众多可能的职业道路中找到适合自己的定位。

2. 对择业目标实现过程的影响

择业是选择与被选择的过程，是学生施展才华、叩开职业大门的过程，也是用人单位评判、筛选学生的过程。大学生在择业中，将会遇到自荐、面试、笔试、竞争等一系列的考验，也将会遇到专业与爱好、专业与效益、专业与地域、地域与家庭之间的一些矛盾。能否顺利地接受这些考验，能否果断地处理这些矛盾，心理素质起着重要作用。良好的心理素质，可使人在面对考验和矛盾时，做到镇定自若、乐观向上、不怕挫折、勇于创新、缜密考虑、果断决策。

3. 对实现择业目标的影响

良好的心理素质在实现择业目标的过程中发挥着至关重要的作用，它能够激发求职者内在的潜力和智慧，帮助他们全面地认识和利用自己的优势，同时有效地规避个人的不足。这样的心理状态鼓励求职者持续地自我提升和积极进取，最终找到能够最大化个人才能和专业技能的工作平台。

（三）如何具备良好的心理素质

具备良好的心理素质对于个人在多方面都具有重要意义，尤其是在职业发展、社会交往和个人成长等方面。应从以下几个方面来培养良好的心理素质：

1. 掌握知识、开发智力

掌握知识，就是学习专业知识与技能，把自己培养成社会需要的专门人才，注意培养个人的综合素质，注重人文知识的学习，同时掌握外语知识和计算机技术等基本技能。开发智力，就是学习知识与运用知识的能力。要注意培养观察力、记忆力、思维能力、注意力、想象力和创造力。

2. 培养优良的非智力因素

非智力因素是相对于智力因素而言的，它主要指个体的情感、意志、人格等因素。非智力因素是心理素质的重要组成部分。心理学专家认为非智力因素与成就和创造能力关系密切，在成就与创造活动中起着重要作用。特别是作为受过系统教育的大学生，理应成为非智力因素的优秀人才。具有优秀的非智力因素，应努力做到以下几点：

（1）培养良好的兴趣。充分认识兴趣是爱好的基础；增强兴趣的广度，培养中心兴趣。

（2）培养良好的情绪情感。充分认识自身情绪情感的特点，善于控制和调整消极情绪情感，要有明确的奋斗目标，树立正确的人生观。

（3）培养良好的意志。人的意志行动有明确的目的性，人的意志行动与克服困难相联系，意志行动是以随意动作作为基础的，随意动作是由意志指引的。

（4）培养良好的性格。提高培养良好性格的自觉性；积极参加集体活动。

（5）培养积极的价值观。将价值走向与自身成才联系起来，与崇高的人生目标联系起来，注意价值走向，确立科学的批判性，防止盲目从众、盲目选择；追求主体价值取向的稳定性，防止过强的价值观冲突及多元价值追求的无序。

3. 维护和增强心理健康

心理健康，是指个体在各种环境中能保持一种良好的心理状态，人在生活实践中，要不断地与外界环境（如自然环境、社会环境）发生关系、相互作用，接受环境的影响并反作用于环境，以取得与外界环境的平衡与协调。同时还能随环境条件的变化而不断调整自己的内部心理结构，以达到与外界的新平衡。评价大学生心理是否健康主要有以下指标：个人的心理特点是否符合相应心理发展的年龄特征；是否坚持正常的学习和工作；有无和谐的人际关系；个人能否与社会协调一致；是否善于控制情绪。

（四）心理准备

大学生在校期间就应做好以下几个方面的心理准备。

1. 竞争

正如达尔文在其生物进化论中所阐述的"适者生存"原则，这一理念在当今社会的就业市场中同样适用。竞争是根植于人类本能之中的，且在一个以优胜劣汰为特征的市场环境中，这种本能已经转化为个体必须拥有的关键能力。为了在职场上取得成功，个人需要培养和展现强大的适应能力和竞争实力。

随着社会的发展，全球化的市场经济将竞争的焦点集中在了人才的质量和能力上。因此，为了成为一位合格的现代人才，个体必须具备健康的竞争心态、强大的竞争力，并且要积极地参与到市场竞争中去。

2. 合作

社会实际上是一个由众多个体共同构成的集体，而非单一个体的孤立存在。要在社会中生存和发展，重要的是要学会与他人合作。在日益复杂的社会结构和精细化的分工面前，依靠个人力量单打独斗已非时代所趋。此外，还应当培养自我约束和宽容他人的态度。正如世界不存在绝对完美的事物，人亦如此，每个人都有其不足之处。因此，只有通过相互理解和宽容，才能促进更有效的团队合作和社会共融。

3. 发展

面对求职，高校毕业生需要先行一步，即在投身就业市场之前，做好迎接长期职业挑战的心理准备，并精心规划自己的职业生涯。只有当他们为未来设定了明确的目标和方向，才能在职业旅程中保持专注和坚定，不被短期的成就所迷惑，也不会因暂时的挫折而气馁，确保在工作和生活中都能稳健地前行。

4. 毅力

每个人在从事有目的的活动或工作时，都可能会遇到各种各样的障碍和挫折，这时所表现出来的心理情绪反应被称为挫折心理。大学生要具备良好的心理素质，在遇到困难和障碍时，不要消极地面对，而是要认真地反思，找出问题所在，积极地去解决问题。

5. 自省

大学生在进行自我评价时，应采取一种既真实又客观的态度。这包括积极发掘自身的优势和长处，以及坦率地识别和面对个人的不足和缺陷。通过这种平衡的自我认知，个体将能够在职业选择上做出更加精准的判断，利用自身的优势，同时规避弱点，以便找到真正适合自己能力和职业愿景的工作。

6. 适应

高校毕业生在规划职业发展时，需要全面考虑行业动向、地域优势及个人职业目标等因素，以做出对工作机会的明智判断。在择业时，应设定合理的期望，避免过于理想化。他们可以考虑先从基础岗位做起，以积累宝贵的工作经验。随着个人能力的提升和对行业的深入了解，再通过正常的职业发展路径，实现职位的跃升或行业的转换。

二、常见的就业心理问题

面对择业，大学生的心理是复杂而多变的（图1-11）。他们的喜悦和忧虑交织，渴望和恐惧相间，既有积极心态，又有消极心态，这两种不同的心态使学生出现种种心理矛盾、心理误区及心理障碍。

图1-11 就业心理

（一）心理矛盾

心理矛盾也可理解为心理冲突，是指两种或两种以上不同方向的动机、欲望、目标和反应同时出现，由于莫衷一是而引起紧张心态。大学生在求职择业中的心理矛盾是因过度强烈而持久的心理矛盾冲突对人的心理健康与活动效果带来消极的影响所引起，有需求矛盾和目标矛盾，主要表现为：

（1）有远大理想，但往往不能正视现实。

（2）想做一番事业，但缺乏艰苦创业的心理准备。

（3）有较强的自我意识，但缺乏把握自我的能力。

（4）渴望竞争，但缺乏竞争的勇气。

（5）鱼和熊掌不可兼得，难以决断。

产生以上心理矛盾的主要原因可能包括下列几个方面：一是由于求职择业本身是各种矛盾的汇集，是处在各种矛盾之中的艰难选择；二是生理与心理发展的不同步；三是就业指导工作明显滞后于学生就业心理的发展变化。

（二）心理障碍

心理障碍指一切心理不健康的现象或倾向，它是由心理压力和心理承受力相互作用，

项目一　认清就业形势　调适就业心理

使人失去了应有的心理平衡的结果。心理障碍表现十分复杂，程度亦有轻重之分。

大学毕业生在就业过程中易出现的心理障碍有自我认知障碍、情绪障碍，以及从众依赖、攀比等其他心理障碍，这些会产生一系列负面影响（图1-12）。

1. 情绪障碍

有许多毕业生在择业过程中表现出情绪不稳定，常常焦躁不安。

（1）焦虑心理。焦虑是由心理冲突或个人遭受挫折以及因可能要遭受挫折而产生的一种紧张、恐惧的情绪状态。在择业过程中，大多数毕业生多会出现不同程度的焦虑心理，据统计有20%的毕业生在择业中出现明显的焦虑状态。

焦虑心理主要由以下问题引起：第一，从校园步入社会，缺乏对纷繁复杂的现实社会的理性认识，产生了步入社会前的心理恐惧；第二，缺乏充分的就业准备，对就业、考研、考公务员的选择把持不定，产生顾此失彼的彷徨心理；第三，

图1-12　心理障碍产生的负面影响

恋爱分合，职业取舍，由于"鱼和熊掌"不能兼得而产生离别伤感，进而对未来的生活充满恐惧。过度的焦虑会对大学生择业、就业产生消极影响，表现为情绪烦躁、心神不安、意志消沉、萎靡不振，严重影响正常的学习、生活和择业。

（2）急躁心理。大学生择业中常常出现忧心忡忡、烦躁不安、心理紧张、无所适从等现象。表现在对用人单位了解较少的情况下就匆匆签约，一旦发现未能如愿，又后悔莫及。急躁是一种不良的心境，急躁使人缺乏自我控制能力，会导致事倍功半甚至事与愿违的结果。

（3）抑郁心理。抑郁体现为个体负面情绪的显著增长和情绪状态的长期低落。抑郁症患者往往会感到自己情绪持续低迷，对生活和前途充满忧虑，对自己的能力和智慧评价偏低，而对周遭的挑战和困难则过分夸大。在求职的过程中，大学毕业生可能会因为连续遭遇失败和挫折，而感到情绪低落，体验到极度的痛苦和失落，这种持续的负面情绪有可能导致抑郁症的发生。

（4）患得患失心理。职业选择是把握时机、抓住机遇的重要过程，错失良机可能意味着与成功擦肩而过。在就业市场上进行职业选择时，犹豫不决、过分焦虑于可能的损失，或者总是觉得其他选择更好，这些心理状态可能会导致许多毕业生无法有效做出决策，陷入职业选择的误区。

2. 自我认知障碍

在择业过程中也有一部分毕业生走两个极端，要么心高气傲、一副皇帝女儿不愁嫁的样子，对用人单位左挑右拣；但也有一部分毕业生心中无底，自卑失望，认为自己的能力无法满足用人单位的需求。

（1）自卑心理。自卑现象多见于自我意识发展不健全的大学生，特别是性格内向或有生理缺陷的大学生。在求职择业中，他们往往缺乏自信心和勇气，不敢竞争，尤其在遇到

挫折时，这些大学生很容易产生强烈的自卑心理，胆小，畏缩，觉得自己事事不如人，自卑不仅使人悲观失望、忧郁孤僻、不思进取，而且影响自身聪明才智的正常发挥。

自卑的个体往往会对自己的本质能力和职场竞争力持有偏低的自我评价。在求职的大学毕业生中，即便他们拥有足够的实力和优势，自卑心理也可能削弱他们的竞争意志，使他们不敢向雇主主动推荐自己，回避参与求职竞争，导致他们未尝试便自我设限，失去了成功就业的可能。

（2）自负心理。自负的人通常心高气傲、自视过高，总爱抬高自己而贬低别人，有时候固执己见，唯我独尊，喜欢将自己的观点强加于人。这部分大学生自认为高人一等，傲气十足，或认为自己学习成绩好，各方面条件也不错，应该有好的归宿，在择业时，他们往往好高骛远，期望值过高，对用人单位横挑鼻子竖挑眼，很难找到自己满意的工作。一旦产生自傲心理，很容易脱离实际，以幻想代替现实，在自己择业目标和现实产生反差时，则情绪会一落千丈，从而产生孤独、失落、烦躁、抑郁等心理现象。

3. 人际交往心理障碍

（1）怯懦。怯懦是指一个人在面对挑战或压力时表现出的胆小和不自信的性格倾向。在求职和选择职业的过程中，部分学生可能会表现出过度的怯懦，他们可能会感到紧张，害怕与他人交流，担心被评判或负面评价，在社交场合感到极度不安。

（2）冷漠。冷漠心理是个体在经历挫折后可能产生的一种消极情绪状态，特征为逃避现实和缺乏进取心。在求职择业的过程中，一些学生在遇到挫折时可能会感到无助和信心受挫，导致他们变得不再积极上进，情绪低落，感情和意志变得冷漠和麻木。他们可能会感到万念俱灰，认为自己已经看透了生活，从而选择放弃主动权，对命运采取一种被动接受的态度。在这种心态下，他们对职业前景失去信心，不愿再主动追求就业机会，这种逃避现实的心理反应与现代社会对积极参与就业竞争的要求不相适应。

4. 其他心理障碍

（1）从众心理。从众心理，也称为群体思维，是指个体在群体的影响或压力下，放弃自己的判断和选择，盲目跟随他人的行为或意见。在就业市场中，这种心理现象可能导致毕业生无法根据自身情况和市场实际做出合理的职业选择。

毕业生如果未能正确评估就业环境和自身的真实能力，容易受到周围人的影响，跟随他人的就业选择而不是根据自己的职业规划和目标。这可能导致他们在求职过程中缺乏独立判断而盲目跟风、徘徊不决，从而错失就业机会。

（2）依赖心理。依赖心理是指缺乏独立意识和自主承担责任的意识。个人独立决策能力不足或缺乏进取精神的人容易产生依赖心理。在就业过程中，有依赖心理的毕业生通常表现为不主动出击，消极逃避就业市场，有"等""靠""要"的心理，依赖家人通融社会关系，试图通过关系就业；依赖老师、学校送工作上门，总念着"车到山前必有路"，幻想着天上掉馅饼，试图坐等就业。即便有就业选择的机会，也要向千里之外的家长寻求决策帮助，在做职业选择时拿不定主意，以致贻误择业时机。

（3）攀比心理。攀比心理源于个体对尊重和认同感的过度追求，它是一种在虚荣心驱使下出现的较为极端的心理状态。在求职的过程中，由于每个人的成长环境、家庭状况、个人能力和性格特点以及遭遇的机会都存在差异，因此，个人在选择就业目标和职业道路

项目一　认清就业形势　调适就业心理

时具有独特性，不具有可比性。而不少毕业生争强好胜，虚荣心较强，容易产生攀比心理。在求职择业过程中，攀比心理较强的毕业生通常表现为忽视自身特点，不从自身实际情况出发，不考虑所选单位是否适合自己，而是与他人盲目攀比，不屑于到基层工作，总想找到一份超越别人的十全十美的工作，这种攀比心理使得不少毕业生迟迟不愿签约。

5. 八种不可取的"求职心理"

（1）羞怯心理。在求职现场丢下自荐书就跑，面对招聘者结结巴巴、面红耳赤，这样的人自然较难受到用人单位赏识。

（2）攀比心理。一些学生讲"级别"，觉得在校园期间我成绩比你好，荣誉比你多，理所当然工作也应比你好，却不知用人单位并非以此作为评判人才的唯一标准。这些热衷于攀比的"高材生"最终只能在"高处不胜寒"的日子中体会孤苦和冷清。

（3）依附心理。自己不急着找工作，整天想着攀哪个亲戚朋友的关系找到工作，这样得到的职位恐怕难做长久。

（4）乡土心理。有些大学生不愿出远门，只愿在眼前的"一亩三分地"里就业，其实走出去前景十分开阔。

（5）保守心理。缺乏竞争意识，不敢迎接挑战，或抱着谦虚"美德"不放，不敢亮出自己的长处及特色，勇气、胆识皆无，这样的人自然不受用人单位青睐。

（6）低就心理。与保守心理相反，这些人总觉得竞争激烈，自己技不如人，遂甘拜下风，心中无数，不敢"亮剑"，找个买家草草签约。对于一些单位开出的不平等协议也闭着眼睛签订，给日后的工作带来严重隐患。

（7）厌世心理。这些学生思想激进，新潮前卫，处处摆"酷"，不愿出去找工作，嫌这儿工资低、那儿待遇不好，一说找工作就是自己要当老板，钱没挣着不说还倒欠了一屁股的债。

（8）造假心理。有些学生条件不足，便妄想用"假"资历蒙混过关，但假学历、假证书、假荣誉等并非敲开就业大门的敲门砖，假的终究长不了，反而只会误了自己名声，毁了自己前程。

三、诱发因素分析

（一）社会因素

（1）供需矛盾。近年来，由于高校不断扩招，导致了大学生数量逐年递增，这就使大学生就业成了突出的问题。不断扩招的大学生，源源不断地涌向社会，势必会出现大学生供过于求、人才过剩的现象。然而，就业矛盾并不仅因大学生过剩，还受到我国具体国情的影响。我国人口众多，分布广泛，不同区域的发展程度差异很大，发达地区与落后地区仍然存在相当大的差距，大部分的毕业生都想去发达地区工作，不愿意留在贫穷落后但人才稀缺的地方。因此，这就产生了大学生职业期望与市场供给的矛盾，这种供需矛盾对大学生的就业心理产生了强烈冲击，影响了整个社会的就业状况。

（2）就业制度的改革。就业形成了由国家宏观调控、各地政府和学校推荐、学生和用人单位双向选择的就业模式。这种模式极大地调动了大学生就业的积极性和主动性，深受大学生的欢迎。但由于就业制度改革还处于继续深化之中，高校毕业生就业市场机制还不健全，如就业制度改革不配套、供需信息不畅、就业公正性不足等，对大学生的就业心理也产生了巨大冲击，容易造成大学生的心理失衡，并由此产生各种就业心理问题。

（3）用人单位制度性歧视。许多单位过分强调性别、年龄、工作经验，甚至有相貌、身高、体重等方面的要求，有些单位克扣大学毕业生的劳动保障待遇、福利待遇，也有些单位缺乏人文关怀，对聘用的大学生置之不理，不给予良好的提升机会。

（4）社会习俗的影响。首先，有的大学生把社会上的某些传统观念作为自己选择职业的依据。有的虽然对社会习俗有自己独立的见解，但迫于社会舆论的压力，产生了从众心理，因而在择业时，缺乏艰苦创业的准备，出现争进大单位、大城市，不愿到基层的倾向。其次，家庭朋友的影响。部分大学生选择职业时首先是征求父母及亲戚朋友的意见，或者被要求选择特定的职业。这些因素无形之中对大学生就业产生了重大影响。

（5）由于社会用人制度不完善，社会上一些不正之风渗透到大学生就业领域，如优秀毕业生不能到好单位就业，而成绩一般的学生凭借亲友的社会关系却找到好单位，这些现实因素影响了大学生就业的公平竞争，造成部分大学生心理上的不平衡，从而产生一些心理障碍。

（二）学校因素

（1）高校学科设置不合理。随着高校毕业生就业制度改革的深入，高校学科设置的弊端也日益暴露出来。学校没有根据社会的需求设置相应的课程，而是按部就班地实行以前的学科专业设置，使得毕业生刚毕业就面临失业的困境。高校的职责是培养符合社会需求的人才，社会需要哪方面的人才，便要加强哪方面人才的培养力度，不能只追求眼前利益，盲目扩招，而忽略学科和专业的设置，这样最终只能培养出一批批能力平庸的大学生。知识不够用、能力不足是导致大学生就业时产生自卑、焦虑等心理问题的主要原因。

（2）学校开展就业心理辅导、就业指导的课程过少。没有形成职业规划和就业指导的相应体系，就业指导工作明显滞后于大学生就业的实际进展，导致大学毕业生缺乏经验或屡次失败。从未进入社会锻炼的大学生对外面的世界了解甚少，往往对于毕业后的工作感到迷茫。然而，学校没有针对这一问题开设足够的就业心理辅导课程，或即使开设相关课程，也只是流于形式，并没有对社会现状进行深刻分析，也没有对学生的心理进行深入了解，缺乏对学生求职观、职业道德、成功观念的指导，使得部分毕业生在面临激烈的就业竞争压力时，不知所措，无法正确评价自己，从而产生了一系列的就业心理问题。

（3）高校的实习问题有待解决。目前，大学生普遍感受到实习的地方不好找，找不到与自身匹配的岗位，更不用说通过实习明确自己适合的工作类型。尽管政府已经对大学生予以政策性支持，但这远远不够，政府还需要制定相应的政策并采取相应的措施。

（三）大学生自身因素

（1）人与人之间存在着个体差异。在就业过程中，大学毕业生的个体差异主要表现在综合能力和自我认识方面。一些毕业生能力较强，在就业时比较自信，拥有勇于竞争的良好心态；而一些毕业生能力较弱，在就业时表现得消极自卑，易产生心理障碍。

（2）求职心理准备不足。求职择业中，毕业生很容易出现心理偏差和心理障碍，因为他们仓促上阵，缺乏一些必要的心理准备。其主要表现为：自我感觉良好，认识不清；评价过低，自我唾弃，在面对择业现实时，不能准确地把握自我，顺利的时候忘乎所以，遇到挫折的时候自暴自弃，不能理智地看待现实；对就业形势认识不够，缺乏对国情的了解，守着旧观念不放，跟不上时代的潮流；就业期望值过高，不切实际，缺乏艰苦创业的精神，目光短浅，过分注重眼前利益而不愿意通过自己的努力干出一番事业，只想坐享其成，不去为了自己的理想拼搏努力。

（四）家庭因素

多数家庭对子女寄托的期望过高，希望他们能到收入较高的单位或经济发达的地区工作。这样就会让大学毕业生在就业时产生巨大的心理压力。

四、就业心理的自我调适

自我调适是指个体运用一定的原理和方法，主要是心理学的原理和方法，促使自己的心理和行为获得积极改变的过程。

（一）审时度势，树立正确的择业观

毕业生在择业时要认真考虑所学的专业和方向，了解社会对该专业的需求情况，要根据自己的职业兴趣、专业特长、实际能力以及性格气质特点、家庭情况等确定职业期望值，在择业时要以自己所长，择社会所需。同时，大学生择业过程中出现的急功近利、求闲怕苦、攀比等心理误区，在一定程度上影响了他们的职业发展。大学生应加强树立正确的择业观，正确处理国家、集体和个人之间的关系，把个人职业发展和社会要求有机结合。

（二）正视现实，调整心态

常言道："知人为聪，知己为明；知人不易，知己更难。"一个不能正确认识自己的人，就不能把主观愿望和客观条件有机地结合起来，从而选择实际的目标。要对自己有充分的认识，如思想表现、专业学习状况、各种能力、身心素质等。把第一份工作看成是聚集实力和竞争资本的好机会。择业时要杜绝盲目攀比的风气，心理价位尽量向市场价位靠拢。排除趋热、趋利的择业误区，有走向基层、走向农村、走向第三产业、走向老少边穷地区的准备和决心。把目标从求轻松和求舒适转到重视拼搏奉献、报效祖国，重视自我创业、实现自我价值上来。

（三）敢于竞争，不怕失败

大学毕业生在求职过程中应具备主动的竞争意识，勇于提出自己的观点，采取行动，并具有开拓精神。同时，他们需要基于个人的专业技能、性格特质、气质类型和兴趣爱好等实际情况，合理规划职业道路，发挥自身长处，规避短板。

在职场竞争中，应依靠自己的专业能力和实践经验，避免空洞的讨论和过度自夸。同时，应避免无益的相互竞争行为，如相互拆台或嫉妒，而应通过相互学习和相互鼓励，实现共同成长。

此外，大学生应培养对挫折的韧性，认识到求职过程中的失败是成长的一部分。有了正确的心态和充分的准备，他们将能够在激烈的就业竞争中脱颖而出，成为真正的竞争强者。

（四）调整期望，善于竞争

调整择业期望值，将总的期望值分解成几个阶段性目标逐步付诸实施。在该过程中，如果发现自己所选择的阶段期望过高，就把它移作下一阶段的期望目标。自我调整，就是自己对职业位置的希望按其主次分成不同的层次，首先满足主要的需求，然后根据实际情

况依次进行必要的调整，直到个人意愿与社会需求两者相吻合。善于竞争体现在具备良好的心理素质、实力和竞技状态上。在求职面试时情绪一定要轻松自如，要克服情绪上的焦虑和波动，要做到仪表端庄，举止得体，给人留下良好的第一印象。

（五）运用心理学原理及方法

适当的心理调适能帮助大学毕业生缓解心理冲突，消除心理误区，有效地排除心理障碍，从而以积极的心态面对求职择业问题。大学生就业心理问题的自我调适方法主要包括以下几种：

（1）自我转化法。即个体在就业过程中产生不良情绪时，采取迂回的方式，把情感和注意力转移到其他活动中去，如参加兴趣活动、学习新技能、假日郊游等，减轻或消除不良情绪对自己的影响。

（2）适度宣泄法。即个体在产生不良情绪时，通过适当的方式把情绪宣泄出来。大学毕业生在就业过程中遇到挫折时，不能一味地把不良情绪藏在心里，而应进行适度的宣泄，如向知心朋友或老师倾诉，参加打球、爬山等运动量大的活动等。宣泄情绪时一定要注意场合，并遵守适度原则，宣泄应该是无破坏性的。

（3）松弛练习法。即个体通过一定的程序训练，使自己在精神上及躯体上得到放松的一种行为治疗方法。这种方法可以帮助大学毕业生迅速减轻或消除各种不良的身心反应，如焦虑、恐惧、紧张、失眠、头疼等。

（4）自我安慰法。即个体为自己找一种"合理"的解释，"自圆其说"，以减轻精神上的压力。大学毕业生在就业过程中遇到困难和挫折时，不必苛求自己，可说服自己适当让步，承认并接受现实，找一个自己可以接受的理由来保持内心的安宁。

（5）自我激励法。自我激励法主要是指用生活中的哲理、榜样的事迹或明智的思想观念来激励自己，同各种不良情绪进行斗争，坚信未来是美好的。因为失败和挫折已成为过去，要勇敢地面对下一次，尽可能把不可以预料的事当成预料之中的。即使遇到意外事件或择业受挫，也要鼓励自己，不要惊慌失措、冲动、急躁，而要开动脑筋，冷静思考，寻找对策。大学毕业生在择业面试中常常出现胆怯、信心不足等现象，可以通过积极的自我暗示、自我激励进行调节，增强自信心，走出自卑、消除怯懦。

（6）理性情绪法。根据理性情绪行为疗法的观点，人们的情绪问题往往不是由事件本身直接引起的，而是与个体对事件的非理性认知有关。换句话说，当个体对某些事件持有不切实际的看法时，就可能产生情绪上的困扰。以大学生就业为例，如果毕业生抱有"就业必须是顺利无阻"的非理性期待，在遇到求职中的困难和挑战时，他们可能会感到沮丧和不满，这些情绪可能会引发心理问题。然而，通过改变这些非理性的想法，并采用更加理性和平和的心态来面对就业过程中的挑战，毕业生可以有效地减少情绪困扰，从而促进就业心理的积极调适。

任务四　大学生就业政策

就业政策是指国家和各级地方政府及高等院校为促进大学毕业生就业而制定的一系列

政策、方针、规定的总和。就业政策具有导向作用，它可以引导大学生走上正确的择业道路，少走弯路，提高就业成功率。

目前，我国的毕业生就业政策主要有以下类型：

一、市场规制政策

毕业生就业市场是在国家有关方针政策的指导下，运用市场机制和必要的宏观调控手段，通过双向选择、自主择业等途径，优化毕业生人才资源配置的一种方式。广义地讲，就业市场是利用市场规律调节高等学校毕业生人才供求的一种机制，它由毕业生、用人单位及其服务机构、交流洽谈场所、社会保障制度等组成。狭义地讲，是指毕业生供求双方直接见面洽谈、相互选择的场所，即人才交流会、招聘洽谈会等。

毕业生就业市场是如此重要，国家自然需要出台一系列政策法规来维护和支持。从总的情况来看，毕业生就业市场是随着社会主义市场经济体制的建立和劳动人事制度的改革而发展起来的，因此社会主义市场经济的法律规章和劳动人事制度改革的精神都适用于毕业生就业市场。就业市场规制政策从性质上大致可以分成三个层次：

一是全国人民代表大会制定的法律法规和国务院根据法律制定的一些规定。这一层次的政策具有最高的法律效力和权威性。最重要的有《中华人民共和国劳动法》《中华人民共和国劳动合同法》《中华人民共和国民法典合同法》《中华人民共和国公司法》《职业介绍暂行规定》《人事争议处理暂行规定》《人才市场管理暂行规定》等。

二是国务院各部门在遵守法律的情况下制定的部门规章、重要通知等。主要由国务院各部门根据法律法规的授权和实际需要制定。这些规章和通知通常针对就业市场的具体问题，如高校毕业生就业、职业培训等，提出具体的政策措施和实施要求。例如，教育部、人力资源和社会保障部等部门会针对高校毕业生就业问题发布相关通知和指导意见，以引导和促进高校毕业生顺利毕业。

三是各地区或者各学校出台的地方性政策规定。主要由地方政府或学校根据当地经济社会发展的实际情况和就业市场的特点制定。这些政策通常更加具体和灵活，旨在满足当地就业市场的特殊需求。例如，一些地方政府会出台针对当地特色产业的就业政策，以吸引和留住相关人才。同时，一些学校也根据自身的办学特色和就业市场需求，制定针对性的就业指导和帮扶政策。

二、就业准入政策

就业准入政策是指大学生就业获准进入某些地区、专业、职业等的相关政策。

高等学校毕业生是我国和社会的宝贵财富。高校毕业生就业的方针原则中规定毕业生要贯彻统筹安排，合理使用，加强重点，兼顾一般和面向基层，充实生产、科研、教育第一线的方针。在保证国家需要的前提下，贯彻学以致用、人尽其才的原则。教育部直属高校的研究生面向全国就业；国务院其他部委学校的毕业生主要面向本系统本行业就业；省属学校或地方学校的毕业生主要面向地方就业。

（一）地区准入政策

每个地方都有进入本地方的用人指标，各地相应地出台一些具体的进入政策，特别是大城市，如北京、上海、杭州等，每年都会出台接收普通高等学校非北京、上海、杭州生源毕业生有关问题的通知和政策。从发展趋势来说，该类政策会逐渐萎缩，但在一个特殊的历史时期，在地区和一定的时间段，该类政策的存在具有一定的合理性。

（二）职业方面的就业准入

职业方面的就业准入，是指根据《中华人民共和国劳动法》（以下简称《劳动法》）和《中华人民共和国职业教育法》的有关规定，对从事技术复杂、通用性广、涉及国家财产、人民生命安全和消费者利益的职业（工种）的劳动者，必须经过培训，并取得职业资格证书后，方可就业上岗。实行就业准入的职业范围由人力资源和社会保障部确定并向社会发布。

三、招考录用政策

招考录用政策主要指在选拔毕业生的过程中的一系列关于招考上的规定。在招考国家公务员层面，主要是公务员招考的相关制度，在企事业单位录用大学生方面，主要表现为政府和企业制定的在招考程序上的一系列规范。关于国家公务员招考录用的一系列政策就是典型的招考录用政策。

四、权利维护政策

权利维护政策是指在就业过程中对就业者本人和就业单位权利维护的一系列原则、规范。对于就业者本人，主要是维护其平等的就业权；对于用人单位，主要是保护用人单位的一系列利益。权利维护政策有利于就业过程的规范化和秩序化。

权利维护政策最主要的是对毕业生的保护政策。毕业生作为就业的一个重要主体，在就业过程中享有多方面的权益，根据目前就业规范的有关规定，毕业生主要享有获取信息权、接受就业指导权、被推荐权、选择单位权、公平待遇权等。

五、宏观调控政策

宏观调控政策，指政府为了促进我国人才结构的平衡而出台的一系列关于大学生到基层、到中小城市企业、到农村、到西部等地区去就业的鼓励性措施。比如，鼓励和支持高校毕业生到农村基层支教、支农、支医、扶贫等工作，经过两三年锻炼，根据工作需要从中选拔优秀人员到县、乡（镇）机关和学校或企事业单位担任领导工作，或充实到基层金融、工商、税务、审计、公安、司法、质检等部门。教育部发布了《普通高校毕业生基层就业政策公告》，中青联发布了《关于印发〈2024—2025年度大学生志愿服务西部计划实施方案〉的通知》等政策，都属于政府宏观调控政策。

六、创业扶持政策

创业扶持政策是积极劳动政策体系中最直接、最积极的政策，也是现阶段效果比较显著、作用比较持久的措施。我国非国有经济的迅速崛起和第三产业的飞速发展，为毕业生提供了宽广的发展空间。随着高等教育从精英化向大众化转变，大学生的就业观念也需要转变，自主创业、先就业后择业应该成为新的发展途径。

以下是一些主要的大学生创业扶持政策：

（一）资金扶持

1. 创业担保贷款

符合条件的自主创业大学生，可向创业地按规定申请创业担保贷款。贷款额度一般为最高 30 万元，贷款期限最长不超过 3 年。

对符合条件的借款人合伙创业的，可根据合伙创业人数适当提高贷款额度，最高不超过符合条件的个人创业担保贷款额度上限之和的 110%，且不超过小微企业创业担保贷款额度上限（400 万元）。

财政部门将给予贷款实际利率 50% 的财政贴息，对展期、逾期的创业担保贷款，财政部门不予贴息。

2. 一次性创业补贴

对首次创办小微企业或从事个体经营，且所创办企业或个体工商户自工商登记注册之日起正常运营 1 年以上的离校 2 年内高校毕业生，给予一次性创业补贴。

补贴标准由各地根据当地实际情况确定，如有的地方可能根据创业带动就业人数给予 1000 元至 5000 元不等的补贴。

3. 税收减免

自主创业大学生可享受税收优惠政策，如免征企业所得税、减半征收企业所得税等。

持人社部门核发《就业创业证》的高校毕业生在毕业年度内创办个体工商户、个人独资企业的，3 年内按每户每年 8000 元为限额依次扣减其当年实际应缴纳的营业税、城市维护建设税、教育费附加和个人所得税。

（二）场地支持

1. 创业孵化基地

政府和社会力量共同建设大学生创业孵化基地，为大学生创业者提供低成本的办公场地、完善的基础设施和专业的创业指导服务。

创业者可以在这些基地内享受到拎包办公的便利，以及政策咨询、创业培训、项目推介等一站式服务。

2. 场地租金补贴

对于租用经营场地的大学生创业者，政府还可能给予一定的场地租金补贴，以降低其创业成本。

（三）创业培训与指导

1. 创业培训

政府和社会组织会定期举办各类创业培训课程，包括市场分析、风险评估、营销策略等内容，帮助大学生创业者提升创业能力和规避创业风险。

有创业意愿的大学生可以免费获得公共就业和人才服务机构提供的创业指导服务，包括政策咨询、信息服务、项目开发、风险评估、开业指导、融资服务、跟踪扶持等"一条龙"创业服务。

2. 创业导师制度

政府会邀请成功企业家和专家担任创业导师，为大学生创业者提供一对一的指导和咨询服务，帮助他们解决创业过程中遇到的各种问题。

（四）其他支持政策

1. 社保补贴

对离校 2 年内未就业的高校毕业生灵活就业后缴纳的社会保险费，政府会给予一定数额的社会保险补贴。补贴标准原则上不超过其实际缴费的 2/3，补贴期限最长不超过 2 年。

2. 弹性学制

自主创业大学生可享受高校实施的弹性学制，放宽学生修业年限，允许调整学业进程、保留学籍休学创新创业等管理规定。

3. 信息共享与服务

大学生创业者可以享受到各地各高校实施的系列"卓越计划"、科教结合协同育人行动计划等，同时享受跨学科专业开设的交叉课程、创新创业教育实验班等。

创业大学生可共享学校面向全体学生开放的大学科技园、创业园、创业孵化基地、教育部工程研究中心、各类实验室、教学仪器设备等科技创新资源和实验教学平台。

自主创业大学生可享受各地各高校对自主创业学生实行的持续帮扶、全程指导、一站式服务，以及地方、高校两级信息服务平台提供的国家政策、市场动向等信息，和创业项目对接、知识产权交易等服务。

七、社会保障政策

针对一部分学生毕业时没有落实工作单位，甚至没有工作，即面临"毕业即失业"的尴尬境地，国家除了一系列促进就业的政策外，还出台了一些有关的社会保障政策，以解除就业困难的大学生的后顾之忧，更好地支持和服务大学毕业生就业。

关于大学生社会保障的相关政策主要有以下的内容：

（一）职业培训补贴政策

（1）补贴对象：对参加就业技能培训和创业培训的毕业年度高校毕业生。

（2）补贴标准：培训后取得符合规定证书的（包括职业资格证书、职业技能等级证书、专项职业能力证书、培训合格证书），给予一定标准的职业培训补贴。

（3）申领流程：向当地人社部门提供基本身份类证明原件或复印件、培训机构开具的税务发票（或行政事业性收费票据）等材料。人社部门审核后，将培训补贴支付到申请者本人社会保障卡银行账户（或其他银行账户，由申请者自主选择）或个人信用账户。

（二）职业技能评价补贴政策

（1）补贴对象：对通过初次职业技能评价并取得符合规定证书（包括职业资格证书、职业技能等级证书、专项职业能力证书，不含培训合格证）的毕业年度高校毕业生。

（2）补贴标准：由当地人力资源社会保障、财政部门确定

（3）申领流程：高校毕业生向当地人社部门提供基本身份类证明原件或复印件、职业技能评价机构开具的税务发票（或行政事业性收费票据）等材料。人社部门审核后，将补贴资金支付到申请者本人社会保障卡银行账户。

（三）社会保险补贴政策

（1）补贴对象：对离校 2 年内未就业的高校毕业生灵活就业后缴纳的社会保险费，给

予一定数额的社会保险补贴。

（2）补贴标准：原则上不超过其实际缴费的 2/3，补贴期限最长不超过 2 年。

（3）申领流程：灵活就业的高校毕业生，向当地人社部门提供基本身份类证明原件或复印件、灵活就业证明材料等。人社部门审核后，将补贴资金支付到申请者本人社会保障卡银行账户。

（四）一次性求职补贴政策

（1）补贴对象：对在毕业学年积极求职创业的低保家庭、零就业家庭、防止返贫监测对象家庭和特困人员中的高校毕业生，残疾及获得国家助学贷款的高校毕业生，给予一次性求职补贴。

（2）补贴标准：由省级人力资源社会保障、财政部门确定

（3）办理流程：符合条件的毕业生所在学校申请求职创业补贴，向当地人社部门提供毕业生获得国家助学贷款（或享受低保、身有残疾、原建档立卡贫困家庭、贫困残疾人家庭、特困救助供养）证明材料、学籍证明复印件等。申请材料经毕业生所在学校初审和公示，报当地人社部门审核后，将补贴资金支付到毕业生本人社会保障卡银行账户。

八、派遣与接收政策

派遣与接收政策，指在大学毕业生离开学校到就业单位报到过程中国家所制定的一系列政策。派遣和接收政策的完善有利于大学毕业生就业的最终实现，并进一步明确相关责任的主体，落实各项工作。

调配派遣对象为：国家计划招收的非在职毕业研究生（博士研究生、硕士研究生、研究生班、结业研究生、肄业研究生）；国家计划招收的普通高等学校毕业生和结业生；国家计划招收的普通中等专业学校毕业生以及国家计划招收的为地方培养的军队院校毕业生。

2023 年 4 月 23 日，中组部、人社部、教育部、公安部、国资委出台《关于做好取消普通高等学校毕业生就业报到证有关衔接的通知》（人社部发〔2023〕26 号），明确 2023 年起不再发放《全国普通高等学校本专科毕业生就业报到证》和《全国毕业研究生就业报到证》（以下统称就业报到证），取消就业报到证补办、改派手续，不再将就业报到证作为办理高校毕业生招聘录用、落户、档案接收转递等手续的必需材料。

学校要根据毕业生就业计划、协议，结合毕业生的具体情况，认真拟定毕业生派遣方案。派遣方案经上级毕业生分配部门批准后才能实施。

九、指导服务政策

就业指导也称"择业指导"或"职业指导"，它是为求职者选择职业、准备就业以及在职业中求进步、求发展而提供知识、经验和技能的指导。通俗地讲，它是给求职者传递信息，帮助求职择业，为其与职业结合牵线搭桥当"红娘"。

就业指导有狭义和广义之分。狭义的就业指导是给求职择业的劳动者传递就业信息，帮助其求职和择业，为其与职业的结合牵线搭桥。广义的就业指导是为劳动者选择职业、准备就业以及在职业中求发展、求进步等提供知识、经验和技能。它包括预测就业市场，汇集、传递就业信息，培养劳动技能，组织劳动力市场，以及推荐介绍和组织招聘等与就

业有关的综合性社会咨询服务活动。在我国，就业指导还应包括就业政策导向和与之相适应的思想工作，就业指导的目的是使无业者有业，有业者敬业，敬业者乐业，乐业者创业。

浙江省高校毕业生毕业后 6 个月内未就业的，可申请失业登记。失业登记后，就业服务机构将为其提供免费的职业介绍、职业指导、创业指导等就业服务。参加见习培训的大中专（技校）毕业生，有条件的地区会给予一定的补助，大中专（技校）毕业生可按当地补贴标准领取补助。《普通高等学校毕业生就业工作暂行规定》第五条明文规定高等学校的主要职责是开展毕业教育和就业指导工作，在第四章更是提出具体的要求。具体执行可能会根据国家和地方教育行政部门的相关政策有所调整。目前有的省市还出台相关政策，对高校的就业指导服务课程、服务场地、服务经费上都提出了具体要求，使大学生就业指导有了行政资源上的充分保障。

十、国家促进普通高校毕业生就业政策

（一）鼓励高校毕业生到基层、到中西部地区就业

（1）对到农村基层和城市社区公益性岗位就业的，给予社会保险补贴和公益性岗位补贴；对到农村基层和城市社区其他社会管理和公共服务岗位就业的，给予薪酬或生活补贴。

（2）对到中西部地区和艰苦边远地区县以下农村基层单位就业并履行一定服务期限的，由政府补偿学费，代偿助学贷款。

（3）对有基层工作经历的，在研究生招录和事业单位选聘时优先录取。

（4）对参加"大学生村官""三支一扶（支教、支农、支医和帮扶乡村振兴）""大学生志愿服务西部计划""农村义务教育阶段学校教师特设岗位计划"等项目的，给予生活补贴，按规定让其参加社会保险；项目服务期满并考核合格的，报考硕士研究生初试总分加 10 分，高职（高专）学生可免试入读成人本科；今后相应的自然减员空岗全部聘用参加项目服务期满的高校毕业生。

扩展阅读 1-1

"三支一扶"

"三支一扶"是支教、支医、支农、帮扶乡村振兴的简称。2006 年，中组部、原人事部等八个部门下发《关于组织开展高校毕业生到农村基层从事支教、支农、支医和扶贫工作的通知》（国人部发〔2006〕16 号），以公开招募、自愿报名、组织选拔、统一派遣的方式，从 2006 年开始连续 5 年，每年招募 2 万名高校毕业生，服务期限一般为 2～3 年，招募对象主要为全国普通高校应届毕业生。

2011 年 4 月，人力资源社会保障部下发《关于继续做好高校毕业生三支一扶计划实施工作的通知》（人社部发〔2011〕27 号），决定继续组织开展高校毕业生"三支一扶"计划，从 2011 年起，每年选拔 2 万名，5 年内选拔 10 万名高校毕业生到基层从事"三支一扶"服务。

2011—2015年，人力资源社会保障部、中央组织部、教育部、财政部、农业部、卫生部、国务院扶贫办、共青团中央等有关部门决定继续组织开展高校毕业生"三支一扶"计划，五年内选拔10万名高校毕业生到基层从事"三支一扶"服务，实际共选派13.3万名"三支一扶"人员到基层服务。

2012年起，中央财政补助西部地区"三支一扶"大学生的标准提高到人均每年2万元，中部地区人均每年1.5万元，东部地区人均每年0.8万元。

2015年9月1日起，中央财政补助标准提高到西部地区每人每年2.5万元（其中新疆南疆四地州、西藏自治区每人每年3.5万元），中部地区每人每年1.8万元。

2016—2020年，人力资源社会保障部、中央组织部、教育部、财政部、水利部、农业部、国家卫生计生委、国务院扶贫办、共青团中央等部门决定实施第三轮高校毕业生"三支一扶"（支教、支农、支医和扶贫）计划，计划每年选派2.5万名左右。

2016年，人社部、财政部印发《"三支一扶"人员能力提升专项计划实施方案》，提出到2020年实现"三支一扶"人员每年接受岗前培训或在岗脱产培训不少于5天，国家组织示范培训覆盖2.5万人次以上；中央财政按照每人2000元标准，给予每名新招募且在岗服务满6个月以上的"三支一扶"人员一次性安家费补贴。

2017年1月24日，中共中央办公厅、国务院办公厅印发《关于进一步引导和鼓励高校毕业生到基层工作的意见》。

2018年9月1日起，中央财政对东、中、西部地区分别按每人每年1.2万元、2.4万元和3万元给予补助，其中南疆四地州、西藏按每人每年4万元给予补助。

2021—2025年，中央组织部、人力资源社会保障部、教育部、财政部、水利部、农业农村部、国家卫生健康委、国家乡村振兴局、国家林草局、共青团中央决定实施第四轮高校毕业生"三支一扶"（支教、支农、支医和帮扶乡村振兴）计划，计划每年选派3.2万名左右，累计选派16万名。

2021年初，中国宣告脱贫攻坚战取得了全面胜利，政策要由集中资源支持脱贫攻坚向全面推进乡村振兴转变，原扶贫计划更名为乡村振兴计划。

截至2023年4月，"三支一扶"计划自2006年实施以来，已累计选派51万名高校毕业生到基层服务。

2024年5月13日，人力资源社会保障部发布2024年"三支一扶"计划，明确2024年中央财政支持招募3.44万名高校毕业生到基层从事支教、支农、支医和帮扶乡村振兴等，服务期为2年。

（二）鼓励高校毕业生应征入伍服义务兵役

（1）由政府补偿学费，代偿助学贷款。

（2）在选取士官、考军校、安排到技术岗位等方面优先。

（3）退役后参加政法院校为基层公检法系统定向岗位招生考试时，优先录取。

（4）具有高职（高专）学历的，退役后免试入读成人本科；或经过一定考核，入读普通本科。

（5）退役后报考硕士研究生初试总分加10分；荣立三等战功、二等功及以上奖励或者二级以上表彰的，符合全国硕士生招生考试条件的，退役后免试攻读硕士研究生。

（三）积极聘用优秀高校毕业生参与国家和地方重大科研项目

（1）高校毕业生在参与项目研究期间，享受劳务性费用和有关社会保险补助，户口、档案可存放在项目单位所在地或入学前家庭所在地人才交流中心。聘用期满，根据需要可以续聘或到其他岗位就业，就业后工龄与参与项目研究期间的工作时间合并计算，社会保险缴费年限连续计算。

（2）对企业招用非本地户籍的普通高校专科以上毕业生，各地城市应取消落户限制（直辖市按有关规定执行）。

（3）为到中小企业就业的高校毕业生提供档案管理、人事代理、社会保险办理和接续等方面的服务。

（4）从事个体经营符合条件的，免收行政事业性费用并享受国家相关扶持政策。

（5）登记失业并自主创业的，如自筹资金不足，可申请5万元小额担保贷款；对合伙经营和组织起来就业的，可按规定适当提高贷款额度。

（6）参加创业培训的，按规定给予职业培训补贴。

（7）灵活就业并符合规定的，可享受社会保险补贴政策。

（四）强化对困难家庭高校毕业生的就业援助

（1）就业困难和零就业家庭的高校毕业生，享受公益性岗位安置、社会保险补贴、公益性岗位补贴等就业援助政策。

（2）机关事业单位免收招聘报名费和体检费。

（3）高校可根据实际情况给予适当的求职补贴。

（4）对离校后未就业回到原籍的高校毕业生，由各地公共就业服务机构免费提供就业服务并组织就业见习和职业技能培训。

能力训练

1. 就业形势小组讨论

内容：全班学生以小组为单位，分工协作，调查最新高职大学生的就业形势，并形成调查报告和汇编。

要求：

（1）选用合适的调查方法，从宏观和微观两个方面进行调查。

（2）归纳总结就业形势的特征及就业难点，并分析相应的原因。

（3）针对所调查的就业形势与就业政策，提出高职大学生的就业对策。

（4）形成数据鲜明、图文并茂的调查报告。

项目二 做好职业规划 选择就业途径

 篇首导言

职业规划是个人根据自身的兴趣、能力、价值观以及市场需求等因素，对自己的职业生涯进行设计和规划的过程。良好的职业规划不仅能够帮助个人实现职业目标，还能提高工作满意度和生活质量。选择合适的就业途径则是实现职业规划的关键步骤之一。

在当今快速变化的就业市场中，制定一个好的职业规划并选择正确的就业途径至关重要。本文将围绕"做好职业规划，选择就业途径"这一核心议题，从这三个方面展开探讨：自我探索、职业认知和职业规划、就业途径。

2—1
就业信息分类、搜集与获取策略

 学习目标

通过本项目的学习，在知识、技能、素养三个层面应达到如下目标。

知识目标

1. 了解自我探索的内容。
2. 了解职业世界。

技能目标

1. 掌握职业规划的基本方法与技巧。
2. 熟悉不同就业途径的优势与挑战。

素养目标

1. 树立职业生涯规划的意识。
2. 提高职业素养。

 经典语录

美好的开端是成功的一半。

——柏拉图

成功的人是那些在机会到来之前就做好准备的人。

——乔治·桑德斯

你不能建造一个梦想的房屋,而不考虑它的基础。

——哈里·艾默生·福斯迪克

计划是智慧和机会的最佳结合。

——托马斯·爱迪生

案例引导

为什么要自我探索?

黄某,男,某重点大学管理专业应届毕业生,在校期间担曾任学生会主席职务,表现优秀,师生们公认他是一位很有实力的优秀学生。

在一家重点企业参与的人才招聘会上,学校把黄某作为第一人选特意推荐给这家企业。黄某在参与应聘时,当主考官问到他想在企业里从事哪一种工作时,黄某自信地答道:"我想凭我所学专业和我在大学期间所从事的管理工作经历,应该得到一个人事处处长的职位,这样才能发挥我的优势。"当主考官问到:"你对本企业的基本情况了解多少?一个企业的人事处处长应该具有哪些基本素质?人事处处长在一个企业中的地位和作用有哪些?"黄某立刻答道:"这些问题有的我已在书本上学过,有些我可以在工作中不断地学习充实。路是人走出来的,给我一个支点,我就会撬动整个企业。"主考官最后说:"我佩服你的自信,不过我们的企业里暂时没有适合你的这个支点,请你到别的企业里去寻找你的支点吧。"

试着分析一下黄某初次求职失败的原因有哪些?

(1) 自我评估过高,期望值过高。

(2) 对现实社会环境了解、认识不够充分。

(3) 对自己职业生涯规划的初期目标和长远目标不够客观、现实。

任务一 自 我 探 索

一、自我认知概述

职业生涯是一个人一生所有与职业相连的行为与活动以及相关的态度、价值观、愿望等连续性经历的过程,也是一个人一生中职业、职位的变迁及职业目标的实现过程。而职业生涯规划,可以帮助我们更清晰地知道自己想要什么,并为达成职业发展目标做出合理的规划和决策。同时,职业规划可以鞭策我们不断地学习和提高自己的技能,帮助个人更好地实现职业发展目标,并选择适合自己的行业和职业方向。

然而,在当代大学生中,有一半以上的人没有进行过职业生涯规划,他们不知道自己将来要从事什么样的职业,或者对自己所选择的职业缺乏必要的了解,这种状况需要得到改善。而改善的第一步就是大学生必须清醒地认识自我(图2-1),因为这是职业生涯规划的基础。

项目二　做好职业规划　选择就业途径

（一）自我认知的基本内容

自我认知的基本内容，即：了解自我、认识自我，应包括自己的兴趣爱好与特长、性格、能力、价值观、个人目标与需求、个人生理与健康情况、工作经验、社会阶层与教育水准、性别、年龄、负担状况、学识、技能、智商、情商、思维方式等。总体而言，可概括为以下三个方面：

（1）生理状态评价：对自己身高、体重、容貌身材、性别、年龄以及生理病痛、温饱饥饿、劳累疲乏的感受等。这方面，对处于青春期的大学生来说尤其重要，在对此认知的同时，多数会伴有较强的自尊或自卑的体验。

图 2-1　自我认知

（2）心理状态评价：对自己的知识、能力、情绪、兴趣、爱好、性格气质、道德水准等内在精神因素的认识和体验。

个体对自身心理状态的认识和评价是个体自我认知的核心。它可以调节控制自己的心理和行为，修正自己的经验与观念，确立一定的信念和信仰，探索自己的人生之路，反映了人的主观能动力。

（3）自身与周围关系评价：对自己在群体中的地位、作用以及自己和他人相互关系的认识、评价和体验。这对个体自信心的形成关系很大。

影响个体自我认知的因素除了与人的自我态度、成长经历、生活环境有关以外，他人对个体的评价，特别是生命中的重要人物，例如父母、家人、老师、朋友、同学等对待个体的态度会对个体的自我认知起着重要的作用。

（二）自我认知的基本原则

做好职业规划是对自我探索成果的具体运用与实践。职业选择不仅仅是谋生手段那么简单，更是个人价值观、兴趣爱好以及社会期待交织下的产物。一个明智的职业决策不仅能带来物质上的满足，更能给予精神层面的充实和愉悦。

然而，职业生涯并非一成不变的直线，而是一个动态变化的过程。在这个过程中，我们需要不断审视内心的需求与外界的变化，以此来调整职业的道路，这就需要我们在人生的不同阶段进行不断的自我探索：了解自身的强项和短板，发现那些真正能激发热情的事物，勇敢地迎接挑战并从中学习成长。

自我认知的原则是指导个人进行自我探索和理解的一系列准则。这些原则有助于确保自我认知的过程是准确、全面和有助于个人成长的。

（1）适度性原则：自我认知应该适当。过高的认知往往使自己脱离现实，意识不到自己的条件限制，甚至狂妄自傲，由自信走向自负；过低的自我评价，往往忽视自我的长处，缺乏自信，过于自卑。这意味着在评估自己的能力和成就时，要保持平衡，避免极端的自我评价。

（2）全面性原则：自我认知应当全面。正如太阳光通过三棱镜会呈现出七彩斑斓一样，人的性格也具有多面性。既要看到自己的优点和特长，又要看到自己的缺点和不足；

既要对自我某一方面的特殊素质进行具体评价，又要对其他各个方面的整体素质进行综合评价；既要考虑到全面的整体因素，又要考虑到其中占主导地位的重点因素。要从整体上进行认知和综合评判，不要片面、孤立、不分主次地下结论。

（3）客观性原则：自我认知应当客观。对自己进行观察、分析和评价要以客观事实作为基础和依据，尽量克服个人主观因素的限制和干扰。"金无足赤，人无完人"，认清瑕疵并非贬低自身，反而是成长路上的重要一步。

（4）发展性原则：自我评价时，应当以发展的眼光看待自己。自我评价不仅应当对自己的现实素质做出适当、全面、客观的评价，而且应当着眼于未来的发展变化，预见性地估计自己将来的发展潜力和前景。

当我们把这四个原则结合起来运用时，便能形成一股强大的力量，帮助我们更好地理解自己，进而影响他人和社会。就像一位哲学家所说："认识你自己"，这句话不仅仅是一个命令，更是一种承诺，一个对真我自由的终极追求。

二、自我认知方法

自我探索的重要性不言而喻，但如何实施这一过程却是个值得深思的话题。首先，我们可以从日常生活中做起，通过阅读书籍、参与社交活动或者独自旅行等方式拓宽视野，同时反思这些经历给自己带来的影响和改变。其次，尝试新事物也是推动自我发展的好方法，无论是学习一门新的语言还是技能，都能帮助我们更好地认识自己。

我们可以通过以下几种方法进行自我认知。

（一）自我感知

在日常生活中，通过参与实践活动，自我反省，总结分析自己的体验感知，可以达到认识与评价自我的目的。比如性格具有可塑性，人通过自我反省，可以逐渐培养自己良好的性格，并且扬长避短。大学生应把自己作为认知对象，积极参与活动，经常观察自己，剖析自己，明确自己的优缺点、喜好，合理地发挥自己的特长。

（二）他人评价

都说"当局者迷，旁观者清"。在生活中，与我们长期相处的人也是相对了解你的人，因此，通过他们的反馈意见也可以更客观直接地认识自己。当然，以他人为镜认知、评价自己，并不是指别人对自己的某一次评价，而主要是指从对自己有影响的、关系较为密切的周围人的一系列评价中概括出来的某些经常的、稳固的认知与评价，这才是自我认知的基础。

因此，大学生在学习和择业时应虚心听取父母、老师、朋友、同学对自己的看法，了解他们对自己长处和不足的评价，征求他们对自己择业的意见，对于正确认识自己，正确选择职业是很有裨益的。尤其是要善于听取反面意见和批评意见，这样才能更全面地了解自己。当然，对别人的评价也要全面了解，正确分析。

（三）工具测评

职业测评工具是心理测验在职业心理测评上的具体运用。各种各样的心理测验都能促进人们对自己的了解。

例如，职业兴趣、职业偏好和职业价值观的测验可以帮助受测者了解自己的职业偏好，识别可能包含他们感兴趣的职业领域并辅助其寻求职业；人格测验和能力测验也可促进受测者对自我的了解，使受测者了解自己的性格特质和能力倾向，选择更适合自己的发展道路；心理测验既可以定性说明，又能定量说明，能够更好地帮助大学生进行自我认识、自我发现和自我探索。

大学生可以通过心理测验了解自己的兴趣、气质、性格、能力等人性特征，做好求职择业的心理与行为准备。

以下是两种心理测验的方法：

（1）橱窗分析法：是一种借助直角坐标系不同象限来表示人的不同部分的分析方法。它以别人知道或不知道为横坐标，以自己知道或不知道为纵坐标，是进行自我认知的一种常用方法（图2-2）。

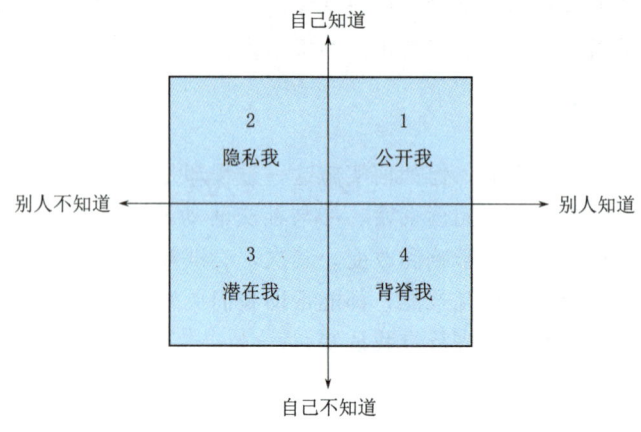

图2-2 坐标橱窗

橱窗1：为自己知道，别人知道的部分，称为"公开我"，属于个人展现在外，无所隐藏的部分。

橱窗2：为自己知道，别人不知道的部分，称为"隐私我"，属于个人内在的私有秘密部分。

橱窗3：为自己不知道，别人也不知道的部分，称为"潜在我"，是有待开发的部分。

橱窗4：为自己不知道，别人知道的部分，称为"背脊我"，犹如一个人的背部，自己看不到，别人却看得很清楚。

通过这四个橱窗可以知道，需要加强了解的是橱窗3和橱窗4。

如果自己诚恳且真心实意地征询他人的意见和看法，就不难了解"背脊我"。我们可以采取同自己的家人、朋友、同事等交流的方式，借助录音、录像设备，做到尽量开诚布公。要做到这一点，需要开阔的胸怀，确实能够正确对待，有则改之，无则加勉，否则，别人是不会说实话的。

对于橱窗3，可以采取撰写自传或24小时日记的方式来了解自我。撰写自传，可以了解个人自身成长的大致经历和自我计划情况等，而24小时日记则是通过对个人一个工作日和一个非工作日经历的对比来了解一些侧面的信息，这是了解自我的比较不错的途径。

(2) 360度测评：是针对被评价者的行为表现，从被评价者的上级、同级和下级三个方面进行全方位的评价。

360度测评是一种综合性的测评方法，以数学计算和数理统计为工具，采取无记名填表的方式进行。将被测评人按岗位分组，将评价指标分解为若干项目，组织相关人员按测评表项目，对被测评人进行评价或交叉评价，每组人员一般由30人以上评价。对评价结果进行数据汇总分析，最终提出每个人的评价结果。它可消除由评价者主观因素带来的偏差。

360度测评的优点就在于能恰当地反映被测评者的德行表现以及大家对被测评人表现出来的才能的认可，并且把定性评价工作用细化的指标进行量化分析，其结果可以进行排队比较。但其缺点是无法对被测评者的工作实绩进行评价，对被测评者内在的性格特点和潜在素质也无法测评出来。

任务二　职业认知和职业规划

一、职业的概念

职业是一个多维度的概念，它涵盖了个体的劳动能力、知识体系、技术水平以及工作态度等多个方面。具体来说，职业是指那些能够通过有目的的劳动活动，将个人的能力和才智转化为社会有益成果的工作类型（图2-3）。人们在职业活动中不仅创造出了推动社会发展的物质产品和服务，同时也为社会的精神文化层面做出了贡献。

从更广泛的角度来看，职业是社会分工的产物，也是个人身份和自我实现的重要部分。通过职业活动，个体不仅能够获得维持生计的收入，还能得到社会的认可和尊重，这对于个体的自尊心和自我效能感是非常重要的。

此外，职业还与个人的生活方式、价值观和社会地位紧密相关。人们选择不同的职业道路，就会有不同的生活方式和人生经历，这反映了个人对生活的不同理解和追求。同时，职业也在一定程度上决定了个体在社会结构中的位置，影响着他们的社会交往和人脉网络。

因此，职业不仅是人们谋生的手段，也是实现个人价值和社会价值的重要途径。一个合理的职业选择和良好的职业发展对于提升个人生活质量和社会整体进步都具有重要意义。

二、职业的分类

职业分类，是指按一定的规则、标准及方法，按照职业的性质和特点，把一般特征和本质特征相同或相似的社会职业，分成并统一归纳到一定类别系统中去的过程。

职业一般有两种分类方式。一种是依据从业人口本人所从事的工作性质的统一性进行分类，将职业划分为大类、中类、小类、细类四层。另一种主要按企业、事业单位、机关团体和个体从业人员所从事的生产或其他社会经济活动的性质的同一性分类，即按所属行业分类。

（一）《中华人民共和国职业分类大典（2022年版）》

《中华人民共和国职业分类大典》把我国职业划分为由大到小、由粗到细四个层次：

项目二 做好职业规划 选择就业途径

图 2-3 工作类型

大类（8个）、中类（66个）、小类（413个）、细类（1838个）。细类为最小类别，即职业。其中，8个大类分别是：

（1）第一大类：国家机关、党群组织、企业、事业单位负责人，其中包括5个中类，16个小类，25个细类。

（2）第二大类：专业技术人员，其中包括14个中类，115个小类，379个细类。

（3）第三大类：办事人员和有关人员，其中包括4个中类，12个小类，45个细类。

（4）第四大类：商业、服务业人员，其中包括8个中类，43个小类，147个细类。

（5）第五大类：农、林、牧、渔、水利业生产人员，其中包括6个中类，30个小类，121个细类。

（6）第六大类：生产、运输设备操作人员及有关人员，其中包括27个中类，195个小类，1119个细类。

（7）第七大类：军人，其中包括1个中类，1个小类，1个细类。

（8）第八大类：不便分类的其他从业人员，其中包括1个中类，1个小类，1个细类。

（二）《国民经济行业分类》(GB/T 4754—2017)

《国民经济行业分类》分类采用经济活动的同质性原则划分，每一个行业类别按照同一种经济活动的性质划分。分类共分为门类、大类、中类和小类四个层次，共包含门类20个，大类97个，中类473个和小类1382个。其中，20个门类分别是：①农、林、牧、渔业；②采矿业；③制造业；④电力、热力、燃气及水生产和供应业；⑤建筑业；⑥批发和零售业；⑦交通运输、仓储和邮政业；⑧住宿和餐饮业；⑨信息传输、软件和信息技术服务业；⑩金融业；⑪房地产业；⑫租赁和商务服务业；⑬科学研究和技术服务业；⑭水利、环境和公共设施管理业；⑮居民服务、修理和其他服务业；⑯教育；⑰卫生和社会工作；⑱文化、体育和娱乐业；⑲公共管理、社会保障和社会组织；⑳国际组织。

三、职业环境分析

职业环境分析是对影响特定职业的外部和内部因素进行评估的过程。这种分析有助于理解职业所处的宏观环境、行业趋势、市场状况、技术发展、竞争对手以及组织内部的工作流程等因素是如何影响职业的发展和未来前景。职业环境分析主要有以下三个方面。

一是组织环境的分析。主要对所选择的组织特点、组织文化、经营状况、发展状态、发展战略、人才需求、升迁政策以及升迁标准等进行分析。

二是社会环境的分析。主要分析社会政策、社会变革、价值观念变化、人才市场需求以及科学技术的发展等对自己所选职业的影响。

三是经济环境的分析。主要分析经济模式的转变、经济体制的改革、经济政策的变化、产业结构的调整、经济的增长率、经济的景气度、经济建设重点的转移、改革开放的政策等对自己所选职业的影响。

通过对以上各方面的综合分析，可以更好地理解当前职业的机遇和挑战，从而为个人职业规划或企业发展战略提供依据。

同时也可以从岗位、行业、企业等方面进行环境分析。

（一）岗位

对岗位环境探索的具体内容如下：

（1）岗位描述：这个岗位是什么、做什么？这个岗位要具备什么素质？谁做过和谁正在做？

（2）岗位晋升通路：和这个岗位相关的岗位是什么？这个岗位的职业发展通路是什么？

（3）不同背景下的岗位要求：不同行业对这个岗位的理解是什么？不同类型企业及企业所处发展阶段对这个岗位的理解是什么？不同领导和上司对这个岗位的理解和要求是什么？

（4）个人与岗位的差距：当综合了解岗位要求后，就可以进行差距量化和差距补充。

（二）行业

一般可以从以下几方面进行行业环境分析：

（1）这个行业是什么？

（2）行业对生活和社会的作用及发展前景、趋势如何？

（3）行业的细分领域有哪些？

（4）国内外最著名的业内公司及介绍。

（5）行业的人力资源需求状况及趋势如何？

（6）从事行业需要具有的通用素质和从业资格证书有哪些？

（7）有哪些名人做过或正在做这个行业？

（8）了解行业的著名公司老板或人力总监的介绍和言论。

(9) 职业访谈。了解一般职员部门工作的一天。
(10) 企业校园招聘职位及大学生一般能力要求。

(三) 企业

对企业环境探索的具体内容如下：

(1) 企业调研：可以从简介历史、产品服务、机构、业务、人力资源、薪酬福利等方面去了解企业。

(2) 发展阶段：了解企业所处的发展阶段，如开发期企业、成长前期企业、成长后期企业、成熟期企业、期企业。

(3) 企业选择：当以企业调研报告的形式完成对目标企业的调研时，可能会发现自己不喜欢目前所调研的企业，那么就要重新开始进行企业探索，以便确定自己所喜欢的企业。

(4) 确定企业：通过调研、探索，最终确定自己的目标企业。

四、职业规划

中国梦的提出为年轻一代提供了更为广阔的舞台来展示才能、追逐梦想。然而，要真正实现个人的职业目标并不简单。许多人在大学期间，特别是在大三时，面临着关键的抉择时刻：有些人深深地爱上了自己的专业，并计划在未来从事相关职业；而另一些人则可能仍旧对自己的专业感到不甚满意，甚至深陷困扰。

无论处于哪种情况，职业规划和就业指导都是帮助学生实现个人成长和发展的重要工具。职业规划不仅仅是关于寻找工作的策略，更是关于自我探索和确定生涯方向的过程。它鼓励学生审视自己的兴趣、价值观、能力和经验，从而作出明智的决策，并设定符合实际的目标。

通过这个过程，可以更加清楚地认识到自己周围的机遇，也可以更好地理解自己的需求和欲望。这样一来，即便在追逐梦想的路上会遇到困难和挫折，也能保持清晰的视野，坚定地朝着选定的方向前进。

因此，职业规划的价值在于它能够引导我们发现并追求真正令自己满意的事业，使我们的努力变得更有目标和意义（图 2-4）。通过系统的规划和不断的自我反思，每个人都有可能找到属于自己的成功之路，并为之不懈奋斗。

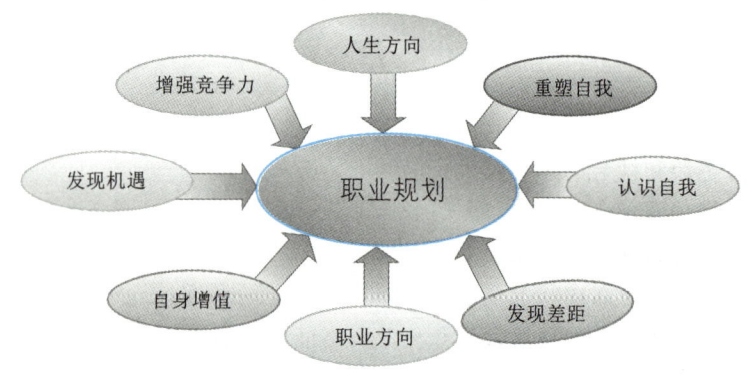

图 2-4　职业规划

> **扩展阅读 2-1**
>
> 小李，作为一个已经在社会上打拼了几年的大学毕业生，深刻体会到了社会竞争的激烈。面对严峻的就业形势，她没有被眼前的困难所击垮，而是选择了一条继续深造的道路。
>
> 在专科毕业后，小李并没有停下学习的脚步。她在工作之余，毅然决然地选择了自考这条道路。同时，她也积极地在不同的行业和岗位上积累了工作经验，尽管这让她的工作经历显得多元化，但她从中获取了宝贵的生存技能和职业素质。
>
> 然而，频繁的跳槽让小李在某些行业内失去了深入发展的机会，她的职业发展也因此受到了一定的限制。现在的她，面临着基层工作前景受限、薪资待遇不高的困境。尽管如此，小李并没有放弃寻找属于自己的出路。她试图通过应聘更好的工作岗位来改变现状，但因为种种原因未能成功。
>
> 此时的小李意识到了职业生涯规划的重要性。她需要坐下来，好好地反思自己的过去，明确自己的优势、兴趣和长远目标。然后，她可以制定出一条切实可行的职业发展路线，并为之付出努力。这可能包括进一步的教育培训、专注于特定领域的深耕、提升自己的专业技能、建立良好的职业人脉等。
>
> 虽然小李目前面临着诸多挑战，但只要她能够找到正确的方向并为之不懈努力，相信总有一天她会实现自己的职业目标，拥有属于自己的一片天空。

（一）"5W"分析法

"5W"法即用5个"What"进行归零思考，这是由美国政治学家拉斯维尔提出的，是一种被许多人广泛应用的决策方法，它依托的是归零思考的模式：从问自己是谁开始，如果能够成功回答五个问题，就有了最后的答案。

1. 内容

（1）What are you？——你是谁？

（2）What do you want？——你想做什么？

（3）What can you do？——你能做什么？

（4）What can support you？——环境支持你做什么？

（5）What can you be in the end？——你的最终目标是什么？

以上五个"W"涵盖了目标、定位、条件、距离、计划诸多方面，只要在以上几个关键点上加以细化和精心设计，使自身因素和社会条件达到最大限度的契合，对实施过程加以控制，并能在现实生活中趋利避害，就能使职业生涯规划更有实际意义。

2. 应用

在思考和回答以上5个"W"时，首先要转换角色，把你变换成我，分别为

（1）我是谁？要回答这一问题，需要对自己进行深刻的反思，把自己的优点和缺点一一列出来，从而形成一个比较清晰全面的自我认识。

（2）我想做什么？这一问题要求我们对自己的职业发展心理趋向进行检查，每个人在不同阶段的兴趣和目标并不完全一致，有时甚至是完全对立的，但随着年龄和经历的增长，个人的目标会逐渐固定下来，并最终形成自己的终生理想。

（3）我能做什么？个人职业的定位最终以自己的能力为基础，而其职业发展空间的大小则取决于自己的潜力，因而，必须对自己的能力与潜力进行全面总结，对于自身潜力的了解应从以下几个方面着手，如兴趣、毅力、判断力与决断力，以及知识结构是否全面、是否及时更新等。

（4）环境支持是什么或允许我做什么？环境对于职业选择的重要影响包括两个方面：一是客观方面，包括本地的各种状态，如经济发展、人事政策、企业制度、职业空间等；二是主观方面，包括家庭支持、朋友关系、同事关系、领导态度、亲戚关系等。对于大学生来说，后者的影响更加明显，事实也证明人脉资源越丰富的大学生，找工作越容易；同时，职业发展也很容易受家人、朋友等态度的影响。

（5）我最终生涯目标是什么？明晰了前面4个问题，就能从各个方面找到对自己有利的和不利的条件，那么，对于第5个问题自然就有了一个清楚明了的方向，从而发现不利条件最少、自己想做而且又有希望实现的最终生涯目标。

3. 案例分析

应用举例：小林同学即将毕业，作为商务英语专业的学生，她面临着职业选择的挑战。尽管外语专业的就业市场相对广阔，找到一个合适的职位可能并不太难，但小林对于自己的未来方向仍感到迷茫。她的性格开朗，对于单调乏味的办公室工作并不感兴趣，相反，她对导游这份职业抱有极大的热情。下面便运用"5W"法来剖析。

What are you？——小林，商务英语专业毕业生，优秀学生干部，学业成绩优秀，习得国际旅游英语、旅游管理、导游概论等课程，已取得导游证书。家境一般，父母工作稳定。身体健康，个性活泼，喜欢热闹，组织能力特别强。

What do you want？——她很想成为一名导游，自己比较喜欢这个职业；其次可以成为宾馆、饭店的管理人员；也可以考虑出国读本科，回国做翻译工作。

What can you do？——她曾在宾馆做过前台接待，并因英语口语良好，受邀担任过随团导游兼翻译，很有成就感；当过学生干部，团队合作意识强，多次参与学校组织的有影响的大型活动。

What can support you？——家长希望她能去国外继续深造；学校老师推荐她去一家品牌化妆品公司担任外国客户维护；有同学自己开了一家货代公司，希望她能加盟，但她自己并不了解公司的具体业务，也不知道它有多大的发展前途；在暑假社会实践时她找到了一份兼职导游工作，自己希望成为全职导游。

What can you be in the end？——最后的可能选择有四种，分别如下：

（1）到国外去继续深造，学成归来做自己梦寐以求的翻译工作。但考虑家境一般，要举债读书，心里很不舒服，压力太大，想等自己有能力、有精力后再去深造，也好减轻父母的负担。

（2）到品牌化妆品公司担任外文客户维护，收入肯定不错，但从发展的角度来看，化妆品行业竞争激烈，起伏较大，并且自己对此行业的兴趣也不是很大。

（3）去同学的货代公司做管理，但一是担心自己的专业知识用不上，日久会荒掉；二是担心自己对货代行业不熟悉，承担风险较大；三是有来自家庭的阻力，会令自己左右为难。

（4）如愿从兼职导游转为全职导游。一方面带团出游，一方面利用业余时间继续读书，把外语知识与旅游知识有机结合起来。

单纯从职业发展上看，这 4 种选择都有其合理性，但如果从个体而言，第 4 种选择显然更符合小林本身的职业价值取向。从心理学上看，选择导游这份职业能够满足她乐于与人打交道的个性特征，在工作中也更容易投入，做出一定的成绩后会有很大的成就感；从职业前途看，导游这个职业社会需求量很大；从职业兴趣上看，这种职业也比较符合她的职业兴趣倾向；从能力角度来看，当导游能发挥她的组织能力和交往能力，当然带队出游可能会影响她继续深造，但如果她能够确定自己的最终目标并努力去弥补，那么小林实现自己的职业理想将为时不远。

（二）SWOT 分析法

在完成内外部因素分析和 SWOT 矩阵的构建后，可以清楚地了解自己的竞争力和发展机会，从而能够制订出恰当的生涯目标，同时还能清晰地认识自己的不足和外在威胁，从而可以制订出相应的策略，以发挥优势因素，克服劣势因素，利用机会因素化解威胁因素。运用系统分析方法，将排列的各种环境因素相互匹配起来加以组合，得出一系列适合自己的对策。

1. 内容

内外环境及 SWOT 矩阵如图 2-5 所示。

图 2-5 SWOT 矩阵

2. 应用

最小与最小对策（W-T 对策）：即着重考虑弱点因素和威胁因素，目的是努力使这些因素都趋于最小。例如，觉得自己社交能力不强，就要多参加社会活动。

最小与最大对策（W-O 对策）：即着重考虑弱点因素和机会因素，目的是努力使弱点趋于最小，机会趋于最大。例如，虽然学校一般，专业偏冷，但目前就业市场上对复合型人才需求旺盛，只要自己综合素质足够高，前面的弱点因素就会影响甚微。

最大与最小对策（S-T 对策）：即着重考虑优势因素和威胁因素，目的是努力使优势因素趋于最大、威胁因素趋于最小，也就是说，要利用自身优势将外部威胁对个体职业发展造成的不利影响降到最低。例如，应届毕业生因为缺乏工作经验而往往被一些大型企业拒之门外，但如果你不仅具备丰富的专业知识，而且表现出良好的沟通能力、团队合作能力，具有创造性且敢于展现，就极有可能被企业破格录取。

最大与最大对策（S-O对策）：即着重考虑优势因素和机会因素，目的在于努力使这两种因素都趋于最大。例如，英语基础好，将来从事外贸工作，就可以在今后继续加强这方面的优势，让它成为各项素质中最具竞争力的要素。这应该是四大策略中最重要的，因为很多劣势是难以弥补的，与其着重于加强短板，还不如突出优势。

任务三　就　业　途　径

一、直接就业

直接就业通常指的是在完成学业或培训后，毕业后直接进入劳动力市场寻找与自己所学专业相关或不相关的工作岗位。

这与继续教育、实习、兼职等其他职业发展途径相对。直接就业可以是全职的，也可以是兼职的，取决于个人的职业规划和市场需求。对于求职者来说，直接就业是一个重要的职业发展阶段，它可以帮助个人积累工作经验，发展职业技能，并为未来的职业发展奠定基础。这种就业途径最为常见，适用于所有专业的毕业生。

（一）直接就业的优势

（1）快速获得经验：直接就业可以让个人迅速进入职场，开始积累工作经验。
（2）经济独立：开始工作意味着可以有稳定的收入，实现经济独立。
（3）职业发展：通过工作，可以逐步了解职场规则，为未来的职业晋升打下基础。
（4）社会网络：工作可以提供建立专业网络的机会，这对于职业发展非常重要。
（5）职业技能提升：工作中的实践可以快速提升个人的专业技能和工作能力。
（6）自我认知：通过工作，可以更好地了解自己的兴趣、优势和职业倾向。

（二）面临的挑战

（1）竞争压力：职场竞争激烈，需要不断提升自己以保持竞争力。
（2）工作压力：工作可能伴随着较大的工作压力和责任。
（3）职业规划：需要明确自己的职业目标和规划，以避免职业发展上的迷茫。
（4）技能更新：随着行业的发展，需要不断学习新技能以适应变化。
（5）工作与生活平衡：初入职场，找到工作与个人生活之间的平衡可能是个挑战。
（6）职业安全：在某些行业，职位的稳定性可能是个问题，需要考虑职业安全。
（7）适应能力：需要快速适应新环境、新同事和新工作方式。

面对这些挑战，个人可以通过持续学习、积极规划职业路径、建立良好的工作习惯和人际关系等方法来应对。同时，保持开放的心态，适应变化，也是在职场中取得成功的重要因素。

二、政策性就业

政策性就业通常指的是政府为了促进就业，特别是针对某些特定群体（如高校毕业生、失业人员等）或在特定地区（如农村、偏远地区等）实施的一系列就业促进措施。这些政策可能包括提供就业培训、创业支持、税收优惠、就业补贴、公共就业服务等。政策性就业的目的在于通过政府的引导和支持，帮助劳动力市场更好地匹配劳动力供需，促进经济和社会的稳定发展。

（一）政策性就业的优势

（1）提供就业机会：政府通过公共投资项目、社区服务等创造就业岗位。

（2）特定行业或地区的发展：通过政策引导，可以促进某些行业发展，或者平衡不同地区之间的就业机会。

（3）有利于社会稳定：通过政策性就业，政府可以减少社会失业率，保障人民生活，维护社会稳定。

（4）支持特定群体：针对高校毕业生、退役军人、残疾人等群体提供专门的就业支持。

（5）政府支持：政策性就业机会往往得到政府的大力支持和推动，为特定领域的就业创造了有利条件。

（二）面临的挑战

（1）资源分配：在某些情况下，政策性就业可能会导致资源分配不够高效。

（2）政策执行：依赖于政策的持续性和执行力度，效果可能会有所波动。

（3）长期可持续性：确保政策能够带来长期的就业效果，而不是短期的救济。

（4）市场需求对接：可能会限制市场的自由选择，部分就业岗位可能并非完全基于市场需求。

（三）西部计划

西部计划，全称大学生志愿服务西部计划，是由中国共青团中央、教育部、财政部、人力资源和社会保障部联合实施的一项重大人才工程。自2003年实施以来，西部计划已经累计招募派遣46.5万余名高校毕业生和在读研究生，派遣他们到西部地区的2000多个县（市、区、旗）基层服务（图2-6）。

主要目的是鼓励和引导青年人才到西部地区基层工作，通过志愿服务促进当地经济社会发展，同时也是对青年人才自身的理想信念、意志品格和实践能力的锻炼。西部计划已成为有效的就业促进工程、人才流动工程、卫国戍边工程、乡村振兴协力工程和实践育人工程。

服务内容涵盖了乡村教育、服务乡村建设、健康乡村、基层青年工作、乡村社会治理、卫国戍边、服务新疆和西藏等多个专项。志愿者在服务期间将参与基础教育、农业科技、医疗卫生、社会工作、民族团结等多方面的工作。

参加西部计划的大学生志愿者除享受国家规定的高校毕业生就业优惠政策外，还可以享受以下政策优惠：

项目二　做好职业规划　选择就业途径

图 2-6　西部计划

1. 政策支持

按照中共中央办公厅、国务院办公厅《关于进一步引导和鼓励高校毕业生到基层工作的意见》，人力资源社会保障部等单位《关于统筹实施引导高校毕业生到农村基层服务项目工作的通知》《关于做好艰苦边远地区公务员考试录用工作的意见》等有关文件规定，西部计划志愿者可享受相应优惠政策。鼓励各地积极出台支持志愿者扎根当地的政策措施。

（1）服务 2 年以上且考核合格的，服务期满后 3 年内报考硕士研究生的，初试总分加 10 分，同等条件下优先录取。

（2）参加西部计划项目前无工作经历的志愿者，服务期满且考核合格后 2 年内（研究生支教团志愿者自研究生毕业时开始计算），在参加机关事业单位考录（招聘）、各类企业吸纳就业、自主创业、落户、升学等方面须同等享受应届高校毕业生的相关政策。

（3）按规定符合相应条件的，可享受相应的学费补偿和助学贷款代偿政策。

（4）服务期满考核合格的，依实际服务年限计算服务期及工龄（参加工作时间按其到基层报到之日起算），并在服务证书和服务鉴定表中体现。

（5）服务期满 1 年且考核合格后，可按规定参加职称评定。

（6）出省服务的和在本省服务的志愿者享受同等优惠政策。

2. 资金保障

（1）西部计划作为中央举办、地方受益的国家项目，所需经费由中央和地方财政共同承担。中央财政按照西部地区每人每年 3 万元（南疆四地州、西藏每人每年 4 万元）、中部地区每人每年 2.4 万元的标准给予补助，通过一般性转移支付体制结算方式拨付省级财政部门。地方各级财政要统筹中央财政补助资金和自身财力，按月足额发放志愿者工作生活补贴，承担志愿者社会保险单位缴纳部分（个人缴纳部分从志愿者工作生活补贴中代扣代缴），保障各级项目办开展志愿者招募、培训、派遣、宣传等工作。按照人力资源社会保障部等单位《关于统筹实施引导高校毕业生到农村基层服务项目工作的通知》要求，各地可参照当地乡镇机关或事业单位从高校毕业生中新聘用工作人员试用期满后的工资收入水平，确定西部计划志愿者工作生活补贴标准，并为在艰苦边远地区服务的志愿者提供艰苦边远地区津贴。符合条件的未就业西部计划志愿者享受相关就业创业扶持政策。

（2）各地要加强统筹协调和督促检查，确保为每名西部计划志愿者（含研究生支教团志愿者）落实社会保险。考虑到西部计划志愿者地域跨度较大、影响安全因素较多等特点，各地要按照全国项目办有关要求，为每名西部计划志愿者（含研究生支教团志愿者）购买重大疾病、人身意外伤害等商业保险。鼓励有条件的地方为志愿者办理其他补充医疗保险。

（3）县级项目办及基层服务单位应为志愿者提供交通、住宿、伙食等方面的便利，提高保障水平。

3. 考核激励

各服务省项目办要认真做好西部计划志愿者年度考核工作。优秀等次志愿者数量原则上不超过当期在岗志愿者人数的10%，由省级项目办统筹审定，全国项目办统一通报表扬。县级项目办应建立年度考核激励机制或积极推动将志愿者纳入所在服务单位的年度绩效考核对象，按考核结果等次给予志愿者相应激励。全国项目办将科学使用绩效考核，根据考核结果对下一年度各省全国项目的实施规模进行动态管理。

4. 地方项目

鼓励各省（自治区、直辖市）项目办实施西部计划地方项目，加强地方项目的规范管理。地方项目按照全国项目的运行模式和工作要求组织实施，所需经费由地方承担，责任主体为省（自治区、直辖市）项目办，年度实施规划须提前报全国项目办审批。经全国项目办审批的地方项目的志愿者与全国项目的志愿者享受同等优惠政策。

延续性地方项目的岗位设置须结合当地实际，按照全国项目的岗位类别和结构执行，体现基层导向、乡村导向等。新增地方项目须定位在服务乡村振兴，参照乡村教育、服务乡村建设、健康乡村、基层青年工作、乡村社会治理等类别设置服务岗位，确保90%以上的服务岗位设置在乡镇及以下。

（四）特岗计划

特岗计划是由教育部、财政部、人事部、中央编办从2006年开始联合实施的一项对西部地区农村义务教育的特殊政策。其目的是通过公开招聘高校毕业生到西部地区"两基"攻坚县、县以下农村义务教育阶段学校任教，引导和鼓励高校毕业生从事农村义务教育工作，创新农村学校教师的补充机制，逐步解决农村学校师资总量不足和结构不合理等问题，提高农村教师队伍的整体素质，促进城乡教育均衡发展。

特岗计划实行公开招聘、合同管理，聘期为3年。合同规定用人单位和应聘人员双方的权利和义务。招聘工作遵循"公开、公平、自愿、择优"和"三定"（定县、定校、定岗）原则，按下列程序进行：公布岗位；自愿报名；资格审查；考试和考核；体检；确定招聘人选；岗前培训；教师资格认定；签订协议；派遣上岗。

特岗计划主要面向高等师范院校和其他全日制普通高校的应届本科毕业生。但是，也招聘少量应届师范类专业的专科毕业生。具体招聘要求以公示为准。

参加特岗计划的大学生可以享受以下政策优惠：

1. 聘任期间的优惠政策

（1）执行国家统一的工资制度和标准，给予与当地正式教师同等的待遇，绩效工资不足的部分由地方财政承担。

（2）津贴和补贴由各地根据当地同等条件公办教师收入和中央补助水平综合确定。

（3）提供必要的交通补助和体检费，按规定纳入当地社会保障体系。

2. 聘任期满后的优惠政策

（1）鼓励特设岗位教师在服务期满后继续从事农村教育事业，对考核合格、自愿留在当地学校的特设岗位教师，当地政府负责落实工作岗位，纳入教师编制，工资发放纳入当地财政统发范围。

（2）重新择业的，各地政府为其重新选择工作岗位提供便利条件和必要帮助。

（3）可推荐免试攻读教育硕士。

（4）特设岗位教师3年期视同"农村学校教育硕士师资培养计划"要求的3年基层教学实践。

（五）"三支一扶"计划

"三支一扶"计划即支教、支农、支医和帮扶乡村振兴计划（图2-7）。支教计划就是到资源紧缺的基层义务教育学校从事支教服务；支农计划就是到乡镇或农技服务部门从事支农服务；支医计划就是到乡镇卫生院从事支医服务；扶贫计划就是到乡镇从事乡村振兴开发项服务，工作时限一般为2年。工作期满后，毕业生可自主择业，择业期间享受一定的政策优惠。"三支一扶"计划的目的在于为高校毕业生向基层单位落实就业问题提供具体的指导和保障。

"三支一扶"计划的招募对象主要为全国普通高等学校应届毕业生，并且毕业生应具备以下条件：政治素质好，热爱社会主义祖国，拥护中国共产党的基本路线和方针政策；学习成绩合格，具有相应的专业知识；具有敬业奉献精神，遵纪守法，作风正派；身体健康。

参加"三支一扶"计划的大学生可以享受以下政策优惠：

1. 聘任期间的优惠政策

"三支一扶"服务期间，"三支一扶"大学生的工作、生活补贴标准参照本地事业单位从高校毕业生中新聘用工作人员试用期满后的工资水平确定。"三支一扶"大学生参加社会保险的相关费用，要纳入财政给予的工作、生活补贴范围。

2. 聘任期满后的优惠政策

（1）原服务单位有职位空缺需要补充人员时，应优先考虑接收服务期满且考核合格的"三支一扶"大学生。县、乡各类事业单位有职位空缺需要补充人员时，也应拿出一定职位专门吸纳这部分大学生。

（2）服务期满自主创业的"三支一扶"大学生，可享受行政事业性收费减免、小额贷款担保和贴息等有关政策。应届毕业生自愿到国家需要的艰苦地区、艰苦行业做基层工作，服务达到国家规定年限并符合相应条件的，可享受国家助学贷款代偿政策。

（3）服务期满且考核合格的"三支一扶"大学生，报考党政机关公务员的，可以享受适当增加分数及其他优惠政策，优先录用；到西部地区和艰苦边远地区服务2年以上，服

图 2-7 "三支一扶"计划

务期满后 3 年内报考硕士研究生的,初试总分加 10 分,同等条件下优先录取。已被录取为研究生的应届高校毕业生参加"三支一扶"项目的,学校应为其保留学籍。

（4）服务期满且考核合格的"三支一扶"大学生,可以根据本人意愿回到原籍或者到其他地区工作,凡落实了接收单位的,接收单位所在地区应准予落户;进入国有企业单位的,由接收单位按照所任职务比照同等条件人员确定其职务工资标准;按服务期限计算工龄;今后晋升中高级职称时,同等条件下优先评定。

（5）高职（高专）毕业生参加"三支一扶"计划,服务期满且考核合格的,可免试入读成人高等学历教育专科起点本科。对已落实就业岗位的大学生,各级"三支一扶"办公室要按规定落实助学贷款代偿、工龄计算、服务年限视同社会保险缴纳年限等政策。

（六）应征入伍

从 2010 年开始,部队每年从应届高校毕业生中征收义务兵。高校毕业生入伍服义务兵役,对于提高兵员素质,优化兵员结构,加快实施人才强军、科技强军战略,完善国防动员体系,增强大学生服务国防、服务国家和人民的责任意识,拓宽青年学生磨砺品质丰富阅历、增强体魄、健康成长的途径,都具有十分重要的意义。

1. 应征入伍的条件

大学生应征入伍服义务兵役须满足以下条件。

（1）学历条件。根据国家有关规定批准设立、实施高等学历教育的全日制公办普通高等学校、民办普通高等学校和独立学院,按照国家招生规定录取的全日制普通本科、专科（含高职）、研究生、第二学士学位应（往）届毕业生、在校生和已被普通高校录取但未报到入学的学生可以应征入伍。

（2）政治条件。征兵政治审查的内容包括应征公民的年龄、户籍、职业、政治面貌、宗教信仰、文化程度、现实表现、家庭主要成员和主要社会关系成员的政治情况等。征集服现役的大学生必须热爱中国共产党,热爱社会主义祖国,热爱人民军队,遵纪守法,品德优良，决心为抵抗侵略、保卫祖国、保卫人民的和平劳动而英勇奋斗。

（3）身体条件。应征入伍的大学生要身心健康、体魄强健，身体基本条件如下：

身高。男性160厘米以上，女性158厘米以上。

体重。男性不超过标准体重的30%，不低于标准体重的15%；女性不超过标准体重的20%，不低于标准体重的15%。标准体重＝（身高－110）千克。

视力。大学生右眼裸眼视力不低于4.6，左眼裸眼视力不低于4.5。屈光不正，准分子激光手术后半年以上，无并发症，视力达到相应标准的，视为合格。

内科。收缩压大于或等于90毫米汞柱，小于140毫米汞柱；舒张压大于或等于60毫米汞柱，小于90毫米汞柱；心率60～100次1分等。

（4）年龄条件。男性普通高等学校在校生应年满18～22周岁，高职（专科）毕业生可放宽到23周岁，本科及以上学历毕业生可放宽到24周岁。女性普通高等学校在校生应年满18～20周岁，应届毕业生放宽到22周岁。

2. 应征入伍的优惠政策

为了鼓励高校毕业生应征入伍，国家对高校毕业生入伍服义务兵役的政策进行了完善。入伍大学生可享受以下五个方面的优惠政策：

（1）优先征集。高校应届毕业生入伍时，享受优先报名应征、优先体检政审、优先审批定兵、优先安排使用的待遇。

（2）学费补偿。由政府补偿学费或代偿国家助学贷款；家属按规定享受军属待遇。

（3）选用培养。高校毕业生士兵可优先选取为士官；符合条件的本科以上毕业生可选拔为军官；在报考军校方面，专科毕业生士兵可参加全军统一组织的本科层次招生考试进入有关军队院校学习；高校毕业生士兵参加优秀士兵保送入学对象选拔时，年龄放宽1岁，同等条件下优先。

（4）考试升学。高校毕业生士兵退役后，参加政法干警招录培养体制改革试点考试的，教育考试笔试成绩总分加10分；3年内参加硕士研究生考试的，初试总分加10分；立二等功及以上的，免试推荐入读硕士研究生；高职（专科）毕业生免试入读成人本科或经一定考核后入读普通本科。

图2-8　升学

（5）就业服务。高校毕业生士兵退役后报考公务员、应聘事业单位职位的，在军队服现役的经历视为基层工作经历，同等条件下优先录用或者聘用；退役后，按照国家规定发给退役金，由安置地的县级以上地方人民政府接收；退役后1年内可视同高校应届毕业生办理就业报到手续，户档随迁。

政策性就业的具体条件和政策可能会因应国家的特定需求和年度变化而有所不同，因此，有意向的毕业生应当定期查看国家官方网站上发布的最新通知和指南。

三、升学

作为一种就业途径，升学指的是毕业生选择继续深造，通过接受更高级别的教育来提高自己的学历和专业技能（图 2-8）。

（一）升学的优势

(1) 深化知识：通过升学可以进一步深化专业知识，提高学术水平或专业技能。

(2) 增加竞争力：更高的学历通常意味着在就业市场上拥有更强的竞争力，特别是在高技术和管理领域。

(3) 扩大职业选择范围：拥有更高学历的人才通常有更多的职业选择，可能有机会从事更高级或更具挑战性的工作。

(4) 延迟就业压力：对于那些尚未准备好进入职场的毕业生来说，升学可以视为一种延迟就业的方式，给予他们更多时间来规划自己的职业生涯。

（二）面临的挑战

(1) 经济负担：继续教育往往需要显著的经济投入，包括学费、生活费等。

(2) 时间成本：升学需要额外的时间进行学习，这可能会推迟个人进入职场并开始积累实际工作经验的时间。

(3) 就业不确定性：即使完成更高层次的教育，就业市场仍存在不确定性。

（三）注意事项

对于考虑升学的毕业生，以下几点建议可以帮助他们更好地准备：

(1) 明确升学动机：清楚地了解自己升学的目的，是为了深造、转行还是延后就业等。

(2) 选择合适的院校和专业：研究不同院校和专业的特色及发展前景，选择最适合自己的方向。

(3) 准备申请材料：精心准备个人陈述、简历、推荐信等申请材料，提高申请成功率。

(4) 考虑资金来源：提前规划财务，考虑奖学金、助学贷款、兼职工作等资金渠道。

总之，升学是一个重要的职业决策，毕业生应该根据自身的兴趣、职业规划和经济状况谨慎选择，并确保所选择的教育路径能够支持其长期职业发展目标。

四、出国留学

出国留学是另一种就业途径，它允许毕业生在海外继续他们的教育和职业发展（图 2-9）。通过出国留学，学生可以获得国际视野，提高语言能力，并可能接触到新的知识和技术。

（一）出国留学的优势

(1) 高质量教育资源：许多国家拥有世界顶尖的大学和研究机构，提供高质量的教育资源。

(2) 国际视野：出国留学有助于学生建立全球视野，理解不同文化和社会体系。

(3) 语言技能：在非母语环境中学习和生活可以显著提高第二语言或多种语言的能力。

项目二　做好职业规划　选择就业途径

图 2-9　出国留学

（4）职业机会：在全球化的背景下，拥有国际化背景和多元文化理解能力的求职者更受欢迎。海外学历和经验也往往能够增加就业竞争力，为学生打开国际就业市场的大门。

（5）个人成长：独立生活和学习在外国可以促进个人成熟和自我发展。

（二）面临的挑战

（1）经济成本：出国留学通常需要较高的经济成本，包括学费、生活费、旅行费和保险等。

（2）适应新环境：适应新的文化环境、教育体系和生活方式可能需要一段时间，并且可能会感到孤独和压力。

（3）签证和法律问题：需要处理签证申请，遵守当地法律和规定。

（4）就业不确定性：尽管有海外学历，但在目标国家找到工作可能存在不确定性。不同国家的学历认证可能在其他国家不受认可，或者需要额外的转换手续。

（5）文化冲击：可能会经历文化冲击和适应期，需要时间来适应。

（6）回国后的再适应：完成学业后回国可能需要重新适应本国的文化和工作环境。

（三）注意事项

为了提高出国留学的成功率，学生可以采取以下措施：

（1）充分调研：深入了解目标国家的教育体系、文化环境、就业市场及签证政策。

（2）财务规划：提前做好财务规划，寻求奖学金、助教职位、校内工作等资金支持。

（3）专业选择：选择符合自己职业规划的专业，以便在未来的职业发展中占得优势。

（4）提升语言能力：在出国前尽可能提高语言水平，以更好地适应新的学习和生活环境。

总而言之，出国留学是一种能够带来丰富经验和广泛职业前景的就业途径，适合有冒险精神、愿意接受挑战并且有明确职业目标的毕业生。

五、自主创业

自主创业是指个体依靠自己的能力和资源创办企业，提供商品或服务，以实现个人价值和经济利益的过程(图2-10)。选择自主创业作为就业途径的毕业生通常具有较强的创新意识、独立精神和承受风险的能力。

(一) 自主创业的优势

(1) 自我实现：创业者可以通过自己的努力实现个人梦想，为企业和社会创造价值。创业过程中的挑战和决策也可以促进个人能力和素质的提升。

(2) 灵活性：作为企业所有者，创业者可以灵活地决定工作时间和方式，对自己的事业进行个性化定制。可以自主决定业务的方向和决策，拥有更大的自由度和控制权。

(3) 经济潜力：虽然风险较大，但成功的企业可能带来比传统就业更高的经济回报。

(4) 创新与变革：创业者能够推动新技术、新产品或新服务的发展，对社会和经济发展做出贡献。能够通过创新的产品或服务满足市场需求，为社会带来正面影响。

(二) 面临的挑战

(1) 财务风险：初创企业的失败率较高，可能伴随着重大的财务损失，甚至债务。

(2) 时间与精力投入：创业初期通常需要大量的时间、精力和可能的资本投入，工作与生活的界限可能模糊。也需要承担巨大的工作压力和长时间的劳动。

(3) 不确定性：市场变化莫测，创业者必须应对不确定的商业环境和激烈竞争。

(4) 管理与技能要求：创业者需要具备多方面的技能，如财务管理、市场营销、人力资源管理等，而这些可能并非每个创业者都擅长。

(5) 市场竞争：面临激烈的市场竞争和对手的压力。

(6) 法律和规章：需要遵守相关的法律法规，处理各种行政手续。

(三) 注意事项

对于考虑自主创业的毕业生，以下是一些建议：

(1) 市场调研：深入研究市场，了解客户需求、竞争对手以及潜在的市场机会。

(2) 业务计划：制定详细的商业计划书，包括商业模式、营销策略、财务预算和里程碑计划。

(3) 风险管理：识别潜在的风险，并制定相应的风险缓解和应对措施。

(4) 资源整合：合理利用可用资源，包括人力、资金、技术和网络等，有效地将这些资源整合到业务中。

(5) 持续学习：不断提升自己的商业知识和技能，适应不断变化的商业环境。

(6) 团队建设：组建一个有技能、有经验的团队。

(7) 法律架构：确定企业的法律形式，处理公司注册、税务登记等手续。

总的来说，自主创业是一种富有挑战性的就业途径，适合那些有创新精神、愿意承担风险并具备相应技能和热情的毕业生。成功的创业不仅能够为创业者本人带来收益，还能够促进社会经济发展。

图2-10 自主创业

项目二　做好职业规划　选择就业途径

　　无论选择哪一条路径，我们都不能回避困难，也不能逃避挑战，而应勇往直前，迎接每一个机遇和每一次改变。因为在这个快速变化的时代，"稳定"已不再是一个固定的目标，而是"动态"的过程。"安全"不再是唯一的追求，"探索"才是生活的常态。因此，我们要把握自己的命运，挑选最适合自己的那条路，走出属于自己的风采！

能力训练

　　1. 最好在什么时候开始考虑个人的职业生涯规划？为什么？
　　2. 要使成长在自己的掌握中，需要首先做的是什么？
　　3. "职业"等同于"工作"吗？为什么？
　　4. 自我认知的内容包括哪些？
　　5. 职业发展的起点是了解自己，需要扩大"橱窗分析法"中的哪一块橱窗？
　　6. 通过这一项目的所学知识，对自己的职业生涯做一个简单的规划，要求字数不少于 200 字。

项目三　熟悉就业流程　做好求职准备

 篇首导言

在当今竞争激烈的就业市场中，每一位求职者都希望能够在众多候选人中脱颖而出。为了实现这一目标，仅仅拥有扎实的专业知识和技能是不够的，了解并熟悉整个就业流程同样至关重要。这不仅能够帮助求职者合理安排时间，减少不必要的焦虑，还能确保在求职的每一个阶段都能够有的放矢，展现出最好的自己。

本文将围绕"熟悉就业流程，做好求职准备"这一核心议题，从大学生就业流程、用人单位招聘流程、求职材料准备这几方面展开探讨。

3-1 个人简历制作、求职信等求职材料准备（一）

 学习目标

通过本项目的学习，在知识、技能、素养三个层面应达到如下目标。

知识目标

1. 了解用人单位招聘流程。
2. 熟悉简历编写的技巧与注意点。
3. 熟悉求职信编写的技巧与注意点。

技能目标

1. 掌握大学生就业流程，做到心中有数。
2. 掌握简历的基本构成。
3. 掌握求职信的基本构成。

素养目标

1. 培养有效沟通的技巧，提高求职效率。
2. 学会如何有效地推广自己的品牌和价值主张。

3-2 个人简历制作、求职信等求职材料准备（二）

 经典语录

机会不会凭空而来，你必须主动争取。

——亨利·戴维·梭罗

项目三　熟悉就业流程　做好求职准备

要是不能把握时机，就要终身蹭蹬，一事无成。

——莎士比亚

机遇偏爱有准备的头脑。

——爱因斯坦

成功不是终点，失败也不是致命的，重要的是勇气和毅力。

——温斯顿·丘吉尔

案例引导

小王是一个充满抱负的应届毕业生，他对市场营销的世界充满好奇和热情。在深入研究市场趋势和行业动态的过程中，小王愈发感到自己未来的职业生涯与这一领域紧密相连。然而，他明白要在众多求职者中崭露头角并非易事，因此决定采取一种定制化的方法来打造自己的求职材料。

个性化简历：小王深知一份好的简历应该能够迅速抓住招聘者的注意力，所以他避免使用千篇一律的简历模板。相反，他会仔细研读每一个职位的招聘广告，从中提取关键要求，然后针对性地调整简历内容。他将自己在大学期间的学习成果、相关的实习经历以及通过各种渠道习得的技能凸显出来，以展示自己是符合特定岗位需求的不二人选。

精炼求职信：除了量身定做的简历，小王还认识到一封精准的求职信同样重要。因此，他会为每个申请的职位单独撰写一封信件。在信中，他不仅概述了自己的市场营销经验，还详细阐述了自己能够如何利用这些经验为潜在雇主创造价值。此外，他也不忘提及自己对该领域的浓厚兴趣以及对未来职业道路的清晰规划，以此传达出自己不仅是短期的解决方案，更是长期的投资。

小王这种一丝不苟的态度使得他的求职材料在众多申请者中脱颖而出。他的简历和求职信不仅展现了他在市场营销领域的专业潜力，而且表现了他的独特性格和对该领域的热情。当小王点击"提交"按钮时，他知道自己的努力已经为自己争取到了一个有利位置。

随着面试邀请的纷至沓来，小王逐渐掌握了推销自己的艺术。通过一系列紧张而刺激的面试过程，他最终赢得了一份市场营销助理的工作。

小王的事例告诉我们，精心准备求职材料是通往职业生涯成功至关重要的第一步。

任务一　大学生就业流程

一、就业管理部门

大学毕业生就业管理体系由三个主要层级构成：首先，教育部负责全国范围内的大学毕业生就业指导与管理；其次，各省级行政区、自治区、直辖市以及中央各部委的相关部门，负责监管各自区域或部门内的大学毕业生就业工作；最后，各高等院校及用人单位具体负责本校毕业生的就业服务和毕业生的接纳与安置工作。

政府就业管理部门的工作流程大致分为以下四个步骤：

（1）人力资源社会保障部会同教育部等部门对年度国民经济发展和国家重点建设工程情况开展调查研究，制定相应的政策，从而确定年度的就业工作意见。各省（自治区、直辖市）、中央各部委按照文件精神制定出本地区、本部门所属高校毕业生就业工作的具体意见。这项工作，一般在毕业前的半年内执行完毕。

（2）教育部在每年的 10 月份左右向各地区、各部门提供下一年度的毕业生资源情况，包括毕业生所在学校、所学专业及毕业生的来源地区等。教育部还负责向社会及时通报毕业生资源情况和需求情况，并适时组织毕业生供需信息交流工作。

（3）从每年的 11 月到次年的 5 月，各地、各部门和各高校的就业管理机构会采取多种形式，举办"供需见面，双向选择"的洽谈会。这些洽谈会邀请学校和用人单位参加，为双方提供一个面对面交流的平台，帮助毕业生更好地了解用人单位的需求，同时也让用人单位发现合适的人才。除了线下活动，各就业管理机构还积极利用网络平台，发布招聘信息，提供在线面试等服务，为毕业生求职择业创造更加便利的条件。这些服务不仅拓宽了毕业生的就业渠道，也为用人单位发现和选拔人才提供了更多机会。

（4）毕业生报到工作结束后，各级就业管理机构对当年毕业生就业情况进行认真总结。各地教育部门将全国毕业生就业数据转交给各地人力资源社会保障部门，由人力资源社会保障部门继续对离校暂时未就业毕业生提供培训等服务。

二、各高等学校就业管理部门的工作流程

学校就业管理部门的工作流程大致如下：

（1）生源统计。每新学年开学初（8—9 月），学校就业中心从学信网下载第二年预计毕业学生的基本信息，各院系按实际情况对信息进行核对，并补充学生的联系方式等信息，以确保预计毕业学生各项信息准确无误。

（2）制订专业介绍。每新学年开学初（8—9 月），各高校印制就业宣传册，全面介绍毕业生所学专业、培养目标、专业内容、课程设置、毕业生适应的工作领域、专业前景等情况。

（3）毕业生资格审查。毕业生资格审查的目的是确认和核实每一位毕业生的入学资格。毕业生资格审查的主要内容是毕业生姓名、专业、学制、培养方式、生源地等，所审查的内容以学信网和省级招生部门招生底册上的内容为准。若信息有不一致之处，则须出具相关证明。

例如，若姓名信息不一致，则须出具市区级公安部门的改名证明；生源地变迁，须出具户籍变动证明（由现住址所在地的派出所出具户口迁移证明信）；降级、休学转系、转专业等，须出具学籍变动证明（由学生处、教务处共同签字盖章的证明信）。

（4）发放就业协议书。就业协议书是明确毕业生、用人单位和学校在毕业生就业工作中的管理和义务的书面文件。一般由教育部或各省（自治区、直辖市）就业主管部门统一印制，由学校就业办统一编号后发放。就业协议书信息必须准确填写，单位名称必须与单位公章信息一致，不要简写、误写或写别名，复印、自制协议书无效，姓名栏涂改无效。就业协议在毕业生签字、用人单位盖章并经学校就业办盖章后即可生效。就业协议书是就

业派遣的唯一依据，毕业生应仔细阅读上面的条款及说明，核查自己的名字、专业是否有误，并妥善保管。

（5）走访。向用人单位介绍毕业生情况，了解各地区就业政策，收集需求信息。

（6）向用人单位发邀请函，收集需求信息，邀请用人单位参加学校毕业生就业供需见面会。

（7）组织校园招聘会，举办毕业生供需见面会。

（8）针对下一届学生开展就业讲座，进行全方位的就业指导。

（9）收集已签好的就业协议书。用人单位签署意见并盖章后再由学校就业办盖章。协议书一式三份：学校一份（作为就业方案制定依据），用人单位一份，学生本人一份。

（10）学校制定就业方案后上报省教育厅。

（11）派遣，离校。

发放就业报到证。就业报到证一式两联，分别为"就业报到证"和"就业通知书"（一般装入学生档案）。就业报到证由教育部统一印制、省级高校毕业生就业主管部门签发，是列入国家就业方案的毕业生才能拥有的有效证件，是就业管理部门派遣毕业生的唯一依据。根据用人单位返回的就业协议书，学校就业办统一打印就业报到证。就业报到证经省高校毕业生就业指导中心审核并批准验印后，由学校就业办发放到各学院，各学院再发给毕业生本人。

就业报到证的主要作用如下：它是毕业生到用人单位报到的凭证；它是证明持证毕业生是纳入国家统一招生计划的学生的凭证；它是毕业生办理户口和人事档案等手续的重要凭证；它是人才服务机构存档的凭证。

2023年起，不再发放《全国普通高等学校本专科毕业生就业报到证》和《全国毕业研究生就业报到证》。

户籍文件、档案的转寄。学校户籍管理部门根据就业方案统一办理户籍关系转迁证明，并发放给毕业生本人。离校后，学生持就业报到证、户籍关系转迁证明到用人单位报到，再持户口迁移证、就业报到证及工作单位证明到辖区公安部门办理户籍迁移手续。在毕业生离校后，学校统一将学生档案寄（送）到用人单位或当地人力资源社会保障局。

（12）办理改派手续。大学生在毕业后一年内可办理改派手续。办理程序如下：原单位出具退函；新单位出具接收函；大学毕业生携原单位的退函、新单位的接收函及就业通知书到学校就业中心办理改派手续。

三、毕业生就业基本流程

毕业生在求职过程中要对整个就业程序有整体了解，这有利于把握好求职的每一步，对最终的成功有着很大的助益。许多学生由于平常并不重视就业程序，认为只是写好简历、面试时多做准备就万事大吉，到最后往往会出现各类问题。有的毕业生由于对求职缺乏思想准备，仓促应对，结果只能是陷入被动。须知机遇往往只钟情于有准备的人，在激烈的竞争环境下，错失良机等于被淘汰。

由此可见，了解求职就业的一整套程序非常重要和必要。对于大学毕业生而言，一个完整的择业过程主要包括自我分析、收集信息、准备材料、联系单位、双向选择、签订协议、办理离校手续、报到和走上工作岗位等环节。

应届毕业生通常按以下就业流程办理相关手续（图4-1）。

四、毕业鉴定

毕业鉴定是指在学生毕业时，由学校或相关教育机构对学生在校期间的学习成绩、表现和能力进行综合评价和认定的过程。这通常包括对学生的学术成就、实践能力、人际交往能力、创新能力等方面的评估。毕业鉴定结果可能会以书面形式呈现，作为学生毕业证书或者学历证明的一部分，用于展示学生的综合素质和为未来的求学或就业提供参考。

毕业鉴定的主要内容如下：

（一）思想道德素质方面

（1）对党的领导和党的路线、方针、政策等方面的认识和理解，参加学校组织的各项思想政治教育活动的情况。

（2）遵守国家各项法规和制度及校纪校规的情况。

（3）参加集体活动、团结同学的情况。

（4）参与社会实践活动的情况。

（二）学习方面

（1）学习态度和学习自觉性方面的表现。

（2）学习成绩和专业知识的掌握情况。

（3）科研活动成果及创新能力方面的表现。

（4）毕业论文或毕业设计。

（三）身心素质方面

（1）参加各项体育活动的情况。

（2）体育达标情况及体育特长。

（3）身体健康状况。

（4）心理健康状况。

（四）综合能力方面

（1）自己的专长和特点。

（2）交际与沟通能力。

（3）对社会的认知和适应能力。

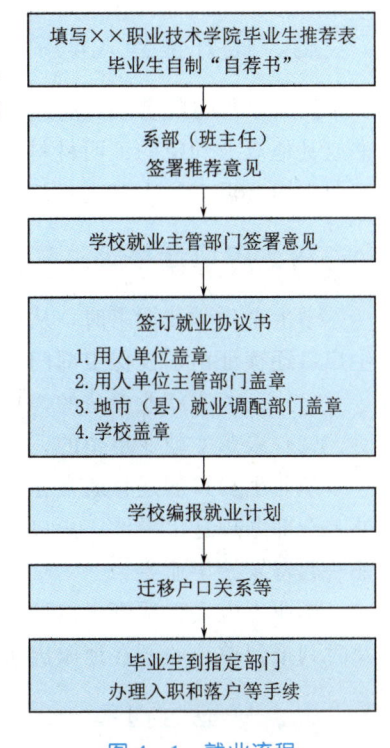

图4-1 就业流程

五、毕业生登记表

毕业生登记表是毕业生的归档材料之一，表内各栏内容根据填写要求由毕业生、班主任（或辅导员）和系部、学校学生管理部门填写。每个部门和个人都要求认真、如实清楚地填写，不得涂改，不得用铅笔和圆珠笔填写。学校意见栏统一由学校学生处（学校就业主管部门）签署。

六、毕业生推荐表

毕业生推荐表即"××职业技术学院毕业生推荐表",由学生处(学校就业主管部门)统一制作并分发。

表中与毕业生相关的内容,各毕业生如实、认真地填写后由毕业生所在系部把关核实,并在"班主任意见栏"签署意见;表中的"学校意见栏"由各系部集中后统一交学生处(学校就业主管部门)签署,加盖"××职业技术学院学生处或就业指导专用章"。

毕业生推荐表是学校发给毕业生填写的,并附有各院(系)及学校学生就业指导服务中心书面意见的推荐表格。因为该表是学校正式向用人单位推荐毕业生的书面材料,所以具有较大的权威性和可靠性,要认真填写,字迹要工整、清晰、整洁。

七、做好报到入职衔接

用人单位可凭劳动(聘用)合同或就业协议书(含网签协议)或普通高等教育学历证书或其他双方约定的证明材料,为高校毕业生办理报到入职手续,参加工作时间按照高校毕业生毕业后实际入职之日计算,法律法规另有规定的从其规定。

八、户口迁移证

学生来到学校读书时,从原籍迁到学校的户口是临时性的,毕业后都应该迁出。毕业生户口迁移证由学校保卫部门负责办理,迁往地根据就业方案确立:

(1)已落实就业单位的,户口迁到用人单位或用人单位所在人事部门。

(2)未落实就业单位的,户口迁到生源所在地。

毕业生户口的迁移通常在7月中下旬进行,除有特别要求暂时保留户口的部分毕业生外,全部办理迁出手续。户口迁移证,除个别要求自行领取外,其余由学校负责连同报到证一起寄发给毕业生。

毕业生应妥善保管户口迁移证,谨防被盗或遗失,要根据户口迁移证上注示的有效期及时到报到单位的所在地派出所办理户口迁入手续。

九、毕业生档案

毕业生的人事档案是用人单位选拔、聘用毕业生的重要依据。毕业生必须了解其档案转递过程中的一些注意事项,以配合学校共同做好档案的转递工作,使自己顺利走上工作岗位。

档案除了供用人单位考察录用人员之外,也是毕业生维护个人权益和福利的凭证。无论是工作调动、考研、公务员报考,还是职称评审资格证考试、工龄认定、社保办理、住房补贴发放、入党、办理退休等,都要用到它。

(一)档案转递方式

按照有关规定,高校毕业生档案必须以机密件由机要通信方式转送到就业单位。机要通信是较普通邮政更为保密、安全、准确的档案转递渠道。

（二）档案转递范围

（1）若用人单位有人事档案管理权，可以独立管理人事档案，那么毕业生只需要将用人单位详细的档案接收地址提供给学校，学校就可直接转递档案。

（2）若用人单位没有人事档案管理权，可以集体委托存档，那么毕业生将用人单位委托的人力资源公共服务机构名称提供给学校即可。

（3）若用人单位既没有人事档案管理权，又不能集体委托存档，那档案将会转递到户籍所在地的人力资源公共服务机构，毕业生可以前去办理个人委托存档。

（三）档案转递的时间及查询

档案寄出两个月后，毕业生可向就业单位的人事主管部门或调配部门查询。

（四）档案内材料

毕业生档案材料内容包括：

（1）中学原始资料。

（2）毕业生登记表。

（3）体检表。

（4）毕业生成绩登记表。

（5）党团材料。

（6）奖惩材料（含处分及先进登记表）等归档材料。

这些都是原始材料，不可复制，一定要重视自己的档案。

任务二 用人单位招聘流程

毕业生除了要了解个人的求职流程，也要熟悉用人单位的招聘流程，以便做到有的放矢，更有针对性地准备求职。用人单位的招聘流程大致如下。

一、筛选申请材料

在招聘流程中，申请材料的准备和审查是至关重要的一环。应聘者需要提交一系列精心准备的文件，以展示他们的资质和适应岗位的潜力。

申请材料一般有简历、应聘申请表等。人员选拔的第一步是对应聘者填写的各种申请表格进行审查。审查过程中，招聘团队不仅会核对应聘者的基本信息，如学历背景、工作经验等，还会评估其他因素。

通过这一初步筛选，用人单位能够淘汰那些不符合岗位要求的应聘者，通常这一阶段的淘汰比例较高，大约为6∶1，即每六个应聘者中只有一人能够进入下一轮的面试或评估环节。

二、预备性面试

一旦应聘者完成了申请表的填写，他们就可以进入预备性面试阶段。这种面试通常较为简短，由人力资源部门的成员来执行。这个阶段的核心目标是评估应聘者的专业技能和职业经历，以判断其是否与岗位需求相匹配。在面试过程中，招聘人员将向应聘者详细介绍职位的具体职责和要求，同时也会解答他们对于公司文化、工作环境等方面的疑问。

在预备性面试中，应聘者应该着重关注以下六个方面的问题：
(1) 对简历内容作简要的核对。
(2) 注意自己的仪表、气质特征是否符合职位要求。
(3) 在谈话中，招聘人员会留意面试者的概括化思维水平。
(4) 非言语行为（如目光接触、面部表情、手势、体势、空间距离等）是否恰当得体。
(5) 是否符合职位要求的硬性条件。
(6) 招聘人员有可能想了解应聘者的薪资要求及联系方式。

三、心理测试

在众多企业的招聘环节中，心理测评成为了一个普遍采纳的手段，用以筛选并剔除那些不满足职位所需基本条件的候选人。这一过程的关键在于，它标志着招聘流程的一个转折点：此前一直由人力资源部门独立负责的初步筛选工作，现在开始得到相关部门经理的参与和协助。部门经理的加入，是对岗位需求更深入的理解，以及对候选人是否适合团队文化的直接评估。

四、笔试和面试

笔试：第一次考试通常为笔试。笔试通常考查候选人的能力、悟性、智商、专业知识，具体内容根据职位和公司文化而定。

面试：有些职位人员可能通过笔试判断，但是绝大多数职位还是需要借助面试来判断的。由于应届毕业生没有工作经验，用人单位对他们的面试重点在于考查其基本素质，即对其潜质进行考查。

五、评价中心技术

评价中心的核心作用在于选拔优秀人才，专注于评估求职者在人际交往、领导力和个人魅力等方面的表现。评价中心采用多样化的测试手段，包括但不限于无领导小组讨论、情景模拟、公文处理、角色扮演、公开演讲和参与管理游戏等，旨在全面考察应聘者的综合能力。

六、背景调查

背景调查是一种用人单位核实求职者简历信息真实性的程序，通过与第三方来源进行核实。这些第三方可能包括求职者的前雇主、同事或其他知情人士，以及能够确认求职者资料真实性的官方机构或个人。背景调查通常涵盖求职者的教育背景、工作经历、个人品德和职业能力等方面。实施调查的方式可能包括电话查询、面对面访谈、获取推荐信等。

七、录用决策

录用决策就是在对选拔结果进行评价的基础上确定录用名单。用人单位的人员录用决策模式一般有两种：

（1）多重淘汰模式。该模式是让求职者依次经历多种考查和测验项目，每一次淘汰若干个低分者。对于考查项目全部通过的求职者，用人单位根据随后测验或者面试的得分，排出名次确定最终的录取名单。

（2）综合补偿式。在这种模式中，求职者不同的考查或者测验项目的成绩可以互为补充，各占一定比重，用人单位最后根据求职者的总成绩决定录用人选。

任务三 求职材料准备

一、求职材料的内容

对于即将步入职场的毕业生来说，制作一份出色的个人求职材料显得尤为重要。在用人单位和毕业生之间的双向选择中，求职材料往往是决定是否获得面试机会的关键。通过这些材料，用人单位能够评估毕业生的学术成绩和职业潜力。

为了让用人单位认识、了解并选择自己，毕业生需要通过多种渠道和策略有效地推广和展示自己的优势。通常情况下，用人单位主要是通过求职者的自荐材料来形成初步印象，这些自荐材料在很大程度上影响着求职者能否得到深入面试的机会。因此，大学毕业生在筛选求职信息和决定申请职位之前，必须准备齐全并精心制作自己的自荐材料。

广义的求职材料应包括封面、求职信、个人简历、毕业生推荐表、成绩单和其他相关材料等。毕业生的求职材料应多侧面、多角度、准确全面地反映自己的专业水平、组织能力、领导能力和综合素质。通过准备的书面求职材料，用人单位可从中了解毕业生的身份、能力、综合素质等基本情况，以判断和评价毕业生的学习成绩、工作潜力，从而确定能否给毕业生提供面试机会。

对于应届毕业生来说，求职材料通常包括封面、自荐信、毕业生推荐表、个人简历，还应有辅助材料（包括在校期间获得的各类证书，如获奖证书、英语、计算机、普通话等各种技能等级证书和已发表的文章、论文及取得的成果等。注意：如果单位没有特别说明，请不要加身份证复印件）。

众多企业在筛选求职者时，常依据其提交的应聘材料来决定是否提供面试机会。尽管当前的应届毕业生所提交的应聘材料日益增多，但并非所有材料都能满足招聘方的期望。对于经济条件有限的学生来说，准备这些材料已经变成了一项不小的经济压力。然而，应聘材料的质量远比数量更为重要。总体而言，优秀的应聘材料应当满足准确性、完整性、诚实性和美观性这四个标准。

（一）准确性

在求职材料的封面设计上，应聘者无需过度投入精力于图片装饰，而应专注于清晰地展示个人的基础信息。这样做有助于招聘单位更高效地整理和分类求职者的材料。必须包含的基本信息有：毕业院校、学院名称、系别、所学专业、学历层次、毕业类别（如统一招生、委托培养等）、性别、全名、出生日期、籍贯、应聘岗位以及联系方式（包括电话号码和电子邮箱等）。注意，有些求职者未能明确提供专业、应聘职位或联系方式等关键信息，导致招聘单位难以安排面试。

（二）完整性

一份详尽的求职材料应涵盖以下几项内容：首先是基本信息，如前文所述；其次是个人简历，概述教育背景和职业经历；然后是成绩单，展示学术成就；接着是各类资格证书的复印件，例如英语和计算机等级证书等；还应包括学校出具的推荐信，以及其他能够体现个人能力和成就的课外活动或科技成果清单。此外，个人特长介绍和其他希望向招聘单位说明的信息也是求职材料的重要组成部分。

在这些内容中，基本信息、成绩单和资格证书复印件属于必备材料。求职者在提供这些文件的复印件时，需注意在面试环节携带相应的原件以供核实。

同时，求职者应避免在求职材料中包含不必要的信息，如个人藏书清单或学校介绍等，这些内容对于用人单位了解求职者的职业适应性帮助不大，应予以省略。

（三）诚实性

在求职材料中，诚实守信是至关重要的品质。然而，一些毕业生可能因为成绩不佳或其他种种原因，尝试在材料中提供不真实的信息，或者故意使用模糊的表述来试图欺骗，这些做法都是不可接受的。例如，有的毕业生可能因为对自身专业不满意或其他原因，选择隐瞒这些基本的背景信息，这样的行为不仅会影响招聘单位的面试安排，还可能给招聘单位留下不诚实的负面印象。

不诚实行为最常出现在对学习成绩的描述上。一些毕业生可能会擅自修改自己的成绩，或者只列出高分的课程。对于这种篡改成绩的行为，一旦招聘单位与学校进行核实，真相很快就会大白。即便求职者已经签署了就业协议，招聘单位也有权随时解除合同。这种不诚实的行为在各高校每年都有所发生。

此外，不诚实还可能体现在社会实践经历和个人特长的描述上。一些毕业生可能认为社会实践经历难以查证，便随意编造。然而，面试官在面试过程中通过提问，往往能够迅速判断出求职者的真实性。以软件开发专业的毕业生为例，有的可能会夸大自己在项目开发方面的经历，甚至提供虚假的作品。虽然其中确有真正具备实力的人才，但也不乏夸大其词者。实际上，一个人的真实专业水平，通过专业的面试环节通常都能得到准确的评估。

（四）美观性

无论是手写的还是通过计算机打印的自荐材料，其版面设计应追求简洁、干净和视觉吸引力。当前，许多用人单位在招聘过程中，都会特别关注求职者提交的自荐材料的外观和设计感。对于那些非设计背景的学生，如果想要提升自荐材料的视觉效果，可以考虑从网络上寻找一些与自己特点相匹配的模板，然后根据个人情况进行调整和定制。

除了外观设计之外，自荐材料的准确性同样至关重要。这包括避免语法错误、拼写错误、标点使用不当或打印质量问题。任何小错误都可能给招聘方留下马虎或者不专业的印象。因此，确保自荐材料的准确无误，是求职者展示自己专业态度和细致工作能力的重要体现。

二、简历

简历，简而言之，是个人教育背景、工作经验、技能特长以及兴趣爱好等信息的精炼总结。作为求职者展示自我的首要工具，简历的主要功能是向潜在雇主有效介绍自己，留下积极的第一印象，并争取获得面试机会，最终实现就业目标。

在当代社会，求职途径多种多样，但无论采用哪种方法，简历始终是不可或缺的一环。招聘人员在查看求职邮件时，首先看到的便是简历，这决定了它在求职过程中的重要性。简历的质量直接关系到求职者能否迈出成功的第一步。对于刚刚步入社会的毕业生来说，简历尤其重要，它常常是帮助他们赢得面试机会的关键。

简历不仅是求职者的自我介绍，更是他们与用人单位建立联系的桥梁。在竞争激烈的求职市场，简历成为了求职者展示自我、脱颖而出的利器。它不仅能够帮助求职者获得面试机会，更是他们向用人单位证明自己价值的第一步。因此，简历可以被形象地比喻为求职者打开职场大门的"敲门砖"。

由于大学毕业生人数连年增长，市场岗位需求与大学生供应比率渐趋紧张，求职已成了一项激烈的竞争，最开始竞争的就是简历。因为去任何一个单位应聘，要做的第一件事情就是投递简历，故简历便是求职者与单位沟通的第一通道，是招聘人员了解求职者的第一个途径，所以一份简历要能适度地引起用人单位的兴趣。一份好的简历，可以在众多求职简历中脱颖而出，给招聘人员留下深刻的印象，然后决定发出面试通知。

概括地说，简历的作用主要有：

（1）简历最主要的目的是获得面试机会。一个精心准备的简历可以吸引招聘人员的注意，增加求职者被邀请面试的可能性。

（2）简历是求职者的个人品牌展示，通过精心设计的简历，求职者可以向潜在雇主展示自己的专业背景、技能、成就和个人特质。

（3）简历是一种自我营销的手段。它允许求职者以书面形式"推销"自己，展示自己的价值和适合某个职位的原因。

（4）在竞争激烈的求职市场中，一份出色的简历可以帮助求职者获得竞争优势。

（5）简历是求职者与潜在雇主之间的沟通桥梁。它为双方提供了一个初步了解和交流的平台。

（一）简历的构成

1. 基本信息

个人基本情况通常包括一些基本的个人信息，如姓名、性别、年龄、出生地、民族、毕业院校、最高学历、政治面貌以及联系方式等。然而，具体需要包含哪些内容应根据招聘单位的具体要求来确定。通常情况下，简历中应包含姓名、性别、年龄、毕业院校、最高学历和联系方式等关键信息，这些信息应以简洁明了的方式呈现，以便招聘单位快速了解求职者的基本身份和教育背景，并便于后续联系。

如果招聘单位有特定的要求，例如偏好本地求职者，那么简历中还应相应地增加出生地等相关信息。简历中的个人基本情况部分应以关键词的形式呈现，既简洁又具有针对性，使招聘单位能够迅速把握求职者的基本情况，同时满足招聘单位的特定需求。

2. 求职意向

求职意向应当明确而精炼，直接告知雇主求职者感兴趣的职位以及其专长所在。在撰写简历时，重要的是要针对求职者申请的具体职位来定制内容，突出其相关经验和技能。雇主通常寻找具有特定技能和明确职业方向的候选人，因此显得专业化而非万金油型的求职者更为重要。

针对不同的职位类型，应准备多版本的简历，每一份都突出与该职位直接相关的素质和经历。这样针对性地呈现自己，能让雇主迅速明白求职目标，并评估求职者是否符合他们的需求。

将求职意向置于简历的显眼位置，例如靠近顶端的位置，这样可以帮助雇主快速了解求职者的职业目标。确保与申请的岗位紧密相关，体现出求职者对该职位的适应性和求职者为达成这一目标所做的准备。

总的来说，明确且针对性强的求职意向，结合量身定做的简历内容，将大大增加求职者获得面试机会的可能性。

3. 教育背景

在撰写教育背景时，应采用时间倒序的方式，首先列出最近的教育经历。这包括毕业院校、所获学历、专业名称、主要课程以及成绩等信息。简历中应将最新的学习经历置于最前，确保时间线的连贯性。

在描述大学阶段的课程和成绩时，应选择与所申请职位相关的课程进行重点介绍，无需列举所有课程。如果招聘单位对求职者的大学成绩感兴趣，可以提供完整的成绩单，而无需在简历中详细列出每门课程的成绩。简历中的教育背景部分应突出重点，有针对性，确保招聘单位能够快速识别求职者的学历和知识结构是否与职位要求相匹配。

此外，如果求职者参加过与职位相关的专业知识和技能培训，也应在简历中进行简要介绍，这有助于展示求职者的专业能力和适应职位的潜力。

总之，教育背景部分的撰写应简洁明了，重点突出，使招聘单位能够迅速了解求职者的教育背景和专业能力。

4. 实践经历

个人实践经历是简历中很重要的一部分内容。由于用人单位普遍看重个人能力与工作经验，因此在这方面一定要用心研究、填写，主要突出大学阶段所担任的社会工作、职务及取得的成就，从事的各种兼职工作、实习和社会实践的内容与成果，如果兼职或实习过的单位是比较大或比较优秀的企业，一定要在简历中注明，因为在大企业里工作能学到很多东西，得到许多锻炼，这也是用人单位很看重的。

大学生在校期间应积极参加实践活动，多积累实践经验，为撰写简历准备丰富的素材。有的同学实践经历很多，撰写简历时以为多多益善，把它们全部罗列在案，导致篇幅冗长，没有特色，让人不知道从何读起，这是不可取的。大学毕业生应该认真阅读用人单位的招聘简章，了解所应聘的岗位有哪些能力需求，选取与之相关的实践经历，并在简历中准确描述，突出实践经历对相关能力的提升作用。对于这部分的实践经历，内容要详细，数字要精炼，要做到针对性强、重点突出。有的同学沉浸于学习，学习成绩很好，但实践经历较少，撰写简历时不知该如何动笔，这时候应该认真回顾大学期间所经历的事项，包括学习项目、校园活动、校外实践等，对照所应聘岗位的能力需求，描述这些事项对能力提升所起到的作用。

作为应届大学毕业生，由于缺乏正式的工作经验，招聘单位往往会通过评估毕业生的实践经历来推断其潜在的工作能力。因此，在校期间积极参与各类实践活动，积累丰富的实践经验，对于丰富简历内容至关重要。在制作简历时，毕业生需注意以下要点：

（1）精选实践经历：避免在简历中简单罗列所有的实践经历，这可能导致简历内容过于冗长且缺乏针对性。应选择与应聘职位最相关的实践经历进行突出展示。

（2）理解职位需求：认真阅读招聘简章，了解岗位的具体能力要求，然后选择与之相匹配的实践经历进行描述。

（3）突出能力提升：在描述实践经历时，不仅要说明参与的项目或活动，更要强调这些经历如何帮助提升了与职位相关的能力。

（4）内容与数字：简历中的实践经历描述应详细具体，同时使用精炼的数据或成果来支撑陈述，增强说服力。

（5）针对重点：确保简历中的实践经历部分具有强烈的针对性和重点突出，使招聘人员能够迅速捕捉到求职者的能力和潜力。

（6）学术与实践结合：对于那些学术成绩优异但缺乏实践经历的同学，可以通过回顾参与的学习项目、校园活动或校外实践等，来展示这些经历如何促进了个人能力的提升，并与应聘岗位的需求相对应。

（7）反思与描述：即使是看似普通的校园活动或学习项目，也应认真思考它们如何帮助发展了团队合作、领导力、解决问题等职业技能，并在简历中进行恰当描述。

通过这样的方式，即使是应届毕业生，也能够在简历中有效地展示自己的能力和潜力，增加获得面试机会的可能性。

5. 获奖情况

获奖情况包括优秀学生干部、优秀团员、三好学生、专项奖学金等。列举获奖情况的方式可以有两种：一是采用时间先后顺序；二是采用所获奖励的级别轻重顺序。

如果附上所获奖励证书的复印件，对求职尤为有利。自己发表过的文章或论文可以列出，有科技发明的同学也可进行说明，以更好地展示自己的水平。

6. 个人特点

个人特点包括自己的兴趣、爱好、特长、英语及计算机水平等。

大多数用人单位在招聘应届毕业生时对英语及计算机水平很看重，出色的英语和计算机水平会在求职中发挥着意想不到的作用。这就要求在学校期间认真学习和掌握这两项基本技能。如果有美术、音乐、体育等特长也不妨列出来，它对求职也会有帮助。

（二）简历制作的基本原则

一份高效的个人简历是求职者进入职场的敲门砖。简历的样式和格式多种多样，但关键在于如何突出重点，吸引雇主的注意。许多求职者倾向于将所有经历和信息都写进简历，然而，冗长的简历往往难以吸引忙碌的人力资源经理的目光。以下有三条写简历的重要原则。

1. 原则一：要有重点

一个招聘者希望看到求职者对自己的事业认真负责，且适合某一特定职位，则这个人将是许多应聘者中最合适的一个。因此如果简历的陈述没有工作和职位重点，或是把自己描写成一个适合于所有职位的求职者，那么很可能将无法在任何求职竞争中胜出。

2. 原则二：把简历看作一份广告，推销自己

最成功的广告通常要求简短而且富有感召力，并且能够多次重复重要信息。简历应该限制在一页以内，工作介绍不要以段落的形式出现；尽量运用动作性短语使语言鲜活有力；在简历页面上端写一段总结性语言，陈述事业上最大的优势，然后在工作介绍中再将这些优势以工作经历和业绩的形式加以叙述。

3. 原则三：陈述有利信息，争取成功机会

面试阶段所进行的简历筛选的过程就是一个删除不合适人选的过程。如果把自己置身于招聘者的立场就会明白招聘时每次面试都需要较长时间，因此对招聘者来说进入面试阶段的应聘者人数越少越好。

招聘者对理想的应聘者也有要求：相应的教育背景、工作经历以及技术水平，这是应聘者在新的职位上取得成功的关键。应聘者应该符合这些关键条件要求，这样才能打动招聘者并赢得面试机会。同时，简历中不要有其他无关信息，以免影响招聘者的看法。

注意，写简历时，要强调工作目标和重点，语言简短，多用动词，并且避免出现会使应聘者被淘汰的不相关的信息。人力资源管理者都很繁忙，在筛除掉不合适的应聘者前不会花费更多时间来浏览每一份简历。当获准参加面试时，简历就完成了使命。

（三）写简历"5忌"

1. 忌长篇大论、夸夸其谈

简历，顾名思义是简练的经历，切不可篇幅过长，洋洋洒洒十几页，写的人费力，看的人费神。简历要精炼，使看的人一目了然，印象深刻，否则，尽管主观愿望很好，但是结果往往事与愿违，反而会影响效果。

2. 忌过于轻率、随心所欲

撰写简历是很严肃、很重要的一项工作，一份高质量的简历是成功就业的前兆。撰写简历切不可轻率行事、信手拈来，应再三斟酌、反复推敲，在应聘前就应该做好充分的准备，写好简历或打好腹稿，该写的写清，不该写的删除，扬长避短，做到写的简历合适、合格、合理、合意。

3. 忌笔迹潦草、错字别字

有的人写简历为了图快，字写得龙飞凤舞，尽情发挥，看这样的简历如同看天书，看都很费力还有何兴趣可言。有的是在打印、复印时不注意质量，缺行漏字，而漏的恰恰又是关键的字句，很可能是一失字成应聘恨。错字、别字都是可以克服的缺陷，因为粗心大意而痛失良机那真是太不合算了。

4. 忌虚假不实、前后矛盾

简历是较真实地反映自己学历、经历、技能和成就的重要自述，如果凭空捏造，或夸张、虚假的成分太多，与本人真实情况大相径庭，即使一时得逞，也总会露出马脚，前

"功"尽弃不算，还可能封闭其他的成功通道，那就太得不偿失了。

5. 忌稀奇怪异、生僻花哨

有的求职者为了给自己的简历生辉、增色，把大量的花哨、华丽的词句堆砌在一起，或大量地使用成语、俗语，有的人甚至于自己去创造成语，却不知有时会弄巧成拙，给人有画蛇添足之嫌，还有些人喜欢在简历中用些生僻的字句或喜欢用些繁体字，本想展示自己的才华，殊不知有时适得其反。

三、自荐求职信

自荐是毕业生自我推销的一种方式，通常通过电话自荐或发送求职信来进行，其中求职信的作用尤为显著。求职信，也被称作自荐信或动机信，是求职者向潜在雇主展示个人情况并表达求职意愿的正式文件。撰写求职信的目的是让雇主在初步了解求职者的简历后，能更深入地认识和信任求职者。

求职信是一种正式的、有特定目的的信函，它要求书写者遵循一定的格式和语言规范。对于大学生而言，求职信是他们步入职场、寻找工作的起点，也是与潜在雇主进行初步接触的重要途径。求职信的质量在很大程度上决定了求职者能否在短时间内吸引雇主的注意，并展示出自己的才能和潜力。

因此，一封精心构思、用心撰写的求职信对于求职者来说至关重要。它不仅是求职者展示个人品质、专业技能和职业热情的平台，也是建立与用人单位联系的桥梁。在求职信中，求职者需要有效地传达自己的优势，同时展现出对职位的热情和对公司的了解，从而在激烈的求职竞争中脱颖而出。

（一）求职信的构成

求职信的内容主要有称谓、正文、结尾、署名及日期、附件几个部分。

1. 称谓

称谓是对收信人的称呼，写在第一行，要顶格写收信者单位名称或个人姓名。单位名称后可加"负责同志"，个人姓名后可加"先生""女士"等。在称谓后写冒号。

求职信不同于一般私人书信，收信人未曾见过面，所以称谓要恰当，郑重其事。

格式：称谓写在第一行，顶格写受信者单位名称或个人姓名；称谓后写冒号。

2. 正文

正文部分是求职信的重点，它是求职者的个人资料，包括以下内容：

（1）说明原因。求职信的开头需简单说明求职的原因，比如有的是刚毕业需谋职；有的为了学以致用，发挥所长；有的是为家乡效力等。如果清楚知道对方招聘的职位，则应说明信息的来源，如"近日通过贵公司官网，敬悉贵公司征聘会计一名……"或"昨日从朋友口中得知贵院急聘护理人员一名，十分欣喜……"等。

这段是正文的开端，也是求职的开始。介绍有关情况要简明扼要，对所求的职务，态度要明朗；而且要使收信者有兴趣将信读下去，因此开头要有吸引力。

（2）推荐自己。推荐自己时，一般要先具体介绍自己的学历、资历、专长等，如"我是××学院，××专业的学生××，将于今年7月毕业"。对于即将毕业的学生，可不写工作经历，而着重写在校期间的表现及所取得的重要成果，目的在于突出学习好、能力强。学习好的表现如"在校三年间勤奋学习，连续两年被评为三好学生，两次获得校二等奖学金"。能力强的表现如"担任班级生活委员""担任校学生会副主席""任学校文学社记者兼校团委会干事""利用课余时间从事家教工作，有一定的工作经验""利用假期在××公司兼职做文员"等。

有的人没当过任何学生干部职位，也未获过任何荣誉，这种情况下可写除专业课程外的其他各种考试情况，如"在校期间，除圆满完成大专三年的学习课程外，还兼修国家本科自考的某专业，并已通过几门的考试……""在校期间，已取得国家计算机××级证书……"等，这些都可以证明应聘者的能力水平。

如果是应聘某一职位，则要针对该职位的特点和要求，有主次地介绍自己如何有能力胜任。介绍专长时，选择主要的一两项简单说明即可。

书法、绘画、写作、演讲、篮球、足球、羽毛球等方面的成绩和奖项均可作为专长，但要点到为止。

此外，要注意考虑自己有没有比别人更有利的条件，以便增加录用的机会。如有当地的户口，有住房，懂一两门外语或者懂当地的方言等，有时这些小细节反而能成为胜出的资本。无论如何，推荐自己时要适当，且不卑不亢。过于谦卑，自贬身价，会给对方以无能的不良感觉；过于高傲，狂妄自大，会给对方以轻佻浮夸的恶劣印象。求职信中的这些内容是用人单位是否录用的重要依据之一，应详细、具体、真实。

（3）表明态度。表明态度是简单阐述求职者对用人单位的认识，以拉近与用人单位的距离，争取亲和感的同时，表达求职者对用人单位或对某一职位需求的迫切程度。

对用人单位的认识，可写它的发展前景或历史、企业文化等，意在说明对它的重视，强调这个用人单位是最适合求职者发挥才干之所。例如："贵公司能在短短的八年间从众多企业中脱颖而出，绝非偶然而是领导高卓的远见及员工强大的凝聚力，才使××产品名扬海内外，在市场经济浪潮中独树一帜。贵公司是青年人锻炼、发挥才能的好场所，我愿在毕业后到贵公司效力，不知贵公司尚有职缺否？""我自信能胜任贵公司征聘的职务，故自荐应聘。"

（4）向收信者提出希望和要求。例如："希望您能为我安排一个与您见面的机会"或"盼望您的答复"或"敬候佳音"之类的语言。这段属于信内容的收尾阶段，要适可而止，不要啰唆，不要苛求对方。

格式：正文另起一行，空两格开始写求职信的内容。

3. 结尾

结尾处要写表示敬祝的话，如"此致"之类的词，然后换行顶格写"敬礼"或祝"工作顺利"等相应词语。这两行均不点标点符号，不必过多寒暄，以免画蛇添足。

4. 署名及日期

写信人的姓名和成文日期写在信的右下方。姓名写在上面，成文日期写在姓名下面。姓名前面不必加任何谦称的限定语，以免有阿谀之感或让对方轻看自己。成文日期要年、月、日俱全。

5. 附件

求职信的末尾要附上自己的证明资料。附件是证明自己能力的有效凭证，可在信的结尾处注明，包括个人简历、毕业证书及有关证件的复印件并注明份数，附上自己的联系地址、电话等，以便用人单位能及时通知到你。

如附件1：个人简历；附件2：毕业证书；附件3：获奖证书。

（二）求职信的技巧

写求职信的目的是推销自己，争取面试机会。毕业生在写求职信时应掌握一些技巧，具体如下：

1. 确保言简意赅

招聘者的工作量很大，时间宝贵，若求职信篇幅过大，则会大大降低招聘工作的效率。1992年，哈佛人力资源研究所的一份测试报告也证明了这一点，即一封求职信如果内容超过400个单词，则其效度只有25%，即阅读者只会对1/4的内容留下印象。

求职信的功用只是为自己争取一个参加面试的机会，所以其内容必须言简意赅。

2. 突出重点内容

求职信一定要突出自己能给用人单位带来的价值，切忌面面俱到。例如，毕业生应聘销售员职位时，在简历中重点阐述与销售技能有关的实践经验，同时略写其他相关技能。

3. 力求有针对性

写求职信应力求有针对性，这样才能引起招聘者的注意。有的毕业生面对互联网上成千上万的职位，使用同一封求职信四处投递，这种求职信的命中率很低。原因很简单，这种求职信没有任何针对性，通常无法引起招聘者的注意。

4. 切忌夸大其词

写求职信一定要实事求是，用事实陈述代替华丽的修饰语，恰如其分地介绍自己，不要夸大其词。

5. 避免文字错误

一份好的求职信不仅能体现求职者清晰的思路和良好的文字表达能力，还能体现求职者的性格特征和做事态度。毕业生写求职信时一定要注意措辞，写完之后要通读几遍，切忌出现错字、别字、病句及文理欠通顺的现象。

（三）写求职信"六忌"

1. 忌长篇大论

用人单位不会花很长时间来阅读求职信，篇幅太长会使用人单位产生厌烦心理，甚至认为应聘者的概括能力不强。因此，求职信的内容应以简洁为原则，篇幅尽量控制在一页纸以内。

2. 忌堆砌辞藻

即使满腹经纶，也不要幻想用华丽的辞藻来打动招聘者。华而不实的语言属于大话、空话、套话，并没有实际的作用，反而那些虽无豪言壮语，但读起来亲切、自然、实实在在的求职信能给用人单位留下深刻的印象。

3. 忌夸大其词

在措辞方面要留有余地，不要说得过满，如"我能适应各种工作""我将会给贵单位带来新的生机"之类的表述，只能给用人单位留下求职者刚出校门的幼稚印象。

项目三 熟悉就业流程 做好求职准备

4. 忌缺乏自信

适度的谦虚是一种美德，能使对方产生好感，但过分的谦虚则是不自信的表现，因为用人单位关心的是求职者是否符合招聘岗位的要求。

5. 忌千篇一律

撰写求职信时要有自己的风格与特点，不能千篇一律、落入俗套。立意新颖、语言独特、思考多元的求职信才能引起招聘者的注意，挑起招聘者的兴趣。因此，一定要把自己的强项写出来，将自己的"亮点"展示出来。

6. 忌粗心大意

只有经过严格修改和反复推敲的求职信，才能收到良好的效果。因此，完成求职信后，一定要反复检查，避免出现错别字和语法错误。此外，求职信中的资料也要齐全，切记要留下可随时联系到的电话号码。

 能力训练

利用在本项目中学到的知识和技能，为自己量身打造一份个性化的简历。

项目四　掌握求职技巧　应对求职挑战

 篇首导言

在职场这条充满挑战的道路上，求职无疑是每位职场人士都必须面对的重要环节。随着经济的发展和就业市场的变化，求职不再是简单的简历投递和面试参与，而是一场需要策略、技巧和耐心的全面竞赛。为了在众多求职者中脱颖而出，掌握必要的求职技巧变得尤为重要。

求职不仅是个人能力与职位需求之间的匹配过程，更是一个自我营销的过程。在本篇中，我们将探讨一系列求职技巧，旨在帮助求职者全面提升求职能力，有效应对求职过程中的各种挑战。

4—1

求职面试准备：面试礼仪与方法（一）

4—2

求职面试准备：面试礼仪与方法（二）

 学习目标

通过本项目的学习，在知识、技能、素养三个层面应达到如下目标。

知识目标

1. 了解笔试的种类。
2. 明确笔试前的准备工作。
3. 熟悉面试流程及内容。

技能目标

1. 掌握笔试的技巧。
2. 掌握面试的技巧。

素养目标

1. 增加竞争意识，提高职业素养。
2. 增强安全防范意识，随机应变的应对能力。

 经典语录

永远不要放弃，因为这一刻的放弃可能导致你错过一生的机会。

——威尔·罗杰斯

不要害怕失败，它是成功的必经之路。

——约瑟夫·克劳斯

失败不是倒下，而是不再尝试。

——费尔南多·萨瓦特

事业有成，且别以为是"命运"之神为你带来的。"命运"之神本身没有这个力量，而是被"辨别"之神支配的。

——约翰·多来登

案例引导

小李是一名应届毕业生，专业是计算机科学。他深知竞争激烈，因此决定通过提高自己的求职技巧来增加获得工作的机会。

首先，小李花了很多时间来完善自己的简历。他确保简历简洁明了，突出自己在学校和实习期间所积累的技能和经验。他还强调了自己的项目经验，特别是那些与应聘岗位相关的项目。

接下来，小李开始准备面试。他练习如何回答可能遇到的各种问题，包括关于他的项目、技术以及为什么想加入该公司等。他还通过模拟面试来提高自己的表达能力和应变能力。

在面试过程中，小李展现出了积极的态度和深厚的专业知识。当被问及自己的长处和短处时，他诚实地分享了自己的优点，并提出了解决自己不足的计划。这种自我认知和改进意愿给面试官留下了深刻的印象。

此外，小李还积极参与校园招聘活动，并利用这些机会建立职业网络。他主动与行业内的专业人士交流，并通过他们了解到更多的工作机会。

通过这些求职技巧，小李最终获得了一份在知名科技公司担任软件工程师的工作。这份工作不仅待遇优厚，而且符合他的职业规划。

小李的成功案例说明了掌握求职技巧对于找到理想工作的重要性。无论是通过完善简历、准备面试，还是建立职业网络，都是帮助求职者在众多候选人中脱颖而出的关键因素。

任务一 笔 试 技 巧

笔试是一种与面试对应的测试，是用以考核应聘者特定的知识、专业技术水平和文字运用能力的一种书面考试形式（图 5-1）。这种方法可以有效地测量应聘者的基本知识、专业知识、管理知识、综合分析能力和文字表达能力等素质及能力的差异。

笔试在员工招聘中有相当大的作用，尤其是在大规模的员工招聘中，它可以一下子把员工的基本活动了解清楚，然后可以划分出一个基本符合需要的界限。适用面广，费用较少，可以大规模地运用。但是分析结果需要较多的人力，有时，被试者会投其所好，尤其是在个性测试中显得更加明显。

大学毕业生面对笔试并不陌生，但应注意求职择业过程中的笔试与在校期间课程考试之间的不同之处，做好笔试的准备工作，掌握笔试的技巧。

一、笔试种类

（一）专业考试

这种考试主要是检验应聘者担任某一职务时是否能达到所要求的专业知识水平和相关的实际能力。

部分用人单位在接收毕业生时，只要看看成绩单，同时再辅以自荐材料，就可以了解其基本的知识能力等情况。但也有一些特殊的用人单位，需要通过笔试的方式对求职者进行文化专业知识的再考核。

图 5-1 笔试

值得引起注意的是，这种考试方式已被越来越多的"热门"单位所采用。

例如，这几年毕业生火热报考的国家机关公务员资格考试，其笔试包括行政职业能力倾向测验、写作和综合知识；又如招聘行政管理、秘书方面工作的单位，要对应聘者的文字能力进行测试，考查文字表达能力、分析问题能力和逻辑思维能力等；也有部分单位对某种计算机语言有较高的要求，要测试应用特定语言编程的能力。

为检验毕业生实际工作能力或专业技术能力，这种考试往往在特意设置的工作环境中进行。例如：①阅读一篇文章，写读后感；②自编一份请求报告或会议通知；③根据5个人的发言，写一份评价报告；④某公司计划在5月份赴日本考察，写出需要做哪些准备工作；⑤给一个科研题目，写出科研论文的详细大纲。

（二）智商和心理测试

智商测试主要考查应聘者的观察能力、综合分析能力、思维反应能力等。

智商测试主要为一些著名跨国公司所采用，它们对毕业生所学专业一般没有特殊要求，但对毕业生的素质要求较高。他们认为，专业能力可以通过公司的培训获得，因此有没有专业训练背景无关紧要，但毕业生是否具有不断接收新知识的能力是至关重要的。

智商测试并不神秘。一种是图形识别，比如一组有四种图形，让应试者指出其相似点和不同点。这类题目在一些面向中小学生的智力游戏书中是很常见的，一些面向大众的杂志偶尔也刊登这类游戏题目。另一类是算术题，主要测试毕业生对数字的敏感程度以及基本的计算能力，比如给定一组数据，让毕业生根据不同的要求求出平均值，其难度绝不超过对中学生的计算能力的要求水平。尽管如此，一些理工科的毕业生也考不到60分。这类测试尤其是会计师、审计师等职业所要求的。

心理测试是指要求应聘者填写事先编制好的标准化量表或问卷，然后根据标准化量表或问卷的填写情况来判定应聘者职业心理水平或个性差异的方法。一些用人单位常常用这种方法来测试应聘者的态度、兴趣、动机、智力、个性等心理素质，然后根据任职要求决定取舍。职业心理测试之所以得到广泛运用，是因为个体的心理素质与职业之间有着密切关系。很多人会因为个人的心理素质与职业不相匹配，在工作中频繁失误，进而产生焦虑失望等不良情绪，最终致使职业发展受到影响。

（三）综合能力测试

综合能力测试兼有智商测试的功能，但测试要求更高，主要考查应聘者的文字表达能力、逻辑思维能力、分析和解决问题的能力等。例如，IT、电子、通信、机械重工等行业的企业在招聘技术人员时，就会着重考查应聘者的逻辑推理能力、数字计算能力及行业相关的综合知识，如要求应聘者在规定的时间内对一组数据、一组资料进行分析，找出其合理之处和存在的问题，并设计出解决问题的方案。

二、试题类型

笔试试题的类型通常根据考核的目的和内容而有所不同，但常见的试题类型包括选择题、判断题和作文题等。以下是这三种题型的详细说明：

（一）选择题

选择题是一种客观题型，通常包括一个问题和多个备选答案，考生需要从中选择一个或多个正确答案。

选择题可以细分为单选题和多选题：

单选题：每个问题只有一个正确答案。

多选题：每个问题有多个正确答案，考生需要选择所有正确的选项。

考生应熟悉相关知识点，练习快速准确地识别正确答案，注意审题，避免误选。

（二）判断题

判断题要求考生对一个陈述进行真假判断，通常只需回答"正确"或"错误"。考查考生对知识点的理解和记忆，以及辨别细微差别的能力。要仔细阅读每个陈述，确保理解其含义，并依据知识点做出判断。

（三）作文题

作文笔试是由用人单位给出范围或特定要求，让应聘者通过作文来考查其文字表达能力及分析问题和逻辑思维的能力的一种笔试方式。作文题可以是开放式的，允许考生自由发挥，也可以是指导性的，提供具体的写作指导或要求。比如，限时写出一份会议通知、请示报告或某项工作总结，也可能提出一个论点，请予以论证或批经等。

遇到此类考察类型，可以提前准备，练习写作结构和时间管理，确保文章条理清晰、论据充分、语言流畅。

（四）论文题

论文笔试是检验求职者分析、综合、比较、归纳、推理等思维能力的方法。其形式采用论述题或自由应答型试题。论文笔试的最大长处，是有利于考查求职者的思考能力，从而能够检查求职者思想认识的深刻程度。这种测试往往会导致种种不同的答案，易于发现人才，促进智力发展，远比简单的测验题更能判断一个人的水平。做此类题时，讨论问题要深刻、有见地。

每种笔试形式都有其适用的场景和局限性，用人单位通常会根据招聘岗位的具体要求和评估目标来选择或组合使用这些题型。应聘者在准备笔试时，应该了解不同题型的特点。每种题型都有其独特的考查目的和应对策略，考生应根据自己的情况和考试要求进行针对性的准备，针对性地提升自己在各方面的能力，以便在笔试中取得好成绩。

三、笔试准备

对于求职者来说，如果有机会参加招聘企业的笔试，那么一定要在笔试前做好以下准备：

（一）了解笔试内容

笔试的主要内容是基础知识和专业技能知识，其次是与用人单位有关的某些知识。不同类型的笔试有不同的考核内容，应聘者在考前应进行详细的了解，针对不同的情况做相应的准备。

一般情况下，应聘者可以通过多种渠道和方式了解企业历年笔试试题的题型，并做一些模拟题，看看自己能否在指定时间内完成、正确率是多少，找出错误原因，总结笔试经验，并针对自己的弱项进行突击练习。如果实在找不到招聘企业往年的笔试资料，应聘者可以通过研究招聘信息中对相关技能的要求来判断笔试题的题型和考核内容。

（二）熟悉笔试题型

不同的笔试类型，有不同的考试内容，毕业生在考前应做详细的了解，针对不同情况做出相应的准备。

比如公务员考试就有明确的考试范围，并有指定的参考书，考生复习相对有针对性。而一些用人单位的笔试则相对灵活，范围也比较大，没有明确相关的参考书。毕业生可围绕用人单位划定的大致范围翻阅相关的图书资料。同时，理论也要联系实际，学以致用，并对与招聘职位相关的知识进行认真梳理，以便应试时应对自如。

为了适应笔试的题量，应聘者还应训练快速阅读、快速思维和快速答题的能力。

实际上，在校园招聘中，企业招聘试题涉及的一些基础知识及专业知识可能是毕业生在大学课堂上学习过的。所以，毕业生在参加笔试前，将相关的知识点再复习一遍，有助于从容应对笔试。

（三）明确笔试要求

用人单位对应聘者进行笔试测试时，不仅要考查通用知识和专业知识，还要考查心理素质、办事效率、工作态度、修养水平和思维方式等，所以应聘者在参加笔试时，要认真审题，明确试题要求，领会考题暗含的主旨，将自己的认知水平、知识水平和能力水平通过笔试较好地展示出来。

与此同时，应聘者在接到笔试通知之后，应根据笔试通知的要求，准备好相关的考试用具（如2B铅笔、橡皮、签字笔、计算器等）和个人证件（如身份证、学生证等）等。

最重要的一点是，一定要注意考试时间。提前到达考场不要迟到，答题时做好时间管理，有策略地答题。

（四）熟悉考试环境

熟悉考试环境主要是指了解考场的设置情况，如去考场的路线、自己所在考场的位置、自己座号的具体位置等。同时，应聘者还应熟悉存包处及卫生间等具体位置，并记考场规则，将每场考试的起止时间、作答要求等重要事项牢记于心。

如果是线上笔试，给自己营造一个安静的环境，手机静音、电话拨线，门口挂上"请勿打扰"，调节舒服的光线来答题。

（五）遵守考场纪律

遵从监考人员的指示，在没有得到指令的情况下翻阅试卷，很有可能被取消笔试资格，有很多公司都非常看重应试者的守纪与诚信。大家要明确一点，笔试不仅仅是一场考试，也是求职过程中的一个环节，考场上的表现很可能会影响到之后的面试。

（六）保持良好状态

求职过程中的笔试毕竟不同于学校平时的考试，临考前要注意以下几点：

（1）要适当减轻思想负担，不可给自己施加过大压力，否则适得其反。

（2）笔试的前一天要注意休息，保证充足的睡眠，避免考试时精神不振，影响正常思维。

（3）要适当参加一些文体活动，从而使高度紧张的大脑得到放松和休息，以充沛的精力去迎接考试。

四、实战技巧

（一）做好知识储备

笔试大多是对应聘者的文化水平和专业知识的测试。俗话说"巧妇难为无米之炊"，如果毕业生专业知识水平很低，专业素养较差，是很难在笔试中取得好成绩的。因此，毕业生应做好知识储备，在校期间除了要认真学习专业知识，熟练专业技能外，还要广泛涉猎与专业相关的知识，以拓展自己的知识面，培养自己独立分析问题、解决问题的能力。另外，在笔试前要认真复习，做好考试准备。

通常，比较正式的笔试都会告知应聘者考试的方式和大纲，应聘者可以据此有针对性地复习。也有的用人单位不告知考试内容，可能是对应聘者的综合素质要求较高，需要知识面广和能力强的人来担任。对于这样的考试，可以根据职位的特点来进行复习。例如，某知名出版社招聘编辑，其考试的内容必然涉及语言文字、修辞、写作、知识产权及相关法律、法规等。

（二）调整身心状态

在笔试前，一方面要调整心态，以一种乐观、健康的心态面对考试，克服怯场与自卑。例如，临考前通过心理调适，适当减轻思想负担，保证充足的睡眠，也可适当参加一些文体活动，使高度紧张的大脑得到放松休息等，从而以充沛的精力去参加考试。

考前要摒弃杂念，排除干扰思绪，使大脑处于"空白"状态，创设考题情境，酝酿综合思维，提前进入"角色"。通过清点用具、暗示重要知识和方法、提醒常见解题误区和自己易出现的错误等，进行针对性的自我安慰，从而轻装上阵，增强信心，以平稳自信、积极主动的心态准备应考。

（三）消除焦虑怯场

集中注意力是考试成功的保证，一定的神经亢奋和紧张能加速神经联系，有益于积极思维。要使注意力高度集中，思维异常积极，这叫内紧。但紧张程度过重，则会走向反面，形成怯场，产生焦虑，抑制思维，所以又要清醒愉快，放得开，这叫外松。

不要把考试当成多大的事，就想着这是一场普通的测验就好。有的人总是给自己一些压力，到考试的时候就会在潜意识里想万一考不好怎么办等问题，分散了注意力，当然考不好。

（四）掌握答卷方法

笔试题型多、内容涉及范围广、时间有限，科学的答卷方法可以应试者更好地理解和组织信息，从而提高回答问题的质量。以下是一些科学的答卷方法：

（1）浏览全卷。应聘者拿到试卷后，首先要将试卷浏览一遍，大致了解试题的题量和难易程度，以便掌握答题的速度。

（2）先易后难。根据先易后难的原则安排答题的顺序。先解答相对简单的题，后解答难题。这样就不会因攻克难题而浪费太多时间，从而失去做简单题的机会。如有时间，再去细细斟酌较难的试题。

（3）精心审题。笔试时应逐字逐句地审题，弄清题目要求，然后按要求答题。尤其是论述题或写作题，落笔更要三思而后行，切不可下笔千里，离题万里。遇到想不出答案的问题时，可以换一种思考方式解决问题，也许改变角度，就能让自己束手无策的问题迎刃而解。

（4）把握主次。答题时一定要分清主次、轻重，将主要精力和时间放在重点题目和重点内容上，而不要反其道而行之，否则笔试成绩必然会受到影响。

（5）融会贯通。笔试试卷中的论述题和应用题，用于考查应聘者运用所学知识分析问题、解决问题的能力，所以应聘者在答题时要积极思考，广泛联想，将已学过的知识与题目信息联系起来，灵活答题。

（6）字迹工整。值得特别注意的是，应聘者必须确保字迹清晰、卷面整洁。

（五）确保答题准确率

不同企业的考核内容不同。例如公考题的容量是在120分钟时间内完成140题，时间很紧张，不允许做大量细致的解后检验，所以要尽量准确运算（关键步骤力求准确，宁慢勿快），立足一次成功。

解题速度是建立在解题准确度基础上的，所以，在以快为上的前提下，要稳扎稳打层层有据，步步准确，不能为追求速度而丢掉准确度，甚至丢掉重要的得分步骤。假如速度与准确不可兼得，就只好舍快求对了，因为解答不对，再快也无意义。

有把握做的题一定要保证不出错，在平时的复习中也要注意自己做题质量，在强项上一定不能丢分，在弱项上就要多花时间锻炼。实在加强不了的部分，就要有针对性地放弃，考试的时候看时间再慢慢做，反正有把握的部分都拿到分了，后面难的题目能多拿一分就是胜利。

（六）保持卷面整洁

在答完试卷后要进行一次全面复查以纠正错别字以及语法不通、词不达意等错误。要做到卷面整洁，字迹端正。求职笔试不等于其他专业考试，招聘单位往往从卷面上联想应聘者的思想、品质、作风，字迹潦草、卷面不整齐的人，招聘单位先不看答的内容，单从卷面就觉得不可靠；那些字迹端正、答题一丝不苟的人，招聘单位认为是态度认真、作风细致，而更加青睐。

项目四 掌握求职技巧 应对求职挑战

任务二 面 试 技 巧

面试是用人单位在规定的时间和空间内,通过与应聘者当面交流对其进行考核的一种招聘测试(图5-2)。在高校毕业生求职面试的实践中,往往有一些素质良好的毕业生因缺乏面试技巧而过不了面试这一关。因此,学习和掌握面试技巧,做好充分准备,对高校毕业生来说是非常重要的。

图5-2 面试

一、面试种类

面试有很多种形式。在实际面试过程中,招聘单位可能只采取一种面试形式,也可能同时采用几种面试形式。根据面试内容、组织形式和面试要求的不同,面试大致可分为以下几种。

(一)个人面试

个人面试,也被称为单独面试,是招聘过程中最常见的面试形式,其中面试官与候选人一对一地进行面谈。这种面试方式有助于面试官详细地了解候选人的个人经历、技能和职业目标,同时也可以评估候选人的沟通能力和个性特点。

一对一面试是最基本的个人面试形式,在这种面试中,只有一个面试官对候选人进行面试。这种面试通常用于小型招聘或者针对较低层次职位的招聘。由于其规模较小且相对简单,一对一面试对于评估候选人是否适合某一特定角色是一种直接而有效的方式。

除了基本的一对一面试之外,还有一种个人面试形式叫作主试团面试。在这种面试中,虽然仍然是面试官与候选人一对一地交谈,但是面试团队会有多位面试官轮流与候选人交流。这样的面试方式允许面试团队从多个角度考察同一个候选人,从而能够更加全面和深入地了解候选人的能力和潜力。主试团面试常用于评估关键职位的候选人,比如高级管理岗位或者需要高度专业技能的职位。

(二)小组面试

小组面试又称"同时面试",是指面试考官同时对若干个应聘者进行面试的形式。即由一个或数个面试官组成主试组，从不同角度轮流对一个应试者提问。其后要求别的应试者对同样问题依次进行回答。如面试官在某位应试者回答问题后，突然向其他应试者发问：对刚才某某的回答，其他的人有什么看法。面试考官在一旁就应聘者的领导能力、逻辑思维能力、语言表达能力、处理人际关系的能力、环境控制能力等进行观察、评价，以便选出合适的人才。

（三）无领导小组讨论

无领导小组讨论是指评价中心技术中经常使用的一种测评技术，采用情景模拟的方式对考生进行集体面试（图5-3）。即由一组应试者组成一个临时工作小组，讨论给定的问题，并做出决策。

通常将一定数目的考生组成一组（6~10人），进行一小时左右时间的与工作有关问题的讨论，讨论过程中不指定谁是领导，也不指定受测者应坐的位置，让受测者自行安排组织，评价者来观测考生的组织协调能力、口头表达能力、辩论的说服能力等各方面的能力和素质是否达到拟任岗位的要求，以及自信程度、进取心、情绪稳定性、反应灵活性等个性特点是否符合拟任岗位的团体气氛，由此来综合评价考生之间的差别。

无领导小组讨论中，需要应聘者讨论的问题通常包括以下几类：

（1）开放式问题。开放式问题是一种没有固定答案的问题，答案的范围可以很广。例如，"你认为什么样的领导是好领导？""怎样才能提高下属的工作积极性？"这种问题主要考查应聘者思考问题的全面性、针对性、创新性等。

（2）两难性问题。两难性问题就是让应聘者在两种互有利弊的答案中选择一种。例如，"你认为重视工作的领导是好领导，还是重视员工的领导是好领导？"这种问题主要考查应聘者的分析能力、语言表达能力、说服力等。

（3）多项选择问题。多项选择问题就是让应聘者在多种备选答案中选择有效的几种，或者按照重要性对备选答案进行排序。这类题目主要考查应聘者分析问题及抓住问题本质的能力，可用于评价应聘者的能力、价值观及人格特点等。

（4）操作性问题。操作性问题就是给应聘者提供一些材料、工具或者道具，让应聘者利用它们设计出一个或一些特定作品。这种题目主要考查应聘者参与协作的积极性和主动性，以及在操作性任务中的合作能力和角色承担能力。

（5）资源争夺性问题。资源争夺性问题适用于指定角色的无领导小组讨论，其基本操作是让处于同等地位的应聘者就有限的资源进行分配，以考查应聘者分析问题的能力、逻辑思维能力、语言表达能力、辩论和说服他人的能力及反应的灵活性等。例如，让应聘者担任部门经理，让他们就有限数量的资金进行分配，在这一过程中，每个人想要获得更多的资金支持，就必须有理有据地说服他人。

通过无领导小组讨论，面试考官可以考查应聘者的组织协调能力、口头表达能力、说服能力、领导能力、人际交往能力，以及自信进取程度、情绪稳定性、反应灵活性等个性特点。

（四）结构化面试

结构化面试是一种严格按照预设问题和评分标准进行的面试形式。在结构化面试中，面试官会向所有候选人提出一系列相同的问题，并根据预定的评价标准来评估候选人的回答。这种面试方式旨在确保整个面试过程的公平性，并提高招聘决策的质量。

项目四　掌握求职技巧　应对求职挑战

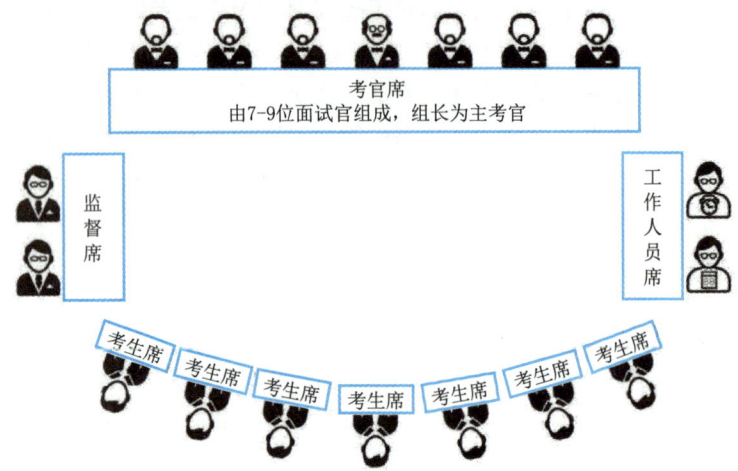

图 5-3　无领导小组讨论

结构化面试通常用于初筛候选人或者作为招聘流程中的第一轮面试。面试问题可能涉及候选人的工作经验、技能、教育背景以及一些情境问题，旨在评估候选人解决问题的能力、沟通技巧和其他与工作相关的行为特质。

尽管结构化面试具有诸多优点，但它也有可能过于僵硬，缺乏对候选人独特性的识别。因此，在招聘流程中，它常常与其他类型的面试相结合，如技术面试或行为面试，以达到更全面的评估效果。

（五）非结构化面试

非结构化面试是对与面试有关因素不做任何限定的面试，也就是通常没有任何规范的随意性面试。在面试中所提的问题，以及谈话时所采用的方式都是由主试者自由决定，谈话层次交错，具有很大偶然性。这种方法给谈话双方以充分的自由，主考官可以针对被试者的特点进行有区别的提问，对富有经验的面试考官是有效简便的方法。非结构化面试类似于人们日常非正式的交谈，除非面试考官的个人素质极高，否则很难保证非结构化面试的效果。

（六）压力式面试

由招聘者有意识地对求职者施加压力，就某一问题或某一事件做一连串的发问，详细具体地追根问底，直至无以对答。此方式主要观察求职者在特殊压力下的反应、思维敏捷程度及应变能力。

（七）情景式面试

情境式面试是面试形式发展的新趋势。情境面试突破了常规面试，即面试官和应聘者一问一答的模式，引入了无领导小组讨论、公文处理、角色扮演、演讲、答辩、案例分析等人员甄选中的情景模拟方法。在这种面试形式下，面试的具体方法灵活多样，面试的模拟性、逼真性强，应聘者的才华能得到更充分、更全面的展现，面试官对应聘者的素质也能做出更全面、更深入、更准确的评价。

（八）隐蔽式面试

隐蔽式面试是指面试考官主要通过暗中观察应聘者的言行举止来获取相关信息，对应聘者做出评价。这种方式具有隐蔽性，面试考官可以了解应聘者在自然状态下的真实表现。应聘者常常因这种面试的隐蔽性而放松警惕，有时甚至面试失败了也懵然不知。

二、面试途径

除了线下面试以外，还有电话面试和视频面试。

（一）电话面试

电话面试是一种常见的初步面试形式，它可以帮助雇主筛选合适的候选人，节省双方的时间和资源。以下是一些关于电话面试的关键点和建议：

关键点：

（1）准备工作：像面对线下面试一样准备电话面试。研究公司和职位信息，准备好可能的问题及其答案。

（2）找一个安静的地方：确保在一个没有干扰的环境中，可以集中精力进行电话面试。避免背景噪声，使用耳机以保证通话质量。

（3）保持专业：即使是在家中进行电话面试，也要穿着专业服装，这有助于提升精神状态和专业度。

（4）保持专注：在电话面试期间，把所有注意力放在面试上，避免分心。做好笔记，记录下重要的信息点。

（5）使用恰当的肢体语言：虽然面试官看不到应聘者，但是其肢体语言会影响语气和态度。保持积极的肢体语言可以帮助应聘者传递更清晰、更有说服力的信息。

（6）沟通技巧：在电话中，声音、语速和语调尤其重要。说话不要太快，确保面试官能够跟上思路。

（7）结束时主动：在电话面试结束时，可以主动询问下一步的面试流程，并表示很期待进一步的交流。

（8）跟进感谢：电话面试结束后，发送一封感谢邮件给面试官，这会给人留下的良好印象。

建议：

（1）模拟练习：在正式电话面试前，与朋友或家人进行模拟练习，以减少实际面试时的紧张感。

（2）声音清晰：确保声音清晰、语速适中，避免口齿不清或语速过快。

（3）避免干扰：关闭电视和其他可能造成干扰的设备。

（4）坐姿端正：即使对方看不见，但保持良好的坐姿也有助于保持清晰的思维和专业的态度。

（5）使用耳机：如果可能，使用耳机可以解放双手，能够更好地记录信息。

（6）避免吃东西或喝水：面试过程中避免吃东西或喝水，以免产生不必要的噪声。

（7）注意语气：保持语气友好和积极，即使无法面对面交流。

（8）确认信息：面试结束后，通过邮件向面试官发送感谢信，并确认面试中讨论的后续步骤。

（二）视频面试

随着技术的发展，视频面试已经成为一种流行的面试方式，尤其是在新冠病毒感染之后。以下是关于视频面试的一些关键点和建议：

关键点：

（1）技术准备：提前检查设备，确保摄像头、麦克风和网络连接正常。下载并熟悉视频会议软件，如腾讯会议、钉钉、Zoom、Skype 或 Google Meet 等。

（2）环境准备：选择一个安静、干净的背景，确保光线适中，以便面试官能够清楚地看到。

（3）穿着得体：穿着与传统面试相同的正式服装，这会帮助进入正确的心理状态。

（4）保持专注：避免分心，关闭其他应用程序，确保手机静音，全神贯注于面试。

（5）良好的网络连接：确保网络连接稳定，避免断线或延迟。

（6）保持眼神交流：在视频面试中，眼神交流尤为重要。尽量看着摄像头，而不是屏幕，这样会给面试官一种注视他们眼睛的感觉。

（7）控制肢体语言：虽然空间有限，但肢体语言仍然很重要。保持手势的自然，并且避免过于夸张的动作。

（8）练习：事先和家人或朋友进行几次视频通话练习，这可以帮助适应视频面试的环境。

（9）处理技术问题：如果遇到技术问题，保持冷静，尽可能地解决它，或者寻求帮助。

（10）结束时主动：在面试结束时，可以主动询问下一步的面试流程，并表示很期待进一步的交流。

（11）跟进感谢：视频面试结束后，发送一封感谢邮件给面试官，这会给人留下的良好印象。

建议：

（1）测试设备：在面试前进行设备测试，确保摄像头、麦克风和扬声器工作正常。

（2）软件熟悉：如果面试使用特定的视频会议软件，提前熟悉其操作。

（3）去除干扰：关闭或静音所有可能发出通知的设备，如手机和其他电脑应用程序。

（4）视线定位：看着摄像头而不是屏幕，这样可以让面试官感觉在直视他们的眼睛。

（5）注意光线：确保面试区域光线充足，避免产生过度的阴影或反光。

（6）注意坐姿：保持端正的坐姿，显示出专业和尊重。

（7）表情管理：保持微笑和友好的表情，即使讨论的是严肃的话题。

（8）避免多任务：避免在面试中做其他事情，如吃东西或翻阅文件，这可能会分散注意力。

（9）跟进：面试结束后，发送一封感谢邮件，感谢面试官，并重申对职位的兴趣。

三、面试次数

（一）一次性面试

所谓一次性面试，是指用人单位对应试者的面试集中于一次进行。在一次性面试中，面试考官的阵容一般都比较"强大"，通常由用人单位人事部门负责人、业务部门负责人及人事测评专家组成。在一次面试情况下，应试者是否能面试通关，甚至是否被最终录用，就取决于这一次的面试表现。面对这类面试，应试者必须集中所长，认真准备，全力以赴。

（二）分阶段面试

分阶段面试又可分为两种类型，一种叫"依序面试"，一种叫"逐步面试"

（1）依序面试。一般分为初试、复试与综合评定三步。

初试的目的在于从众多应试者中筛选出较好的人选。被面试者众多，每人分得的时间有限，一般是10～30分钟不等。这种面试作为多轮选拔的开始，一般由用人单位的人事部门主持，它主要考察应试者的仪表风度、工作态度、上进心、进取精神等，将明显不合格者予以淘汰。

初试合格者则进入复试，面试的时间会更长，程序也更复杂，往往要经历两个以上考官的评估，只有少数的应试者会脱颖而出。复试一般由用人部门主管主持，以考察应试者的专业知识和业务技能为主，衡量应试者对拟任工作岗位是否合适。复试结束后再由人事部门会同用人部门综合评定每位应试者的成绩，确定最终合格人选。

（2）逐步面试。一般是由用人单位的主管领导、处（科）长以及一般工作人员组成面试小组，按照小组成员的层次，由低到高的顺序，依次对应试者进行面试。

面试的内容依层次各有侧重，低层一般以考察专业及业务知识为主，对应试者的基本条件进行核实，确认应试者的学历证明及其工作业绩。中层是对应聘者人性特征、能力倾向、愿望动机、业务能力等方面的综合考察并写成评语报公司人事总裁。高层则实施全面考察并最终把关，考察应聘人的适用性和应变力。实行逐层淘汰筛选，越来越严。应试者要对各层面试的要求做到心中有数，力求每个层次均留下好的印象。在低层次面试时，不可轻视大意，不可骄傲马虎，在面对高层次面试时，也不必胆怯拘谨。

一般录用人员的层次越高，面试的次数也越多。一般人员的录用常由人事部门和业务部门面试后直接决定，只有公司中层干部的录用，必须由企业人事总裁直接参与。

四、面试准备

"凡事预则立，不预则废"，充分准备是面试成功的关键。面试的目的是让主考官深入了解求职者，以决定求职者是否是合适人选，因此，如果求职者表现出对自己的能力、个性及就业倾向了解不足，便会大大影响主考官对求职者的评价。求职者必须充分认识自己，对自己做出正确的评价，以便能顺利回答主考官提出的相关问题。为了求职成功，面试前必须做好充分的准备。面试前的准备工作包括以下几个方面。

（一）充分了解

1. 招聘单位

面试前，应进一步了解以下情况：面试的地点和时间；面试主持人的姓名及其准确读法；面试主持人的头衔；关于公司或单位的一些具体情况，如公司的工厂、办公室或商店在什么地方，公司产品和服务项目是什么，公司已发展到什么程度，公司将来发展潜力是什么。

目前，用人单位大致分为四类：

第一类是外企。其工作特点是：优厚的薪资福利，完善的培训体系，全球化的工作环境，富于激励的企业文化氛围和晋升制度，严格的绩效考核体系，压力大，需要富于创新精神和团队精神的人才。

第二类是民营企业。其工作特点是：机制灵活，机会多，成长快，收入较高，锻炼多方面能力，为自主创业打基础，工作压力大，小的民营企业失业风险大，需要有一定冒险精神和独立性较强的人才。

第三类是国有企业。其工作特点是：国有企业之间的效益和收入差距较大。因国有企业大都是国民经济的支柱企业或骨干企业，需要有强烈的责任感和使命感的人才。

第四类是国家公务员。其工作特点是：比在企业里要稳定，有机会实现自己变革社会的远大抱负。工作环境相对宽松，平均年龄偏高，晋升相对缓慢，薪资待遇相对较低，但福利较好，需要综合协调能力较强的人才，学生干部相对有竞争优势。

不管应聘哪一种单位，都要清楚将要去的单位是哪一种行业、生产何种产品，是独资企业还是合资企业，它的企业文化（包括口号和形象）是什么；同时还要尽可能了解清楚招聘单位的业务情况，比如：过去的业绩好不好？业务往来的对象有哪些？现在该单位做什么工作？如果是工厂，该工厂产品的注册商标是什么？该单位的发展前景如何？另外，对招聘单位的内部组织、员工福利、一般薪资、工作地点等也应该尽可能了解清楚。

毕业生要提前熟悉和掌握准备应聘单位的相关资料，对将要从事的工作做一个基本的了解，甚至可以设想他们会问什么，然后对应作答，以往面试经验都可参考。因为不同的单位，工作特点不同，对大学生考核的侧重点也有差异。有侧重点强调自己某方面的特长，这样面试成功的几率就大。

扩展阅读 4-1

在职业招聘博览会的热闹氛围中，各路求职者怀揣着梦想和期待，穿梭于各个展位之中，希望能够给未来的雇主留下深刻的印象。其中，有一名身穿正装的大学生小李，希望能在这一次的招聘会上找到一份理想的工作。

在参观到一家知名化妆品公司的展位时，小李递上了精心准备的简历，并表达了自己对该公司的热情和对相关岗位的兴趣。招聘主管接过简历，稍微浏览了一下，然后提出了一个问题："小李，你能说出我们公司代理的几个品牌吗？"这个问题显然出乎小李的意料，他顿时感到有些尴尬，因为他并没有预料到会被这样问。尽管他在面试前花了很多时间来准备自我介绍、预期薪资以及为什么想加入这家公司等问题，但他却没有想到要了解公司的具体业务细节。

小李努力回忆，但只能说出一些类似产品的通用名称，而无法准确列举出该公司的特定品牌。招聘主管看着他，表情略显失望，他告诉小李："对于公司这么陌生，在求职前没有去深入了解我们公司，这让人很难想象你会对自己的职业生涯有所规划。一个对自己未来负责任的求职者，会事先做好全面的准备。很遗憾，我们恐怕不能考虑没有这种责任感的人。"

这次经历给了小李深刻的教训。他意识到，在面试之前不仅要准备自己的个人亮点，更重要的是要对公司和岗位进行深入研究，这样才能显示出自己对这份工作的重视和诚意。小李决定把这次失败当作一个学习的机会，以便在未来更多的面试场合中能够更好地展示自己。

2. 招聘要求

招聘者的评判标准：招聘者希望自己将来的同事是有亲和力和友善的，愿意接受指导和帮助，有上进心，脚踏实地的，聪明而谦虚，能够很好地执行指示的，做事主动积极，能够得心应手地应付不同情况的，能为他人着想的，愿意向招聘学习的，对招聘人员表示出适当的仰慕、和善、尊重且无阿谀之嫌的。

雇主希望雇员具备如下条件：能胜任工作，具备高尚的职业道德，诚心并且态度端正、可靠，具有团队精神，成熟，性格、人品俱佳；积极进取、富有主动性、愿意勤奋工作；愿意学习新事物、接受力强；判断力强。

了解招聘方最希望了解什么。例如，招聘者非常希望在招聘交谈中双方能够互相充分了解，这不仅是招聘方对求职者的提问还包括求职者对招聘企业的了解，企业希望求职者通过对企业的了解自我判断是否能够长期工作。

3. 用人心理

一般招聘单位有如下四种用人心理：

（1）求"专"心理。专业对口是用人单位录用人才的首要标准，尤其是一些工科、经济、法律等专业性很强的单位，所以毕业生求职首先应找专业对口的单位，这样可大大提高命中率。大学生还要学会突出自己实践能力强的长处。

（2）求"全"心理。要求毕业生一专多能、多专多能是用人单位的重要标准。目前社会上风行的考证热，实际上就是这种要求的反映。证多不压人，大学生除了计算机证书外，最重要的是要持有与自己专业对应的职业资格证书。在求职时，毕业生应亮出别人可能没有的证书，以体现自己的优势，满足用人单位的求全心理。

（3）求"通"心理。近几年，尤其是我国加入世界贸易组织以后，众多用人单位对人才的强烈要求，精通某专业，又能在相关领域大显身手，这样最受欢迎。有能力的学生千万不要"犹抱琵琶半遮面"，应把自己的本事一个都不少地展现出来。

（4）求"变"求"异"心理。求变是指用人单位面对瞬息万变的社会对人才所做出的要求。要求求职者心理素质好，应变能力强，对不断变化的情况能及时调整心态积极应变。求异是一些用人单位喜欢选择一些突发奇想、富有创造力的求职者，能在险象环生的商战中出奇制胜。

（5）求"优"求"诚"心理。求职者又红又专，既当过学生干部，又是专业能手，为人诚恳，对人对事能坦诚相待，会为众多用人单位，尤其是国家机关事业单位所看中。为此，大学生一方面应展现自己的优良素质和能力；另一方面，对不了解或不大了解的问题，应该诚实告知，千万不要不懂装懂。

（二）资料准备

1. 自我介绍

在大学生找工作面试时，首先会被要求先做自我介绍，看似比较简单，就是把自己介绍给别人，以便使别人认识自己，一段短短的自我介绍，其实是为了揭开更深入的面谈而设的。所以恰到好处的自我介绍，可以大大提高面试的好感。故求职面试自我介绍技巧便显得尤为重要。

掌握面试自我介绍的分寸，想要自我介绍恰到好处、不失分寸，就必须高度重视下述几个方面的问题：

（1）控制时间：自我介绍一定要力求简洁，尽可能地节省时间。通常以 1~3 分钟时间为佳，如无特殊情况最好不要长于 3 分钟。保险起见，可以准备两个版本：3 分钟自我介绍、1 分钟精简版。为了提高效率，在做自我介绍的同时，可利用名片、介绍信等资料加以辅助。

（2）讲究态度：态度要保持自然、友善、亲切、随和，整体上讲求落落大方，笑容可掬。充满信心和勇气。忌讳妄自菲薄、心怀怯懦。要敢于正视对方的双眼，显得胸有成竹，从容不迫，语气自然，语速正常，语音清晰，生硬冷漠的语气、过快过慢的语速，或者含糊不清的语音，都会严重影响自我介绍者的形象。

（3）追求真实：自我介绍时所表述的各项内容，一定要实事求是，真实可信。过分谦虚，一味贬低自己去讨好别人，或者自吹自擂，夸大其词，都是不足取的。

自我介绍的内容编写应注意以下几点：

（1）简明扼要：自我介绍的时间通常有限，因此需要简洁明了，避免冗长和啰唆。

（2）结构清晰：一个好的自我介绍应该有一个明确的结构，比如先介绍自己的基本信息，然后是教育背景、工作经验、技能特长和个人性格特点等。开头问候，结尾总结，中间条理清楚。

（3）相关性强：在自我介绍中，应该重点突出那些与应聘岗位最相关的经验和技能，这样可以让面试官更快地了解适合度。

（4）举例说明：单纯的陈述可能不够生动，可以通过具体的例子来阐述能力和成就，这样更有说服力。

（5）真实诚恳：自我介绍应该是真实的，不要夸大或编造事实。面试官的问题设计往往能够探测到真实情况，所以诚实是最重要的。

（6）积极向上：在介绍自己的时候，要展现出积极的态度和对工作的热情，这会给面试官留下良好的第一印象。

（7）准备充分：在面试前，应该反复练习自己的自我介绍，确保在面试时能够流利地表达。自我介绍中的内容，很有可能是面试官后续发问的内容。所以一定要做好准备，扬长避短。

（8）注意语言表达：使用清晰、准确的语言，避免使用口头禅或者过于复杂的句子结构。

（9）体现独特性：在众多求职者中，如何突出自己是关键。在介绍自己的时候，可以适当展现自己的独特之处，比如特别的爱好、特长等。

（10）结束语要得体：结束自我介绍时，可以说一句希望能有机会为公司贡献自己的力量之类的话，表现出对这个职位的渴望和对公司的兴趣。

2. 个人简历

在进行自我介绍之后，一份详细的个人简历必不可少，且要掌握面试自我介绍基本内容，包括本人姓名、中心思想、关键信息、主要成就、求职目标、受教育情况等。为此，应该选择简历中最重要的一部分，并将它们整理成一段流畅的文字，使之成为演讲的一部分。可以参考下面的提示：

(1) 以名字和关键信息作为开始。如：我叫某某某。

(2) 对经验以及必须提供的内容加以描述。这些内容可以从成功经历和技能中选取。如，个人实力、专长、曾完成的特殊项目等，并说明怎样运用了自己的才能，有效解决了问题或提高了业绩。

(3) 求职目标。如，求职者正在了解的行业或领域，正在寻求的职位。如果是跨专业，必须先说明技能转变情况，以及对这行的工作兴趣和能胜任的原因。

(4) 学历和最近接受的教育。如本科学士，除了主修会计专业还辅修了物流专业，获得了注册会计师和物流师资质。再次重申所想要谋求的职业以及自己的工作目标。

3. 文本资料

在准备面试时，还需要准备好文本资料：

(1) 简历：最好准备多份最新简历，以备不时之需。确保它们整洁、无误，并突出技能和经验。简历应针对应聘的职位进行定制。

(2) 工作样本：如果有与职位相关的工作样本、项目报告或作品集，可以准备好这些材料，以展示能力和成就。

(3) 推荐信：如果有推荐信，特别是来自以前雇主或业内知名人士的，那么准备好这些信件。如果没有正式的推荐信，至少准备一些联系人的信息，面试官可能会想与所提供推荐的人联系。

(4) 材料证明：比如：毕业证、学位证、身份证等原件复印件，以及项目成果等，还有各种等级考试证书等，比如计算机二级证书、英语等级证书、普通话证书等。

在面试前，将这些资料有条不紊地整理好，放在文件夹中，以便查找及翻阅。

（三）个人形象

个人的形象在求职应聘中起着举足轻重的作用。无论求职信写得如何出色，招聘者还是在见到求职者的那一刻才产生真正的第一印象，那么如何设计自己的形象，以取得求职应聘的成功呢？

在面试环节中，应聘者应该注意以下事项：

1. 建立良好的第一印象

(1) 准时赴约：守时是最基本的礼仪，它体现了对面试机会的尊重以及对时间的管理能力。

(2) 得体着装：根据应聘岗位的特点选择合适的服装，以展现专业性和对面试的重视。

(3) 注意礼节：从进门那一刻起，就要展现良好的教养和风度，注意细节，如敲门、主动握手等。

(4) 从容自然：在回答问题时，保持镇定，用肯定的语气表达自己的观点，显示出自信和能力。

(5) 面带微笑：不仅能够缓和气氛，也能够让面试官感受到亲和力和积极态度。

(6) 注意倾听：给面试官充分的时间来表达他们的观点，并且在倾听时给予关注和回应，显示出好学和尊重。

(7) 适度赞同对方：在面试中，对于面试官的观点可以适当表示认同，但不必过分夸张,保持真诚和适度。并且在合适的时候表达有限度的反馈,这表明在认真思考并且拥有独立的见解。

(8) 正确使用态势语言:使用恰当的非语言沟通方式,如眼神交流、适当的手势等,来增强言语的说服力,同时避免过于夸张或分散注意力的行为。

2. 面试仪容

面试仪容包括但不限于以下几个方面:

(1) 清洁的脸庞:务必洗脸并保持皮肤清洁。男士应剃须,确保面部无污渍和胡茬。

(2) 发型:头发应保持干净、整齐,并且长度适中,不可留怪异的发型。男士的发型不宜过长,应避免前发遮眉、后发触领,不可留长发或者剃光头。女士的发型建议简约而优雅,尽量不要遮住脸部。女士发型如果是短发,应梳理平顺;如果是长发,最好将头发扎起来或者挽起、盘起。此外,注意刘海不要过长,不要遮住眼睛。

(3) 化妆:女士若化妆,应以淡妆为主,切忌浓妆艳抹,不可使用浓烈的香水。男士无需化妆,保持自然肤色即可。

(4) 眼睛:眼睛是心灵的窗户,面试时应保持眼神的自然和专注。如果戴眼镜,确保镜片清洁无痕。

(5) 口腔卫生:保持口腔清新,面试前刷牙漱口,避免吃有强烈气味的食物。

(6) 面部表情:保持微笑和友好的表情,这会传达出积极的态度。避免过多的面部动作,以免显得不专业。

总的来说,面试仪容的关键在于自然、专业和整洁。通过注意这些细节,可以给面试官留下良好的第一印象。

3. 面试仪表

《弟子规》中要求:"冠必正,纽必结,袜与履,俱紧切。"这些规范对现代人来说仍是必要的。对于求职者来说,帽正纽结、鞋袜紧切更是最基本的要求。如果一个人衣冠不整、鞋袜不正,就是对他人的不尊重,往往会使人产生反感甚至厌恶,有谁会亲近这样的人呢?所以,在出发去面试前,设计良好的个人形象非常重要。

衣着打扮必须适合自己的职业、年龄、生理特征、所处的环境等。例如,护理专业应聘者应严格依照护士礼仪规范的要求着装。

不同岗位的工作性质不同,着装需要和岗位吻合,例如某人打算应聘某建筑公司的现场管理一职,他如果西装革履地去面试,就会给主考官距离感;反之,如果他的着装能和用人单位保持一致或相似,就能给对方一种亲切感。如果做到这点有困难的话,也可以按以下建议着装。重视着装礼仪的最终目的是要展示自己的精神面貌,给用人单位留下良好的印象。

(1) 女生着装礼仪。

1) 服装。裁剪合宜、简单大方的学生装或者套装比洋装更能建立好感和专业感,全身颜色最好不要超过三种,套裙最好不要高过膝盖3厘米,不要穿无袖、露背、迷你裙等性感装束。

适合皮肤色调的服装能给人精力充沛、容光焕发的感觉。套装、西装的颜色要以中性为主,不要穿大红、大紫、粉黄、橙色等夸张、刺眼颜色的衣服。

2) 化妆。可以化淡雅的彩妆,勿浓妆艳抹,也不宜脂粉不施。不宜擦拭过多的香水。

发型要文雅、庄重、梳理整齐、干净清爽。长发最好用发夹夹好，不能染鲜艳的颜色。不要留长指甲，最好是涂自然色的指甲油。

3）鞋子。宜穿素色素面、略微有跟的鞋子，不要穿高跟鞋、拖鞋或露出脚趾的凉鞋。

4）佩饰。佩戴的饰品要简单高雅，不要佩戴造型过于夸张、会当作响的饰品。配饰数量也不宜过多，以精简为主。

5）包。最好只带一个手提包，手里又提又拿容易给人凌乱急躁的感觉。要把化妆品、笔、零碎的小东西有条理地收好，以免拿东西时带出乱七八糟的物品。

（2）男生着装礼仪。对学生而言，面试时不一定要穿什么时装、名牌，但一定要干净整洁，要符合社会大众的审美观，学生的着装应庄重、朴素、得体。此外，着装还应考虑不同职位的要求，例如，应聘公关职位就要适当地注意时尚，而应聘财会职位就应与时尚拉开适当的距离。

对社会人士而言，男生可以穿西装，以毛料的深蓝色西装为宜，西装要平整、清洁、有裤线；西装口袋里不要放任何东西。着装也应遵守三色原则，也就是全身的衣着颜色不要超过三种。可以配一双黑色皮鞋、一双深色袜子和一条领带。

面试前应理发、刮胡子、去鼻毛、修指甲，稍稍用些护发、护肤品，以淡雅的香气为佳。西装上也可以适当喷些香水，但无论是护发、护肤品还是香水，务必要保持气味一致。处理好这些细节很重要，它能显示一个人品位的好坏。

从心理学上讲，人们通常把那些外表吸引力强的人看作友善、聪明且善于社交的人。尽管外表吸引力很大程度上依赖于天生，但人们可以通过一些方法使自己的吸引力最大化，穿着打扮就是其中之一。

这里并不是过分强调外表在第一印象和事业成功中的重要性，但为了获得第一次机会，适当修饰很重要。

（四）基本礼仪

举止是无声的语言，主要通过人的表情、姿势、动作等表现出来，它能够展示一个人的修养。应聘者面试时应注意以下礼仪。

1. 敲门进入

进入面试室前应先轻轻敲门，得到许可后方可进入，不可直接推门而入。敲门时应力度适中，不可用力过大。进入面试室时应体态端正、仪态大方，不可在进门前先伸头张望，进门后，应转过身轻轻地关上门。

2. 主动问候

进入面试室后应主动向面试官行点头礼或鞠躬礼，并向其问好，如"上午好""下午好""各位领导好"等。若面试官没有主动伸手与自己握手，则应聘者无须主动与之握手。进入面试室后，不能随便落座，而应待面试官说"请坐"时才能入座，并且应坐到面试官指定的座位上。

3. 态度恭谦

应聘者在面试过程中回答问题时应精神集中、态度恭谦，给面试官留下诚恳、自信、乐观、不卑不亢的印象。如实地回答面试官的提问，切忌含糊其辞。

4. 注重仪态

（1）坐姿。应聘者落座后，应保持端正的坐姿。正确的坐姿如下：坐满椅子的 2/3，上身自然挺直并略向前倾，双脚、双膝并拢，双手自然放于腿上等。需要注意的是，不能坐满整个椅面，否则显得太随意；也不能坐在椅子边沿上，否则显得太过拘谨。

（2）眼神。合适的眼神可以展示应聘者的自信，也可以表达对面试官的尊重。与面试官交谈时，应聘者应自然地注视面试官，且最好将目光集中在对方的眼睛与鼻子之间的三角区，切勿长时间直视对方的眼睛或避免与对方有眼神接触。注视面试官时每次的注视时长以 15 秒左右为宜，然后转而注视他处，间隔 30 秒左右之后再转而注视面试官。

（3）笑容。俗话说："面带三分笑，礼数已先到。"微笑是最美的语言。应聘者在面试过程中应保持自然的微笑，这样既能够适当地消除紧张感，又能够展现自己的自信，提升自己的外部形象，还能够增进沟通，拉近自己与面试官的心理距离。

（4）手势。在面试过程中，应聘者可以适当地使用手势，但应确保手势得体、协调。手势并非多多益善，而应适量。手势的使用频率、摆动幅度及所呈现的姿态等都应配合有声语言进行。过多、过杂且姿态不雅的手势会给人以张牙舞爪和缺乏修养之感。

5. 注意聆听

在面试过程中，应聘者一定要仔细聆听面试官的讲话并适时以"嗯""对""是的""我想是的"等话语予以回应，这样能够给面试官留下良好的印象。聆听是有礼貌、有修养的表现，若随意打断面试官的讲话或抢着发言，则可能给面试官留下急躁、不够稳重、缺修养的印象。

6. 谈吐文雅

面试官一般比较欣赏谈吐优雅、表达清晰、逻辑性强的应聘者。应聘者在与面试官谈时应语言简洁、吐词清楚、条理清晰。同时，应多用敬语，如提到面试官时要用"您"，提到应聘的公司时要用"贵公司"等。

与面试官交谈时不要发生争论，不要抢话头，不要连珠炮式地发问，也不要乱开玩笑。当对方谈兴正浓时，不要轻易转移话题。在表达自己的观点时根据实际情况谈自己的看法，也可以使用"我很同意您的观点"之类的话来回应。在面试过程中，可以真诚地表达自己的意愿，如可以直接表达"我真心想得到这份工作"等意愿，然后运用恰当的语言说明自己能够胜任所应聘职位的理由。

需要注意的是，在交谈过程中切勿过多地使用"呢""啦""吧""啊"等语气词，也不要使用口头禅，否则会影响表达效果，并给面试官留下不良印象。

7. 适时告辞

当面试官示意面试结束时，应聘者应微笑着起立，感谢用人单位给予面试的机会，然后道"再见"，最后从容地走出房间并轻轻地关上门。如果进入面试室时有人接待或引导则离开面试室时应向其致谢、告辞。

（五）常见问题回答策略

面试过程中，面试官会向应聘者发问，而应聘者的回答将成为面试官是否录用的重要依据。对应聘者而言，了解这些问题背后的用意至关重要。下面对面试中经常出现的一些典型问题进行了整理，并给出了相应的回答思路。读者无须过分关注分析的细节，关键是要从这些分析中"悟"出面试的规律及回答问题的思维方式，达到"活学活用"。

1. 请你自我介绍一下

思路：

（1）这是面试的必考题目。

（2）介绍内容要与个人简历相一致。

（3）表述方式上尽量口语化。

（4）要切中要害，不谈无关、无用的内容。

（5）条理要清晰，层次要分明。

（6）事先最好以文字的形式写好背熟。

2. 谈谈你的家庭情况

思路：

（1）这对于了解应聘者的性格、观念、心态等有一定的作用，这是面试官单位问该问题的主要原因。

（2）不宜简单地罗列家庭人口。

（3）宜强调温馨和睦的家庭氛围。

（4）宜强调父母对自己教育的重视。

（5）宜强调各位家庭成员的良好状况。

（6）宜强调家庭成员对自己工作的支持。

（7）宜强调自己对家庭的责任感。

3. 你有什么业余爱好

思路：

（1）业余爱好能在一定程度上反映应聘者的性格、观念、心态，这是面试官问该问题的主要原因。

（2）最好不要说自己没有业余爱好。

（3）不要说自己有哪些庸俗的、令人感觉不好的爱好。

（4）最好不要说自己仅限于读书、听音乐、上网，否则可能令面试官怀疑应聘者性格孤僻。

（5）最好能有一些户外的业余爱好来"点缀"自己的形象。

4. 你最崇拜谁

思路：

（1）最崇拜的人能在一定程度上反映应聘者的性格、观念、心态，这是面试官问该问题的主要原因。

（2）不宜说自己谁都不崇拜。

（3）不宜说崇拜自己；不宜说崇拜一个虚幻的或是不知名的人；同不宜说崇拜一个明显具有负面形象的人。

（4）所崇拜的人最好与自己所应聘的工作"搭"上关系。

（5）最好说出自己所崇拜的人的哪些品质、哪些思想感染着自己、鼓舞着自己。

5. 你的座右铭是什么

思路：

（1）座右铭能在一定程度上反映应聘者的性格、观念、心态，这是面试官问这个问题的主要原因。

（2）不宜说那些易引起不好联想的座右铭。

（3）不宜说那些太抽象的座右铭。

（4）不宜说太长的座右铭。

（5）座右铭最好能反映自己的某种优秀品质。

（6）参考答案——"只为成功找方法，不为失败找借口"。

6. 谈谈你的缺点

思路：

（1）不宜说自己没缺点。

（2）不宜把那些明显的优点说成缺点。

（3）不宜说出严重影响所应聘工作的缺点。

（4）不宜说出令人不放心、不舒服的缺点。

（5）可以说出一些对于所应聘工作"无关紧要"的缺点，甚至是一些表面上看是缺点，从工作的角度看却是优点的缺点。

7. 谈一谈你的一次失败经历

思路：

（1）不宜说自己没有失败。

（2）不宜把那些明显的成功说成失败。

（3）不宜说出严重影响所应聘工作的失败经历。

（4）所谈经历的结果应是失败的。

（5）宜说明失败之前自己曾信心百倍、尽心尽力。

（6）说明仅仅是外在客观原因导致失败。

（7）宜说明失败后自己很快振作起来，以更加饱满的热情面对以后的工作。

8. 你为什么选择我们公司

思路：

（1）面试官试图从中了解应聘者求职的动机、愿望以及对此项工作的态度。

（2）建议从行业、企业和岗位这三个角度来回答。

（3）参考答案——"我十分看好贵公司所在的行业，我认为贵公司十分重视人才，而且这项工作很适合我，相信我一定能做好"。

9. 对这项工作，你有哪些可预见的困难

思路：

（1）不宜直接说出具体的困难，否则可能令对方怀疑应聘者不能胜任。

（2）可以尝试采用迂回的战术，说出对困难所持有的态度，如"工作中出现一些困难是正常的，也是难免的，但是只要有坚韧不拔的毅力、良好的合作精神以及事前周密而充分的准备，任何困难都是可以克服的。"

10. 如果我录用你，你将怎样开展工作

思路：

（1）如果应聘者对于应聘的职位缺乏足够的了解，最好不要直接说出自己开展工作的具体办法。

（2）可以尝试采用迂回战术来回答，如"首先听取领导的指示和要求，然后就有关情况进行了解和熟悉，接下来制订一份近期的工作计划并报领导批准，最后根据计划开展工作。"

11. 与上级意见不一致，你将怎么办

思路：

（1）一般可以这样回答："我会给上级以必要的解释和提醒，在这种情况下，我会服从上级的意见。"

（2）如果面试自己的是总经理，而自己所应聘的职位另有一位经理，且这位经理当时不在场，可以这样回答："对于非原则性问题，我会服从上级的意见；对于涉及公司利益的重大问题，我希望能向更高层的领导反映。"

12. 我们为什么要录用你

思路：

（1）应聘者最好站在招聘单位的角度来回答。

（2）招聘单位一般会录用基本符合条件且对这份工作感兴趣、有足够信心的人。

（3）参考答案——"我符合贵公司的招聘条件，凭我目前掌握的技能、高度的责任感和良好的适应能力及学习能力，完全能胜任这份工作。我十分希望能为贵公司服务，如果贵公司给我这个机会，我一定能成为贵公司的栋梁！"

13. 你能为我们什么

思路：

（1）基本原则为"投其所好"。

（2）回答这个问题前，应聘者最好能"先发制人"，了解招聘单位期待这个职位所能发挥的作用。

（3）应聘者可以根据自己的了解，结合自己在专业领域的优势来回答这个问题。

14. 你是应届毕业生，缺乏经验，如何胜任这项工作

思路：

（1）如果招聘单位对应届毕业的应聘者提出这个问题，说明招聘单位并不真正在乎经验，关键看应聘者怎样回答。

（2）对这个问题的回答最好要体现出应聘者的诚恳、机智、果敢及敬业。

（3）可以这样回答："作为应届毕业生，在工作经验方面的确会有所欠缺，因此，在读书期间，我一直利用各种机会在这个行业里做兼职。我也发现，实际工作远比书本知识丰富、复杂。但我有较强的责任心、适应能力和学习能力，而且比较勤奋，所以在兼职中均能圆满完成各项工作，从中获取的经验也令我受益匪浅。请贵公司放心，学校所学及兼职的工作经验使我有信心一定能胜任这个职位。"

15. 你希望与什么样的上级共事

思路：

（1）通过应聘者对上级的"希望"可以判断出应聘者对自我要求的意识。

（2）最好回避对上级具体的希望，多谈对自己的要求。

（3）可以回答："作为刚步入社会的新人，我会要求自己尽快熟悉环境、适应环境，对于环境的要求是只要能发挥我的专长就可以了。"

16. 在校时你做过什么社会兼职或社会实践吗

思路：

（1）挑一件体验最深的事来描述，重点突出应聘者和同伴在该实践中遇到的问题和如何解决问题，以及从中得到的体会。

（2）回答事例的方向尽量靠近团队协作和解决问题的思维方式。表述一定要思维清晰，逻辑清楚。

17. 你对加班有什么看法

思路：

（1）这是针对"工作热忱"而问的，当然无理的加班不一定就是好的，最好回答"在自己责任范围之内，不能算是加班"较有利。

（2）尽量诚实回答，如果说了"是"而实际上却不想，那么会一直被人盯住。

18. 你怎样看待这个职位

思路：

（1）该岗位做些什么事（面试前先了解，如果没有做过该岗位，就说猜想一下该岗位做什么事，然后把了解的说出来，对方会另眼相看），以及该岗位在公司中的地位与作用。

（2）该岗位与其他岗位的联系。

（3）从事该岗位最重要的是什么，然后简单地说明一下自己对工作的要求，且该岗位正好能够满足。

五、实战技巧

（一）答问技巧

（1）把握重点、条理清楚：一般情况下回答问题要结论在先，议论在后，先将中心意思表达清楚，然后再做叙述。

（2）讲清原委，避免抽象：招聘者提问是想了解求职者的具体情况，切不可简单地仅以"是"或"否"作答，有的则需要解释原因，有的需要说明程度。

（3）确认提问，切忌答非所问：在理解提问的含义后再进行回答，如果对问题有疑问，不妨重新阐述一遍问题，以确保准确理解了面试官的意图。"你问的是不是这样一个问题……"将问题复述一遍，确认其内容，才会有的放矢，不至于答非所问。

（4）适当沉默：在回答完问题后，不要急于接话，而是稍作停顿，给面试官一个消化信息的机会，同时也给自己一点时间来观察面试官的反应。

（5）冷静对待，荣辱不惊：招聘者中不乏刁钻古怪之人，可能故意挑衅，令人难堪，这不是"不怀好意"，而是一种战术提问，让应聘者不明其意。故意提出不礼貌或令人难堪的问题，其意在于"重创"应试者，考察应聘者的"适应性"和"应变性"。应聘者若反唇相讥，恶语相对，就大错特错了。

（6）诚实回答：对于不知道或不确定的问题，最好坦白说出来，过度猜测或编造答案可能导致后续更多问题，影响面试表现。

（二）发问技巧

面试时若招聘者问有没有问题，此时应聘者可以适当问一些问题，并且应该把提问的重点放在招聘者的需求以及如何能满足这些需求上，通过提问的方式进行自我推销是十分有效的，所提问题必须是紧扣工作任务、紧扣职责的。

可以询问诸如以下的问题：应聘职位所涉及的责任以及所面临的挑战，在这一职位上应该取得怎样的成果；该职位与所属部门的关系以及部门与公司的关系，该职位具有代表性的工作任务是什么。当然也要注意不要问一些通过事先了解能够获得的有关公司的信息，这会让人对应聘者的面试目的是否明确表示怀疑。

（三）谈话技巧

（1）谈话应顺其自然。不要误解话题，不要过于固执，不要独占话题，不要插话，不要说奉承话，不要浪费口舌。

（2）留意对方反应。交谈中很重要的一点是把握谈话的气氛和时机，这就需要随时注意关注对方的反应，如果对方的眼神或表情显示对应聘者所涉及的某个话题已失去了兴趣，应该尽快找一两句话将话题收住。

（3）有良好的语言习惯，不仅是表达流利、用词得当，同样重要的还有说话方式。

1）发音清晰。有些人个别音素发音不准，如果影响讲话整体质量的，应少用或不用含有这个音素的字或词。

2）语调得体。得体的语调应该是起伏而不夸张的，自然而不做作的。

3）声音自然。音调不高不低，不失自我，不仅听来真切自然，而且有利于缓解紧张情绪。

4）音量适中。音量以保持听者能听清为宜。

5）语速适宜。要根据内容的重要程度、难易度及对方注意力情况调节语速和节奏。

此外还要警惕易破坏语言意境的现象，如过分使用语气词，口头语，这不仅有碍于人们的连贯理解，还容易引人生厌。

（四）交谈心态

作为应届毕业生初次参加招聘，如何摆正自己的心态很大程度上关系着招聘的成败。

（1）展示真实的自己。面试时切忌伪装和掩饰，一定要展现自己的真实实力和真正的性格。有些毕业生在面试时故意把自己塑造一番，比如明明很内向，不善言谈，面试时却拼命表现得很外向、健谈。这样的结果既不自然，很难逃过有经验招聘者的眼睛，也不利于自身发展。即便是通过了面试，人力资源部门往往会根据面试时的表现安排适合的职位，这对个人的职业生涯也是有害的。

（2）以平等的心态面对招聘者。面试时如果能够以平等的心态对待招聘者，就能够避免紧张情绪，特别是在回答案例分析问题时，一定要抱着"我是在和招聘者一起讨论这个问题"的心态，而不是觉得他在考自己，这样就可能做出很多精彩的论述。

(3) 态度要坦诚。招聘者一般都认为做人优于做事。所以，面试时求职者一定要诚实地回答问题。

（五）交谈原则

应聘者与招聘者交谈应该把握以下"四个度"的原则：

(1) 体现高度，在交谈中展示自己的水平。一方面是政治思想水平和强烈的敬业精神；另一方面是专业水平。对问题回答不能满足于"知其然"，还要答出"所以然"。

(2) 增强信度，在交谈中展示自己的真诚。首先，态度要诚，交谈不要心不在焉；其次，表达要准，少用"可能""也许""大概"等模棱两可的词语；再者，内省要实，尤其对于自己的优缺点要一分为二，实事求是。

(3) 表现风度，在交谈中展示自己的气质。一方面要体现自身的外在美，另一方面更要体现内在气质。言语是一个人内在气质、涵养的外在体现，要注意用自己的语言魅力展示自己。

(4) 保持热度，在交谈中展示自己的热情。要注意做到：主动问候，精神饱满，悉心聆听。

（六）面试最后关

(1) 适时告辞。面试不是闲聊，也不是谈判，从某种意义上讲，面试是陌生人之间的沟通。谈话时间的长短要视面试内容而定。招聘者认为该结束面试时，往往会说一些暗示的话语：

"我很感激你对我们公司这项工作的关注。"

"谢谢你对我们招聘工作的关心，我们一做出决定就会立即通知你。"

"你的情况我们已经了解了。你知道，在做出最后决定之前我们还要面试几位申请人。"

求职者听了诸如此类的暗示语之后，就应该主动告辞。

(2) 礼貌再见，面试结束时的礼节也是公司考察录用的一个砝码。成功方法在于，首先不要在招聘者结束谈话前表现出浮躁不安、急于离去的样子。其次，告辞时应感谢对方花时间同你面谈。走时，如果有秘书或接待员接待过你或招待过你的话，也应向他们致谢告辞。报载，一位毕业生来到深圳求职，面试时一番锋芒毕露地自我介绍，结束时抛下一声"再见"，连握手也免了，拂袖扬长而去。接待他的招聘者苦笑着摇头："如果说有个性、有锋芒可以容忍的话，那么连基本礼节都不懂的人则'养不起'，也无法与之合作。"

能力训练

1. 笔试的种类有哪些？
2. 什么是小组面试？
3. 根据面试次数可以分为哪些面试类型？
4. 无领导小组讨论面试通常会讨论哪些问题？列举三个。

项目五　签署就业协议　维护就业权益

 篇首导言

在当今快速发展的社会经济环境中，政策法规构成了维护就业权益的基石。对于每一位职场人士而言，特别是对于刚刚走出校园、步入社会的大学毕业生，掌握相关的政策法规知识是保障自身利益、实现职业发展的重要前提。从劳动法到合同法，从社会保险到职业健康，每一项政策法规都是职场人士应当熟知的内容。这不仅关系到个人的工资待遇、工作条件、休息休假等基本权益，更涉及到职业安全、职业发展等长远利益。

因此，本篇将引导读者深入了解与就业相关的政策法规，帮助大家认识到维护自身权益的重要性，学会如何在职场中运用法律武器保护自己。

5—1

就业权益（一）

 学习目标

通过本项目的学习，在知识、技能、素养三个层面应达到如下目标。

知识目标
1. 了解就业协议书的主要内容。
2. 熟悉就业协议书的签订原则与程序。
3. 了解劳动合同的主要内容。
4. 熟悉劳动合同的签订原则与步骤。
5. 明确劳动合同的违约责任。

技能目标
1. 掌握签订就业协议书的规范流程。
2. 掌握劳动合同签订和解除的方法。
3. 能够区别就业协议书与劳动合同。

素养目标
培养法律意识与维权意识。

5—2

就业权益（二）

5—3

就业协议书等就业程序与流程（金初扬）

项目五　签署就业协议　维护就业权益

 经典语录

法律是一种不断完善的实践，虽然可能因其缺陷而失效，甚至根本失效，但它绝不是一种荒唐的玩笑。

——德沃金

法律决非一成不变的，相反地，正如天空和海洋因风浪而起变化一样，法律也因情况和时运而变化。

——黑格尔

法律的效力是以它所引起的爱戴和尊重为转移的，而这种爱戴和尊重是以内心感到法律公正和合理为转移的。

——罗伯斯庇尔

法律的基础有两个，而且只有两个，公平和实用。

——伯克

案例引导

在职场上，无论是求职还是在职工作，了解并掌握相关的政策法规对于维护个人的就业权益至关重要。

小王自从意识到掌握政策法规对于个人就业权益的重要性之后，他开始更加积极地参与职场培训和自我提升。他发现，持续学习不仅可以帮助他加深对现有劳动法规的理解，还能让他跟上法律法规的更新步伐，从而确保自己的权益始终得到最好的保护。

在实际工作中，小王遇到了各种各样的情况，比如加班费的计算、合同的续签问题、职场骚扰的预防等。有了充分的法律知识储备，小王能够更加从容地处理这些问题，合理地维护自己的利益。同时，他也学会了如何在工作中妥善沟通，避免不必要的冲突和误解。

小王还发现，作为职场新人，很多同事并不清楚自己的劳动权益。因此，他开始主动分享自己的知识，帮助他们了解相关法规，提高整个团队的法律意识。这样的举动不仅提升了团队的整体素质，也增强了同事们之间的相互信任和支持。

随着时间的推移，小王逐渐成为了一个受人尊敬的职场人士。他的专业知识、正直品格和对公平原则的坚持使他在职场上建立了良好的声誉。同事们开始效仿他，公司也开始重视员工的法律教育，甚至聘请了法律顾问定期为员工进行培训。

小王的故事告诉我们，通晓政策法规不仅能够保护我们自己的合法权益，还能对周围的人产生积极的影响。在职场上，每个人都应该像小王一样，做一个既懂法又守法的合格员工。

任务一　就　业　协　议　书

《全国普通高等学校毕业生就业协议书》是普通高等学校毕业生和用人单位在正式确立劳动人事关系前，经双向选择，在规定期限内确立就业关系、明确双方权利和义务而达成的书面协议，是用人单位确认毕业生相关信息真实可靠以及接收毕业生的重要凭据，也是高校进行毕业生就业管理、编制就业方案以及毕业生办理就业落户手续等有关事项的重要依据。协议在毕业生到单位报到、用人单位正式接收后自行终止。就业协议一般由国家教育部或各省（自治区、直辖市）就业主管部门统一制表。

一、作用

（一）就业协议书是制订就业计划的依据

就业协议书经由毕业生、用人单位及其主管部门、学校就业主管部门负责人签署审批意见并加盖公章之后，纳入毕业生就业方案。经学校审批的毕业生就业协议书由学校统一汇总上报省教育厅就业办审核，列入就业计划。就业协议书一经签订盖章，即具有相应的法律效力，学校将以此为依据统一安排计划下达执行，用人单位也将以此为依据做相应的人事及其他安排，毕业生的求职过程也就完成了。

（二）就业协议书是确认就业意向和劳动需求的凭证

就业协议书是确认用人单位愿意接收毕业生、毕业生愿意去用人单位就业、学校审核并同意派遣的书面凭证，毕业生和用人单位经过双向选择，以签订就业协议书的方式确定预期的就业关系，明确相互之间的权利和义务。就业协议书的签订表明用人单位的劳动需求与毕业生的就业意向达成了一致。学校参与就业协议书的签订是对毕业生就业过程进行规范和管理的重要方式，有利于学校及时了解、掌握毕业生就业情况，防止或减少就业过程中的违规操作，避免有些学生与多个用人单位签约，或签约之后又随意违约等现象。在一定程度上，学校直接参与就业协议的签订对毕业生和用人单位都会产生一定程度的约束作用，有利于维护毕业生和用人单位在择业、择人过程中的合法权益。

（三）就业协议书是进行劳动统计的重要依据

就业协议书能够准确反映用人单位的劳动需求，反映劳动力市场对毕业生的需求状况。学校每年依据就业协议书来编制就业计划，落实当年的就业率指标，向国家提供相关就业数据。同时还可以通过对就业信息的统计、分析和对比，及时调整专业学科设置，促进教学改革，使其更好地适应劳动力市场需求。

（四）就业协议书可维护和保护各自的权利和利益

办理就业协议书有利于明确用人单位和毕业生各自的权利和义务，保护各自的权利，维护各自的利益，具有与劳动合同同等的法律效力。

二、签订原则

（一）主体合法原则

签订就业协议书的当事人必须具备合法的主体资格。对毕业生而言，就是必须要取得毕业资格，如果学生在派遣时未取得毕业资格，用人单位可以不予接收而无需承担法律责任。对用人单位而言，用人单位必须具有从事某项经营或管理活动的合法资格，应有录用毕业生计划和录用自主权，否则毕业生可解除协议而无需承担违约责任。

对高校而言，高校根据用人单位的要求如实介绍毕业生的在校表现，也应如实将所掌握的用人单位的信息发布给毕业生。高校审核盖章是毕业生签订就业协议书的一个重要组成环节。

（二）平等协商原则

就业协议的三方在签订就业协议书时的法律地位是平等的，一方不得将自己的意志强加给另一方。学校不得采用行政手段要求毕业生到指定单位就业。用人单位亦不应在签订就业协议书时要求毕业生交纳一定数额的风险金、保证金。三方当事人的权利和义务应是一致的。除协议书规定内容外，三方如有其他约定事项可在协议书"备注"中加以补充。

三、签订步骤

就业协议书的订立一般要经过两个步骤，即要约和承诺。

（一）要约

毕业生持学校统一印制的就业推荐表或复印件参加各地（人才市场）供需洽谈会进行双向选择，或向各用人单位寄发书面材料，应视为要约邀请。用人单位收到毕业生材料，对毕业生进行考察后，表示同意接收并将回执寄给高校毕业生就业工作部门或毕业生本人，应为要约。

（二）承诺

毕业生收到用人单位回执或通过其他方式得到用人单位答复后，从中做出选择，然后到学校毕业生就业工作部门领取就业协议书，与用人单位签订协议，即为承诺。

由于毕业生就业工作比较繁琐、具体，有时很难明确分为要约和承诺两个步骤。比如有的毕业生参加公务员考试，达到面试线后，到用人单位参加面试、体检，用人单位也对毕业生进行政审、阅档，表示同意接收，在这种情况下，毕业生应与该用人单位签订就业协议书，而不应再选择其他单位。又如用人单位到学校挑选毕业生，毕业生自己主动报名，经学校积极推荐，用人单位也表示同意接收，但要回到单位后再正式发函签订协议，在这种情况下，毕业生也应安心等待与用人单位签约，而不能出尔反尔，以未正式签订协议为由，置学校信誉于不顾，再与其他单位签约，这样也浪费了其他毕业生的就业机会。

四、签订程序

为优化高校毕业生求职就业服务流程，方便用人单位与毕业生网上签约，教育部开通了全国高校毕业生就业去向登记与网上签约平台，签约流程全部线上完成。

签订《就业协议书》的基本程序如下：
（1）登录网签平台，在线申请就业协议书。
（2）毕业生所在学院、学校审核。
（3）毕业生自行下载、打印就业协议书。
（4）毕业生与用人单位签约并盖章。
（5）申请人社部门就业接收函（可选项）。
（6）将协议书和接收函上传至网签平台，完成就业登记。
（7）用人单位和学生本人可根据需要自行备份纸质版协议书。

五、主要内容

就业协议书的基本内容应该包括：
（1）高校毕业生基本情况，应包括：姓名、性别、身份证号、专业、学制、毕业时间、学历、联系方式等。
（2）用人单位基本情况，应包括：单位名称、组织机构代码、单位性质、联系人及联系方式、档案接收地等。
（3）高校毕业生和用人单位约定的有关内容，可包括：工作地点及工作岗位；户口迁入地；违约责任；协议自动失效条款、协议终止条款；双方约定的其他事宜。
（4）各方应严格履行协议，任何一方若违反协议，应承担违约责任。
（5）其他补充协议。

六、就业协议书解除

就业协议的解除分为单方解除和三方解除。

（一）单方解除

单方解除包括单方擅自解除和单方依法或依协议解除。单方擅自解除协议属违约行为，解约方应对另外两方承担违约责任。单方依法或依协议规定解除是指一方解除就业协议有法律上或协议上的依据。如学生未取得毕业资格，用人单位有权单方解除就业协议，毕业生录取研究生后，可解除就业协议，或依协议规定，如毕业生未通过用人单位所在地组织的公务员录用考试，用人单位有权解除协议等。此类单方解除，解除方无需对另外两方承担法律责任。

（二）三方解除

三方解除是指毕业生、用人单位、学校三方经协商一致解除原订立的协议，使协议不发生法律效力。此类解除因是三方当事人真实意思表示一致的体现，三方均不承担法律责任。三方解除应在就业计划上报主管部门之前进行，如就业派遣计划下达后方解除，还须经主管部门批准办理调整改派手续。

七、就业协议书无效的情形

无效的就业协议书是指欠缺有效要件或违反就业协议订立原则的协议书，不具备法律效力，自订立之日起就无效。凡属如下情形之一者，均为无效的就业协议书。

（1）非毕业生本人签订的。
（2）对毕业生明显不公平，或违反公平竞争公平录用原则的。
（3）用人单位没有录用权利或者虚假招聘的。
（4）采取欺骗、隐瞒胁迫等违法手段签订的。
（5）未经用人单位及其主管部门签署意见并加盖公章的。
（6）其他违反法律法规或就业政策的。

八、违约责任

就业协议书一经毕业生、用人单位、学校签署即具有法律效力，任何一方不得擅自解除，否则违约方应向权利受损方支付协议条款所规定的违约金。从实际情况来看，就业违约多为毕业生违约。毕业生违约，本人要承担违约责任，支付就业协议书所规定的违约金。

毕业生违约往往还会造成其他不良的后果。主要表现在以下方面：

（一）用人单位

用人单位往往为录用毕业生做了大量的工作，有的甚至对毕业生将要从事的具体工作也有所安排。同时毕业生就业工作时间相对比较集中，一旦毕业生因某种原因违约，势必使用人单位的录用工作付诸东流，用人单位若另起炉灶，选择其他毕业生，在时间上也不允许，从而给用人单位工作造成被动。

（二）学校

用人单位往往将毕业生违约行为当作是学校的行为，从而影响学校和用人单位的长期合作关系。用人单位由于毕业生存在违约现象，而对学校的推荐工作表示怀疑。从历年的情况来看，一旦毕业生违约，该用人单位在几年之内不愿再到违约学校来挑选毕业生。面对激烈的就业竞争，用人单位需求就是毕业生择业成功的前提，如此下去，必定影响今后学校的毕业生就业工作，同时影响学校就业计划方案的制订和上报，并影响学校的正常派遣工作。

（三）其他毕业生

用人单位到学校挑选毕业生，一旦与某毕业生签订就业协议，就不可能再录用其他毕业生。若日后该毕业生违约，有些当初希望到该用人单位工作的其他毕业生由于录用时间等原因，也无法补缺，造成就业信息的浪费，影响其他毕业生就业。因此，毕业生在就业过程中应慎重选择、认真履约。

九、签订就业协议应注意的事项

（一）单位选择一定要谨慎

选择的企业要是国家批准的合法单位，签署协议前要查看企业的营业执照原件。签署就业协议时填写用人单位名称要与单位的有效印鉴上的名称一致，如不一致，协议无效。

（二）工资支付方式要明确

支付方式是现金支付还是转账，支付工资的具体时间都要明确，签订就业协议要询问工资是税前工资还是税后工资，税前工资包含依法应当承担的个人所得税，实际拿到的工资还要扣除个人所得税金额。如果用人单位答应支付税后工资,要在就业协议中予以明确,否则发生争议时将被认定为税前工资。

(三) 明确应缴险种及金额

签订就业协议要明确用人单位应该缴纳的保险种类和金额,其中养老保险、失业保险和医疗保险属必办的社会保险,而个人住房公积金和其他保险另行商定。保险费应该由企业和个人共同缴纳,签订协议时要明确企业和个人应该缴纳的比例是多少,而且要在就业协议中予以明确。

《劳动法》规定:"国家发展社会保险事业,建立社会保险制度,设立社会保险基金,使劳动者在年老、患病、工伤、失业、生育等情况下获得帮助和补偿。""用人单位和劳动者必须依法参加社会保险,缴纳社会保险费。"根据有关规定,劳动者在试用期内,也依法享有保险待遇的权利。

(四) 试用期的约定

《劳动法》规定用人单位与求职者可以约定试用期。试用期的长短要与劳动合同期限相适应,具体规定参阅《劳动合同法》第十九条。同时试用期也应包括在合同期内。同一用人单位对同一个劳动者只能试用一次(不同工种岗位除外)。试用期限为自开始试用之日起,连续计算的自然天数。

通常,毕业生取得毕业证后试用期为1个月,一般不超过2个月。试用期是劳动合同期限的一部分,用人单位以试用期为由拒绝签订劳动合同或者承担义务是违法的行为。同时,试用期的延长或缩短都属对双方约定的变更,如任何一方不能接受,则应按原约定继续履行。

(五) 培训费的支付

一般毕业生进入企业都要经过一段时间的培训,一般培训费用应由企业支付,如果企业要求毕业生支付一部分培训费,学生应该将支付费用的金额和用途在协议中注明。如果学生在试用期内辞职,单位不得要求毕业生支付该项培训费用,在试用期满后辞职的,则应按约定承担违约责任。

(六) 违约金的约定

违约金应该由学生和用人单位双方协定,不少单位为了"留住"学生,以高额违约金约束学生。学生应该在协商中力争将违约金降到最低,一般在2000元左右,最多不应超过5000元。

任务二 劳 动 合 同

劳动合同是指劳动者与用人单位之间确立劳动关系,明确双方权利和义务的协议。订立和变更劳动合同,应当遵循平等自愿、协商一致的原则,不得违反法律、行政法规的规定。劳动合同依法订立即具有法律约束力,当事人必须履行劳动合同规定的义务。

根据《劳动法》第十六条第一款规定,劳动合同是劳动者与用工单位之间确立劳动关系、明确双方权利和义务的协议。根据这个协议,劳动者加入企业、个体经济组织、事业组织、国家机关、社会团体等用人单位，成为该单位的一员，承担一定的工种、岗位或职务工作，并遵守所在单位的内部劳动规则和其他规章制度；用人单位应及时安排被录用的劳动者工作，按照劳动者提供劳动的数量和质量支付劳动报酬，并且根据劳动法律、法规规定和劳动合同的约定提供必要的劳动条件，保证劳动者享有劳动保护及社会保险、福利等权利和待遇。

一、作用

（一）明确双方权利与义务

劳动合同作为雇主与雇员法律关系的基础，承载着双方在工作协作中的权利与义务。它通过书面的形式，确保了彼此间的责权能够被清晰地界定，进而保障双方在劳动合作期间的正当权益不受侵犯。

（二）规范劳动关系

劳动合同通过对工作岗位、工作时间、薪酬结构、休假制度、劳动安全等方面进行明确规定，构建了一个标准化的劳动关系框架。这样的规范为雇佣双方设定了相互认可的行为准则，有助于减少潜在的冲突和劳动争议，促进劳动关系的和谐稳定。

（三）保障劳动者权益

在劳动合同中，针对劳动者的权益保护措施，如工资待遇、社会保险、劳动安全等均有详尽的规定。这样的书面约定不仅确保了劳动者在就业过程中的基本权益得到尊重和保障，同时也是对雇主的一种约束，促使雇主履行其法定和社会责任。这为平衡劳资双方的利益关系，维护劳动者的合法权益提供了重要支撑。

（四）促进劳动市场的稳定

劳动合同的合理性对于激发劳动者的工作积极性和提高劳动生产率至关重要。通过明确的劳动报酬、工作职责和绩效期望，劳动合同为雇主提供了有效管理人力资源的工具，同时也为雇员创造了清晰的目标导向和激励机制。这样不仅能够提升员工的工作动力，还有助于优化资源配置，从而整体上促进生产效率的提升。

（五）促进劳动生产效率

劳动合同的合理性对于提升劳动生产效率具有重要作用。它通过确立公平的劳动报酬体系、明确的工作职责和可实现的业绩目标，不仅激励了劳动者提升个人效能，同时也为雇主提供了更加精准的人力资源管理手段，使得雇主能够更有效地评估和管理员工表现，从而推动整体劳动效率的提升。

（六）法律依据

当劳动争议不可避免时，劳动合同成为关键的法律文件，为处理纷争提供了基础。它为雇主和雇员提供了解决问题的共同参照，确保争议能够在一个公平合理的框架下得到处理，从而有助于及时高效地解决矛盾，恢复劳动关系的正常秩序。

（七）促进社会公平正义

劳动合同的实施对于维护社会的公平正义具有积极意义。通过确保劳动者在工作中的权利和义务得到平等的尊重和履行，劳动合同有助于营造一个基于法治和公义的社会环境。在这种环境中，每位劳动者都能在平等的基础上获得应有的回报和保护，从而促进了整个社会的和谐与平衡。

二、签订原则

（一）平等自愿原则

平等自愿原则在劳动合同订立中起着至关重要的作用。它意味着雇主和员工在法律上的地位是平等的，双方都有权平等地表达自己的意愿和诉求。劳动合同的形成应当基于双方的真实意愿，而不应受到任何形式的胁迫或欺诈。

平等是自愿的前提，没有平等，自愿就无法实现。同样，自愿是平等的结果，只有双方都能自由地表达自己的意愿，才能体现出真正的平等。这两者互为依存，缺一不可。

在实践中，如果发现有欺诈、胁迫等行为，试图以此方式让对方接受自己的意愿，这将违反平等自愿原则。这样的行为不仅不公正，也不合法，不能被允许在劳动合同关系中存在。

因此，平等自愿原则不仅是劳动合同成立的基础，也是维护劳动关系健康和谐发展的重要保障。

（二）协商一致原则

协商一致原则是劳动合同订立过程中的核心准则之一。这一原则要求在建立劳动关系时，雇主和员工之间必须就合同的各项条款，包括劳动条件、工作职责、工资待遇、工作时间、合同期限等所有相关事宜，进行充分且平等的沟通和讨论，并最终达成一致意见。

在实际操作中，任何一方提出的不同意见都应该被认真对待，通过双方的互动协商，逐渐消除分歧，直至达成共识。只有当双方在所有重要事项上取得一致时，劳动合同才能被视为有效成立。

协商一致原则体现了对劳动者和用人单位双方意愿的尊重，有助于确保合同内容的公正合理，并为未来劳动关系的稳定和和谐奠定了基础。

（三）合法原则

合法原则是劳动合同订立的基本准则之一，意味着在整个过程中，劳动者和用人单位都必须严格遵守国家的法律和行政法规。劳动合同的有效性和受法律保护的程度直接取决于其是否遵循了这一原则。

要确保依法订立劳动合同，需要满足以下几个要求：

（1）合同目的的合法性：签订劳动合同时，双方当事人不得利用合同的合法形式来掩盖非法目的或行为，以防止任何不正当的企图。

（2）合同主体的合法性：签订合同的双方必须具备法律规定的资格。用人单位应是依法成立的组织，如企业、个体经济组织、国家机关、事业单位、社会团体等。劳动者则应具备劳动权利能力和行为能力，即至少年满16周岁并具有相应的劳动行为能力，包括中国公民、外国公民和无国籍人士。在签约时，双方的主体资格必须合法有效。

（3）合同内容的合法性：劳动合同中规定的条款必须与国家法律法规和政策相符。所有涉及的工作内容、工资支付、工作时间、休息休假、劳动安全卫生、社会保险等方面的规定都必须符合相关法律法规的要求。

（4）合同程序的合法性：某些地方法规除了要求合同书面化、双方签字盖章外，还规定劳动合同必须经过劳动行政部门的审核鉴定后才能生效。双方在合同履行期间若需对原有约定进行修改或补充，同样需要遵循法定程序和原则进行。

（5）合同行为的合法性：合法的合同行为是确保劳动合同合法性的重要前提。如果行为本身不合法，那么劳动合同的合法性也无法得到保障。

合法原则的遵守不仅保护了劳动者的合法权益，也确保了用人单位的正当权益，同时促进了劳动关系的稳定和劳动市场的规范化。

三、合同期限

劳动合同的合同期限是指劳动合同的有效期限，即合同开始生效的时间至合同终止的时间。在中国，劳动合同期限分为以下几种类型：

（一）固定期限的劳动合同

是指在合同签订之初就明确了开始和结束时间的劳动合同。一旦约定的期限结束，除非双方另有约定或续签，否则双方的劳动关系随之自动终止。这种合同形式具有较高的灵活性，能够适应不同的生产需求和岗位要求，可以根据实际情况设定合同的长短。

（二）无固定期限的劳动合同

无固定期限劳动合同通常适用于那些对技术要求较高、需要连续性工作的职位。签订此类合同的员工通常能够在同一个单位或部门长期从事生产或工作。然而，无固定期限并不意味着合同是不可变的，一旦遇到符合法律规定、双方协议或特定条件的情况，合同仍然可以被修改、解除或终止。

（三）以完成一定工作为期限的劳动合同

以完成特定工作任务为期限的劳动合同是指雇主和雇员双方基于完成某一特定工作或项目的时间来确定合同的终止条件。这种合同的特点是，合同的有效期与工作完成的时间直接相关，而非事先设定的固定时间期限。与固定期限劳动合同相比，这种合同的终止是基于工作任务的完成，而不是时间的流逝。

（四）试用期

试用期是劳动合同的一部分，雇主和雇员可以协商确定一个特定期限，用以考核劳动者是否符合岗位要求。这个试用期通常被设定在固定期限劳动合同的起始阶段。

（五）续签合同

当劳动合同的初始期限届满，且双方均有意愿维持劳动关系时，可以选择对现有合同进行续签。续签的合同可以设定为一个具有明确期限的固定期限合同，也可以选择签订一个无固定期限的合同，以适应双方的长期合作需求。

四、签订步骤

劳动合同的签订通常遵循一定的步骤以确保合法、有效。以下是劳动合同签订的一般步骤：

（一）面试和考核

用人单位发布招聘广告，收集求职者的简历和相关材料。通过面试和考核程序，公司评估求职者的技能和资质，以确定他们是否适合所申请的职位。

（二）确定录用意向

用人单位根据面试评估的结果，决定是否向候选人发出工作邀请。随后，与劳动者就薪酬、职责等关键工作条件进行初步讨论。

（三）发放录取通知

经过评估后，如果决定聘用应聘者，用人单位会发出录取通知书，其中会包含职位信息、薪资待遇、工作开始日期等基本信息。

（四）签订就业协议（如有）

针对应届毕业生或其他需要特定就业协议的情况，双方可能会先签订就业协议书，作为后续签订劳动合同的基础。

（五）身份验证和资料审查

劳动者提供必要的身份证明和其他相关材料，供用人单位进行核实。

（六）协商合同条款

双方就劳动合同的具体内容进行进一步的协商，包括工作内容、工作地点、工作时间、工资待遇、福利保险、合同期限、违约责任等。

（七）编写合同草案

协商一致后，用人单位通常会编写劳动合同草案，列出所有已协商的条款。

（八）审阅和签署合同

双方审阅合同草案，确认无误后，在平等自愿的基础上签字或盖章。

（九）复核及归档

合同签订后，一般由用人单位进行复核，并将劳动合同妥善保存归档。

（十）履行劳动合同

合同一旦生效，双方都必须按照合同的约定履行各自的义务。

这些步骤可能因国家和地区的法律规定以及公司政策而有所不同。重要的是确保整个过程遵循合法原则、平等自愿原则和协商一致原则，并且合同内容应符合当地劳动法律和法规的要求。

五、主要内容

劳动合同的内容可分为两方面，一方面是必备条款的内容，另一方面是协商约定的内容。

（一）必备条款

《劳动法》第十九条规定了劳动合同的法定形式是书面形式，其必备条款有7项：

1. 劳动合同期限

法律规定合同期限分为三种：有固定期限，如1年期限、3年期限等均属这一种；无固定期限，合同期限没有具体时间约定，只约定终止合同的条件，无特殊情况，这种期限的合同应存续到劳动者到达退休年龄；以完成一定的工作为期限，例如：劳务公司外派一名员工去另外一家公司工作，两个公司签订了劳务合同，劳务公司与外派员工签订的劳动合同期限是以劳务合同的解除或终止而终止，这种合同期限就属于以完成一定工作为期限的种类。用人单位与劳动者在协商选择合同期限时，应根据双方的实际情况和需要来约定。

2. 工作内容

在这一必备条款中，双方可以约定工作数量、质量，劳动者的工作岗位等内容。在约定工作岗位时可以约定较宽泛的岗位概念，也可以另外签一个短期的岗位协议作为劳动合同的附件，还可以约定在何种条件下可以变更岗位条款等。掌握这种订立劳动合同的技巧，可以避免工作岗位约定过死，因变更岗位条款协商不一致而发生的争议。

3. 劳动保护和劳动条件

在这方面可以约定工作时间和休息休假的规定，各项劳动安全与卫生的措施，对女工和未成年工的劳动保护措施与制度，以及用人单位为不同岗位劳动者提供的劳动、工作的必要条件等。

4. 劳动报酬

此必备条款可以约定劳动者的标准工资、加班加点工资、奖金、津贴、补贴的数额及支付时间、支付方式等。

5. 劳动纪律

此条款应当将用人单位制定的规章制度约定进来，可采取将内部规章制度印制成册，作为合同附件的形式加以简要约定。

6. 劳动合同终止的条件

这一必备条款一般是在无固定期限的劳动合同中约定，因这类合同没有终止的时限。但其他期限种类的合同也可以约定。须注意的是，双方当事人不得将法律规定的可以解除合同的条件约定为终止合同的条件，以避免出现用人单位应当在解除合同时支付经济补偿金而改为终止合同不予支付经济补偿金的情况。

7. 违反劳动合同的责任

一般可约定两种形式的违约责任，一是由于一方违约给对方造成经济损失，约定赔偿损失的方式；二是约定违约金，采用这种方式应当注意根据职工一方承受能力来约定具体金额，不要出现显失公平的情形。另外，这里讲的违约，或者称违反劳动合同，不是指一般性的违约，而是指违约程度比较严重，达到致使劳动合同无法继续履行的程度，如职工违约离职，单位违法解除劳动者合同等。

（二）协商条款

按照法律规定，用人单位与劳动者订立的劳动合同除上述 7 项必须具备的条款内容外，还可以协商约定其他的内容，一般简称为协商条款或约定条款，其实称为随机条款似乎更准确，因为必备条款的内容也是需要双方当事人协商、约定的。

这类约定条款的内容，是当国家法律规定不明确，或者国家尚无法律规定的情况下，用人单位与劳动者根据双方的实际情况协商约定的一些随机性的条款。劳动行政部门印制的劳动合同样本，一般都将必备条款写得很具体，同时留出一定的空白地由双方随机约定一些内容。例如：可以约定试用期、保守用人单位商业秘密的事项、用人单位内部的一些福利待遇、房屋分配或购置等内容。

随着劳动合同制的实施，人们的法律意识，合同观念会越来越强，劳动合同中的约定条款的内容会越来越多。这是改变劳动合同千篇一律状况，提高合同质量的一个重要体现。

六、约定事项

（一）基本信息

包括用人单位的名称、住所和法定代表人或者主要负责人。劳动者的姓名、住址和居民身份证或者其他有效证件号码。

（二）劳动合同期限

劳动合同期限可分为固定期限、无固定期限和以完成一定工作任务为期限。签订劳动合同主要是建立劳动关系，但建立劳动关系必须明确期限的长短。合同期限不明确则无法确定合同何时终止，如何给付劳动报酬、经济补偿等，引发争议。

（三）工作内容和工作地点

所谓工作内容，是指劳动法律关系所指向的对象，即劳动者具体从事什么种类或者内容的劳动，这里的工作内容是指工作岗位和工作任务或职责。这一条款是劳动合同的核心条款之一。它是用人单位使用劳动者的目的，也是劳动者通过自己的劳动取得劳动报酬的源由。劳动合同中的工作内容条款应当规定的明确具体，便于遵照执行。如果劳动合同没有约定工作内容或约定的工作内容不明确，用人单位将可以自由支配劳动者，随意调整劳动者的工作岗位，难以发挥劳动者所长，也很难确定劳动者的劳动报酬，造成劳动关系的极不稳定，因此是必不可少的。工作地点是劳动合同的履行地，是劳动者从事劳动合同中所规定的工作内容的地点，它关系到劳动者的工作环境、生活环境，以及劳动者的就业选择，劳动者有权在与用人单位建立劳动关系时知悉自己的工作地点。

（四）工作时间和休息休假

工作时间是指劳动时间在企业、事业、机关、团体等单位中，必须用来完成其所担负的工作任务的时间。一般由法律规定劳动者在一定时间内（工作日、工作周）应该完成的工作任务，以保证最有效地利用工作时间，不断提高工作效率。这里的工作时间包括工作时间的长短、工作时间方式的确定，如是 8 小时工作制还是 6 小时工作制，是日班还是夜班，是正常工时还是实行不定时工作制，或者是综合计算工时制。在工作时间上的不同，对劳动者的就业选择、劳动报酬等均有影响，因此成为劳动合同不可缺少的内容。

休息休假是指企业、事业、机关、团体等单位的劳动者按规定不必进行工作，而自行支配的时间。休息休假的权利是每个国家的公民都应享受的权利。《劳动法》第三十八条规定："用人单位应当保证劳动者每周至少休息一日"。

（五）劳动报酬

劳动合同中的劳动报酬，是指劳动者与用人单位确定劳动关系后，因提供了劳动而取得的报酬。劳动报酬是满足劳动者及其家庭成员物质文化生活需要的主要来源，也是劳动者付出劳动后应该得到的回报。因此，劳动报酬是劳动合同中必不可少的内容。

劳动报酬主要包括以下几个方面：

（1）用人单位工资水平、工资分配制度、工资标准和工资分配形式。

（2）工资支付办法。

（3）加班、加点工资及津贴、补贴标准和奖金分配办法。

(4）工资调整办法。
(5）试用期及病、事假等期间的工资待遇。
(6）特殊情况下职工工资（生活费）支付办法。
(7）其他劳动报酬分配办法。
劳动合同中有关劳动报酬条款的约定，要符合中国有关最低工资标准的规定。

（六）社会保险

社会保险是政府通过立法强制实施，由劳动者，劳动者所在的工作单位或社区以及国家三方面共同筹资，帮助劳动者及其亲属在遭遇年老、疾病、工伤、生育、失业等风险时，防止收入的中断、减少和丧失，以保障其基本生活需求的社会保障制度。社会保险由国家成立的专门性机构进行基金的筹集、管理及发放，不以盈利为目的。一般包括医疗保险、养老保险、失业保险、工伤保险和生育保险。

（七）劳动保护、劳动条件和职业危害防护

劳动保护是指用人单位为了防止劳动过程中的安全事故，采取各种措施来保障劳动者的生命安全和健康。在劳动生产过程中，存在着各种不安全、不卫生因素，如不采取措施加以保护，将会发生工伤事故。如矿井作业可能发生瓦斯爆炸、冒顶、片帮、水火灾害等事故；建筑施工可能发生高空坠落、物体打击和碰撞等。所有这些，都会危害劳动者的安全健康，妨碍工作的正常进行。

职业危害是指用人单位的劳动者在职业活动中，因接触职业性有害因素如粉尘、放射性物质和其他有毒、有害物质等而对生命健康所引起的危害。根据职业病防治法第三十条的规定，用人单位与劳动者订立劳动合同时，应当将工作过程中可能产生的职业病危害及其后果、职业病防护措施和待遇等如实告知劳动者，并在劳动合同中写明，不得隐瞒或者欺骗。

职业病防治法中还规定了用人单位在职业病防护中的义务：用人单位应当为劳动者创造符合国家职业卫生标准和卫生要求的工作环境和条件，并采取措施保障劳动者获得职业卫生保护；应当建立、健全职业病防治责任制，加强对职业病防治的管理，提高职业病防治水平，对本单位产生的职业病危害承担责任；必须采用有效的职业病防护设施，并为劳动者提供个人使用的职业病防护用品；应当对劳动者进行上岗前的职业卫生培训和在岗期间的定期职业卫生培训，普及职业卫生知识，督促劳动者遵守职业病防治法律、法规、规章和操作规程，指导劳动者正确使用职业病防护设备和个人使用的职业病防护用品。

七、合同变更

在劳动合同订立以后、尚未履行或未完全履行以前，当事人可以就合同的内容进行修改和补充。《劳动合同法》第三十五条规定："用人单位与劳动者协商一致，可以变更劳动合同约定的内容。变更劳动合同，应当采用书面形式。"这一规定包括以下三个方面的内容。

(1）合同的变更必须经当事人协商一致，在原来合同基础上达成变更协议。
(2）合同内容的变更是指合同内容的局部变更而不是合同内容的全部变更。
(3）合同变更后，原合同变更的部分依变更后的内容履行，原合同没有变更的部分依然有效，即合同的变更并没有取消原合同关系，只是对原合同的内容进行了部分修改。

（一）变更条件

（1）订立劳动合同时所依据的法律、法规已修改或废止。
（2）用人单位转产或调整、改变生产任务。
（3）用人单位严重亏损或发生自然灾害，确实无法履行劳动合同规定的义务。
（4）当事人双方协商同意。
（5）法律允许的其他情况。

（二）变更程序

（1）及时提出变更合同的要求。
（2）按期做出答复。
（3）双方达成书面协议。

八、合同解除

劳动合同的解除可分为以下类别。

（一）协商解除

《劳动合同法》第三十六条规定："用人单位与劳动者协商一致，可以解除劳动合同。"协商解除是指用人单位与劳动者在完全自愿的情况下互相协商，在彼此达成一致意见的基础上提前终止劳动合同的效力。协商解除包括以下两种情形。

（1）用人单位向劳动者提出解除，双方协商一致后解除劳动合同。
（2）劳动者向用人单位提出解除，双方协商一致后解除劳动合同。

在协商解除劳动合同的过程中，如果是用人单位提出的，应依法向劳动者支付经济补偿金。

（二）劳动者单方解除

劳动者单方解除包括以下两种情况。

1. 预告解除

预告解除即劳动者履行预告程序后单方解除劳动合同。预告解除有以下两种情形。

（1）劳动者提前 30 日以书面形式通知用人单位，可以解除劳动合同。
（2）劳动者在试用期内提前 3 日通知用人单位，可以解除劳动合同。

2. 即时解除

即时解除又称特别解除。劳动者享有单方特别解除权，无须双方协商达成一致意见，也无须征得用人单位的同意。特别解除权是劳动者无条件单方解除劳动合同的权利，是指如果出现了法定的事由，劳动者无须向用人单位预告就可通知用人单位解除劳动合同。由于劳动者行使特别解除权往往会给用人单位的正常生产经营带来很大的影响，所以，《劳动合同法》在保护劳动者与企业合法利益的基础上对此类情形作了具体的规定，只限于在用人单位有过错行为的情况下允许劳动者行使特别解除权。

用人单位有下列情形之一的，劳动者可以解除劳动合同：

（1）未按照劳动合同的约定提供劳动保护或者劳动条件的。
（2）未及时足额支付劳动报酬的。
（3）未依法为劳动者交纳社会保险费的。

(4) 用人单位的规章制度违反法律、法规的规定，损害劳动者权益的。

(5) 因《劳动合同法》第二十六条第一款规定的情形致使劳动合同无效的。

(6) 法律、行政法规规定劳动者可以解除劳动合同的其他情形。

用人单位以暴力、威胁或者非法限制人身自由的手段强迫劳动者劳动的，或者用人单位违章指挥、强令冒险作业危及劳动者人身安全的，劳动者可以立即解除劳动合同，不需事先告知用人单位。

根据《劳动合同法》的规定，用人单位有违法、违约行为的，劳动者可以随时或者立即解除劳动合同，并有权取得经济补偿。

(三) 用人单位单方解除

用人单位单方面解除劳动合同是指当具备法律规定的条件时，用人单位享有单方解除权，无须双方协商达成一致意见。其主要包括过失性辞退、无过失性辞退和经济性裁员三种情形。

1. 过失性辞退

过失性辞退是指在劳动者有过失时，用人单位有权单方解除劳动合同，无须支付经济补偿金。劳动者有以下情形之一的，用人单位可不支付补偿金，单方解除合同：

(1) 在试用期间被证明不符合录用条件的。

(2) 严重违反用人单位的规章制度的。

(3) 严重失职，营私舞弊，给用人单位造成重大损害的。

(4) 劳动者同时与其他用人单位建立劳动关系，对完成本单位的工作任务造成严重影响，或经用人单位提出，拒不改正的。

(5) 因欺诈、胁迫或乘人之危导致合同无效的。

(6) 被依法追究刑事责任的。

2. 无过失性辞退

无过失性辞退是指劳动者本人无过失，但由于主客观原因致使劳动合同无法履行，用人单位在符合法律规定的情形下，在履行法律规定的程序后，有权单方解除劳动合同。有下列情形之一的，用人单位提前30日以书面形式通知劳动者本人或者额外支付劳动者一个月工资后，可以解除劳动合同：

(1) 劳动者患病或者非因工负伤，在规定的医疗期满后不能从事原工作，也不能从事由用人单位另行安排的工作的。

(2) 劳动者不能胜任工作经过培训或者调整工作岗位仍不能胜任工作的。

(3) 劳动合同订立时所依据的客观情况发生重大变化，致使劳动合同无法履行，经用人单位与劳动者协商，未能就变更劳动合同内容达成协议的。

3. 经济性裁员

经济性裁员是指用人单位为降低劳动成本、改善经营管理，因经济或技术等原因一次性裁减20人以上或者裁减不足20人但占企业职工总数10%以上的劳动者。经济性裁员具有严格的条件和程序限制，用人单位裁员时必须遵守规定，并支付劳动者经济补偿金。应该注意的是，企业进行经济性裁员时，劳动者有以下情形之一的，企业不得依据无过失性辞退和经济性裁员的规定单方解除劳动合同。

（1）从事接触职业病危害作业的劳动者未进行离岗前职业健康检查，或者疑似职业病病人在诊断或者医学观察期间的。

（2）在本单位患职业病或者因工负伤并被确认丧失或部分丧失劳动能力的。

（3）患病或非因工负伤在规定的医疗期内的。

（4）女职工在孕期产期哺乳期的。

（5）在本单位连续工作满 15 年距法定退休不足 5 年的。

（6）法律、行政法规规定的其他情形。

九、违约责任

劳动合同违约责任是指当劳动合同任一方未能履行合同约定的义务，或者违反了合同中关于工作职责、工资待遇、工作时间、保密条款、竞业禁止条款等方面的法律规定时，应承担的法律后果。

违约责任通常包括以下几种：

（一）继续履行

指违约方需继续执行合同中尚未履行的部分，以满足合同规定的要求。

（二）赔偿损失

违约方需要赔偿对方因违约行为所遭受的经济损失，这可能包括工资、福利、奖金等方面的损失，以及因寻找替代工作或临时工作人员所产生的费用等。

（三）支付违约金

在一些情况下，双方可以在合同中事先约定违约金，当出现特定违约情况时，违约方须支付约定的金额给另一方。

（四）消除影响

如果违约行为导致了不良影响，违约方可能需要采取相应措施消除这种影响，比如恢复名誉、重新培训等。

（五）解除合同

在某些严重违约的情况下，守约方可以选择解除合同，并要求违约方承担相应的法律责任。

需要注意的是，不同的国家和地区对于劳动合同违约责任的规定可能有所不同，具体应依照当地的劳动法律和劳动合同中的具体条款来确定。此外，在处理违约问题时，通常还需要考虑公平原则和诚实信用原则。

十、签订劳动合同应注意的事项

（一）详细阅读合同条款

劳动合同牵涉劳动者的切身利益，在订立合同的时候，劳动者应仔细研读合同条款认真判断合同条款是否符合国家的相关法律和政策、合同签订双方的权利和义务是否合理、是否存在霸王条款等，对违规条款应予以拒绝。

（二）待遇条款要明确

签订合同时，工资水平、工作条件、职务、保险等有关自己利益的待遇条款要明确，切不可含糊。如合同规定用人单位提供保险，但未指明是哪几类保险，这就属于模糊条款，如果不明确说明保险种类和数量，那么只提供一类保险也算是符合合同，劳动者在签订合同时应对此类条款予以明确。

（三）防止签订无效合同

劳动者应详细了解用人单位是否具有法人资格、从事的工作是否合法、是否有能力兑现合同的约定，以防止因签订无效合同而蒙受损失。同时，劳动者还应该详细了解用人单位的其他情况，如用人单位的发展前景、用人单位给员工的福利待遇及提供的培训机会等，以确定该用人单位确实有利于自身的发展。

（四）订立书面合同

建立劳动关系，应当订立书面劳动合同。大学生切不可因求职心切而相信某些用人单位关于工资水平、福利待遇等事项的口头许诺，这些口头许诺是靠不住的，一旦有争议，大学生难以真正维护自己的权益，口头许诺也会化成泡影。

（五）收取押金或者证件是违法的

一些用人单位在签订合同前会擅自向劳动者索要押金或者扣押劳动者的身份证、毕业证等重要证件，毕业生在签订劳动合同时应对此类行为予以警惕。押金是不可以交的，证件可以让用人单位看或提交复印件，但绝不可以让用人单位将原件带走。

（六）试用期的期限

试用期是指用人单位对新招收的职工进行思想品德、劳动态度、实际工作能力、身体情况等进行进一步考察的时间期限。《劳动合同法》规定，劳动合同可以约定试用期，但最长不得超过六个月。同一用人单位与同一劳动者只能约定一次试用期。

在劳动合同中约定试用期，一方面可以维护用人单位的利益，为每个工作岗位找到合适的劳动者；另一方面也可以维护新招收职工的利益，使被录用的职工有时间考察了解用人单位的工作内容、劳动条件、劳动报酬等是否符合劳动合同的规定。

（七）试用期工资

《劳动合同法》第二十条规定："劳动者在试用期的工资不得低于本单位相同岗位最低档工资或者劳动合同约定工资的百分之八十，并不得低于用人单位所在地的最低工资标准。"

（八）注意就业协议书和劳动合同的衔接

就业协议书是毕业生和用人单位达成意向后签订的协议，在毕业生到用人单位报到并建立正式劳动关系时，应当签订劳动合同。劳动合同签订后，就业协议书自动失效，因此毕业生在签订劳动合同时，要注意让劳动合同中的条款与就业协议书中的承诺保持一致，尤其是要将就业协议书中的约定在劳动合同中明确表达，防止因就业协议书中的条款未写入劳动合同而无法得到法律保障。

任务三 区　　别

就业协议与劳动合同是用人单位录用毕业生时所订立的书面协议，但两者分处两个相互联系的不同阶段：

毕业生就业协议是毕业生在校时，由学校参与见证的，与用人单位协商签订的，是编制毕业生就业计划方案和毕业生派遣的依据。劳动合同是毕业生与用人单位明确劳动关系中权利义务关系的协议，学校不是劳动合同的主体，也不是劳动合同的见证方，劳动合同是上岗毕业生从事何种岗位、享受何种待遇等权利和义务的依据。

毕业生就业协议的内容主要是毕业生如实介绍自身情况，并表示愿意到用人单位就业、用人单位表示愿意接收毕业生，学校同意推荐毕业生并列入就业计划进行派遣。劳动合同的内容涉及劳动报酬、劳动保护、工作内容、劳动纪律等方方面面，更为具体．劳动权利义务更为明确。

一般来说就业协议签订在前，劳动合同订立在后，如果毕业生与用人单位就工资待遇、住房等有事先约定，亦可在就业协议备注条款中予以注明，日后订立劳动合同对此内容应予认可。

就业协议是毕业生和用人单位关于将来就业意向的初步约定，对于双方的基本条件以及即将签订劳动合同的部分基本内容大体认可，并经用人单位的上级主管部门，高校毕业生和用人单位签字盖章承诺履行协议，高校不作为第三方。高校只在"有关信息及意见"一栏填写（或制作长条章加盖）学校的联系电话、邮箱、邮寄地址及相关意见等信息。一经毕业生、用人单位、高校、用人单位主管部门签字盖章，即具有一定的法律效力，是编制毕业生的就业计划和将来可能发生违约情况时的判断依据。

现实中就业协议存在的尴尬现象，必须先签订就业协议，学校才发毕业证的现象（不签三方，不发毕业证）。这样，就业协议不是毕业生和用人单位关于将来就业意向的初步约定，而是未毕业生和用人单位关于将来就业意向的初步约定。

就业协议与劳动合同的区别可以总结为以下几点：

（一）主体不同

劳务合同的主体可以双方都是单位，也可以双方都是自然人，还可以一方是单位，另一方是自然人；而劳动合同的主体是确定的，只能是接受劳动的一方为单位，提供劳动的一方是自然人。劳务合同提供劳动一方主体的多样性与劳动合同提供劳动一方只能是自然人有重大区别。

（二）双方当事人关系不同

劳动合同的劳动者在劳动关系确立后成为用人单位的成员，须遵守用人单位的规章制度，双方之间具有领导与被领导、支配与被支配的隶属关系；劳务合同的一方无须成为另一方成员即可为需方提供劳动，双方之间的地位自始至终是平等的。

（三）承担劳动风险责任的主体不同

劳动合同的双方当事人由于在劳动关系确立后具有隶属关系，劳动者必须服从用人单位的组织、支配，因此在提供劳动过程中的风险责任须由用人单位承担；劳务合同提供劳动的一方有权自行支配劳动，因此劳动风险责任自行承担。

（四）法律干预程度不同

因劳动合同支付的劳动报酬称为工资，具有按劳分配性质，工资除当事人自行约定数额外，其他如最低工资、工资支付方式等都要遵守法律、法规的规定；而劳务合同支付的劳动报酬称为劳务费，主要由双方当事人自行协商价格及支付方式等，国家法律不过分干涉。

（五）适用法律和争议解决方式不同

劳务合同属于民事合同的一种，受民法及合同法调整，故因劳务合同发生的争议由人民法院审理；而劳动合同纠纷属于劳动法调整，要求采用仲裁前置程序。

能力训练

1. 就业协议书与劳动合同的区别是什么？
2. 就业协议书包含哪些内容？
3. 什么情况下用人单位可以和劳动者约定违约金？
4. 劳动法对劳动合同中的试用期有哪些规定？
5. 大学生在就业求职中在哪些方面需要提高防范意识？

项目六　激发创业梦想　投身创业实践

 篇首导言

国家教育部、人力资源和社会保障部等教委以及各省（自治区、直辖市）、市地方政府相继出台了有关政策，鼓励和帮助大学生自主创业，灵活就业。然而，好的政策不是"万金油"，有了好政策不等于大学生自主创业就顺利。大学生自主创业，一方面需要社会建立有效的导向机制和激励机制，另一方面还需要大学生自身树立创业观念，提高个体素质。

大学生自主创业最首要的是观念转变，毕业生不再仅仅是求职者，而应该同时成为工作岗位的创造者。更新观念是大学生自主创业的基本前提，也就是要实现从"就业"到"创业"的观念更新。

本文将围绕"激发创业梦想，投身创业实践"这一核心议题，从创业者应具备的基本素质、影响创业的因素、创业准备、创业的类型、步骤创业成功的"赢的策略"以及创业实践案例这几方面展开探讨。

6—1
创新创业
（一）

6—2
创新创业
（二）

 学习目标

通过本项目的学习，在知识、技能、素养三个层面应达到如下目标。

知识目标

1. 了解创业应具备的基本素质。
2. 了解创业实例案例，总结创业经验。

技能目标

1. 掌握创业的类型及步骤。
2. 熟悉创业策略。

素养目标

1. 树立风险管理意识，学会评估创业过程中可能遇到的风险。
2. 增强心理韧性和抗压能力，保持积极的心态。
3. 树立高度的职业道德和社会责任感。

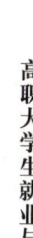

项目六　激发创业梦想　投身创业实践

 经典语录

你的工作是发现一个需要，然后满足它。社会永远在变化，这意味着总有新的需求等待被发现。

——亨利·福特

不要等待，时机永远不会恰到好处。

——拿破仑·希尔

创业成功的关键不在于你有多少资源，而在于你如何利用这些资源。

——史蒂夫·乔布斯

创新是惟一的出路，淘汰自己，否则竞争将淘汰我们。

——安迪·格罗夫

大成功靠团队，小成功靠个人。

——比尔·盖茨

案例引导

小张是一名市场营销专业的大学生，对时尚潮流有着敏锐的洞察力。在校园生活中，他发现同学们对个性化定制服装有着浓厚的兴趣，但市场上缺乏方便快捷的定制服务。于是，他萌生了创立个性化服装定制平台的想法。

在进行初步的市场调研和分析后，小张确信这是一个有潜力的商业机会。他利用课余时间深入学习服装设计和电子商务知识，并与几位技术背景的同学组建了一个团队。他们开发了一个在线定制平台，用户可以上传自己的设计或选择现有模板，然后下单定制服装。

起初，小张的创业项目取得了巨大成功。平台凭借独特的个性化服务、合理的价格和良好的用户体验迅速吸引了大量年轻用户。小张的团队通过社交媒体营销和口碑传播，进一步扩大了品牌影响力。在最初的一年内，平台的销售额和用户基数都有了显著增长，小张和他的团队也获得了校内外的多项创业奖项。

然而，随着时间的推移，小张的创业项目开始面临一系列挑战。首先，随着市场竞争的加剧，出现了许多类似的定制平台，它们提供更具竞争力的价格和更多样化的设计选项。其次，小张的团队在快速扩张的过程中，管理上出现了问题，导致服务质量下降，客户投诉增多。此外，由于对市场变化的预测不足，库存管理不善，造成了资金链的紧张。

尽管小张尝试通过改进设计、优化供应链和加强客户服务来挽救局面，但由于先前的快速扩张和市场竞争的激烈，项目最终未能扭转颓势。资金短缺和团队士气的下降导致了项目的失败。小张不得不接受现实，关闭了平台，结束了这次创业实践。

小张的创业经历虽然最终以失败告终，但他从中学到了宝贵的经验教训。他意识到创业不仅需要创新的想法和初期的成功，还需要持续的市场洞察、稳健的运营管理和对风险的及时应对。这次失败也让小张更加成熟，为将来的职业生涯打下了坚实的基础。他坚信，只要不断学习和进步，总有一天能够东山再起。

那么对于创业，需要具备哪些知识呢？在创业之前，要做好哪些准备？

任务一 创业者应具备的基本素质

有人说职业类学校的学生创业简直是开玩笑，其实不然。无论是大学生、大专生，还是有了实践经验的成年人，创业之初对谁来说都可能是一片空白。也许职业学校学生开始做不了大事情，但是，从小事做起，从作坊式的企业做起，只要做好、做到、做成，成功同样会像雪球一样越滚越大的。话虽如此，要想创业，必须具备一定的创业素质，否则，创业就是空谈。那么，一个创业者应该具备什么样的素质呢？

一、良好的文化素质与鲜明的个性特征

（一）良好的文化素质

文化素质是创业个体在知识社会中长久保持成功所必须具备的品质。不过职业类学校毕业生也不必过分担心自己的文化素质。文化素质是可以通过多读书、勤思考逐步培养起来的，一个人的文化素质一般集中体现在思想道德素质和思维方式上。

1. 思想道德素质

思想道德素质是创业者文化素质中最主要的方面，是青年人创业成功的必备条件。现代社会创业的特点是"相互依存"，完全依靠个人的力量是难以成功的，只有通过真诚的合作才能得到真正的利益。从古到今，事业上的成功者，尤其是成功的商界人士都特别重视自己的思想道德修养，这并不是要求每个创业者只能奉献而不能索取，而是指创业者对待广大客户和社会的态度。在当今社会，众多的商家早已将顾客当作上帝，目的是为顾客创造最大价值的同时也给自己带来最大利润。卖方市场中，有的商人唯利是图，一门心思想的是如何以次充好，如何赚取暴利，以致最终落个身败名裂的下场；买方市场中，作为卖方的商家决不能有愚弄顾客的想法，只有以优质的产品，真诚的服务，才能赢得顾客的青睐。谁能为顾客带来更多的便利，创造更多的价值，谁就能在商场上立于不败之地。创业者创办商业机构的事业是否成功，取决于能否给众多的人带来更多的幸福和便利。因为创业者辛勤劳动的成果只有在实现社会价值时才能实现自身价值。

2. 思维方式

人的文化修养不仅体现在思想道德方面，而且也集中体现在人的思维方式上，人的思维方式是文化素质的最终表现形式。创业者要时刻勇于打破自己的思维定势。因为有时候并不是没有机会存在，而是由于创业者存在思维定势，对一些宝贵的机遇视而不见从而错过了许多时机。创业者每当觉得事情没有转机时，就应有意识地跳出自己的思维模式，

"难则思变",就会豁然开朗。

文化素质的修养不是一日之功,需要创业者平日多学习积累,遇到事情时多思考总结。平常创业者事务繁忙,不是忙着整理账务,就是忙着与人谈判、吃饭应酬。聪明的创业者应该认真思考一下哪些是必须要做的,尽量把自己的生活条理化,每天抽出固定的时间思考自己一天来所做的事情,进行分析、总结,并且留一段时间读书。日积月累,创业者就会慢慢发现自己生活变得很有规律,而且自己的头脑变得非常灵活、善于思考,这也就意味着创业者的文化素质得到了不断的提高。

(二) 鲜明的个性特征

没有个性,就没有创造性。没有个性的创业者,就很难创出有前景的事业。创业者总要审视自己一番,看自己究竟有没有特别的个性。个性其实并不神秘,个性是指一定的社会环境和教育的影响下所形成的比较固定的特性,它和人格有着一定的差别。人的个性对于创业而言非常重要,因为个性包括人的智力、性格、情绪和意志等一些重要特征。社会上曾经火爆的"智商""情商",实际上是对人个性的某个方面的夸大,有的人缺乏个性,有的人有胆识、有魅力,有的人缩手脚,没有做事的胆量,其实这是人个性不同表现。

纵观创业史上创造奇迹之人,无一不具有鲜明的个性。其中最为重要的是有独立性、好胜性、求异性、进攻性和坚韧性等五个方面。

1. 独立性

著名的心理学家马斯洛认为"有创造的人是属于自我实现的人"。一个能够实现自我的人就具有极强的独立性,他敢于展现自我,实现自己的想法。与具有独立性相对的是具有依附性的人,这些人没有主宰自己命运的勇气,缺乏自控能力,一切都只有依靠别人去作决策,由别人决定自己的命运。每个人身上都有着独立性和依赖性。重要的是创业者能否认识到这一点:即使自己有一定的依赖性,但也有着强大的独立性。创业成功的人是那些善于摆脱依赖性,努力实现自己独立性的人。别人的言行都是源于自身所处的特定环境与场合,因而对自己不一定适用,创业者要思考判断一下其中的真伪或者是否真的适合自己。凡是不适合自己的言语,不论是谁说的,也不管其理论是否行得通,对创业者而言都是没有用的。创业者要有自己的大脑。但是,反过来说,如果对方的意见真的切实可行,而自己却非要固执己见,这种"独立性"显然也不可取。

2. 好胜性

好胜性是指一种对自己非常有信心,而且积极与别人竞争并追求成功的个性,天性中有一部分渴望得到别人的承认与尊重。好胜性可以看做是独立性的持续,有胆识、魅力的人喜欢用自己的头脑去思考,而且勇于去证明自己是最成功的人。这就是强烈的好胜心理。但争强好胜并不意味着欺负弱者,而是证明自己的独立性。

创业者在强烈的追求成功、追求胜利的欲望的驱动下,可以不分昼夜地辛勤工作,创业者此时要注意做到"好胜"而不要"说强"。真正的成功者追求胜利,但并不到处招摇,不用自己的成功去攻击别人、嘲笑别人。特别需要注意的是:创业者要有宽大的胸怀,要欣赏与自己具有相同好胜心的人才。不能因为自己好胜,就极力与那些具有同样好胜心的人争斗,或者有意压制为自己工作的人才,唯恐他们过于强大而使自己没有面子。创业者不仅要鼓励自己追求成功与胜利,更要激励自己的员工去追求成功与胜利,为他们创造展现才能、赢得荣誉的舞台。只有自己的员工都积极追求成功，创业者的事业才会兴旺发达起来。

3. 求异性

创业者具有极强的求异追求，这是其积极进取、蓬勃向上、富有生命力的源泉。创业者创业之初，一切都处于全新状态，创业者会花费大量心力试图创建一种公司经营运作的模式，这对于公司的健康成长是非常有必要的。在求稳的同时，创业者千万不要忘了求异。有的创业者把打江山的成功经验奉为至宝，在公司内确定为制度，任何人都不能违背，也不能对之提出质疑。这些创业者最终会发现公司失败的根源就是过去那些所谓的成功经验。世上的事物都在变化，尤其在商界，事物的变化速度越来越快。人们的个性是喜新厌旧的，他们不会因为一个产品质量好就长期使用，人们会因为新产品的出现而放弃旧的产品，创业者在创业伊始要紧紧把握人们喜新厌旧的心理，在消除人们疑虑的同时大力宣传产品，使之能迅速满足人们求新的感觉。

4. 进攻性

有人形象地将商场比作战场，商业就是商战。战场是很残酷的，短兵相接时，只有那些具有进攻性、勇往直前的人才能胜利。对于创业者而言，自己所从事的是任何人都没有干过的事业，其他人的建议或经验只是参考，创业者要勇于在创业过程中主动出击，发挥主观能动性。因为只有发挥主观能动性，才能激发人的潜力，才能发现并抓住稍纵即逝的良机，从而踏上成功之路。创业者在创业时要面对许多强大的竞争对手，创业者在待人接物方面，要避免咄咄逼人的气势，即使是在与对手谈判，也要保持清醒的头脑，不要一味地与人争斗，把进攻性引入人际关系会使创业者招致许多不必要的麻烦，这是创业者应该坚决杜绝的。

5. 坚韧性

创业的道路上既有成功，也有失败，无论是面对成功还是失败，创业者都要充分发挥坚忍不拔的品性，凭顽强的毅力去承受失败的打击。更重要的是在重大的打击之后，绝不丧失前进的信心和勇气，并能在认真总结经验教训的基础上，再一次奋勇而起。每个人都不是十全十美的，每件事都不是一蹴而就的，特别是在公司的初创阶段，创业者对每件事都没有亲自经历过，做错事是在所难免的，不要因为自己做错了事，就否定自己的能力，也不要因为别人的嘲笑而放弃自己的想法，而是要在自己失败的经历中仔细分析，总结经验教训，找到成功的方法。

二、敏锐的政治观察力和准确的市场判断力

创业者在活动中，两只眼睛不只是盯着市场，还要紧紧地跟着政策。创业者用一条腿走路，是走不快的，而同时盯着市场和政府的创业者则是用两条腿走路。他们不仅能够迈出快捷平衡的步伐，而且可以飞奔起来。目光长远的创业者最有可能获胜，他们根据自己掌握的政策信息，提前为创业做好决策，一旦形势发生转变，已经作好创业决定的就能立即行动，迅速出击。

创业者的政治敏锐性体现在以下两方面。

（1）关注政府行为，从政府行为中找到有用的信息确定投资方向。

（2）通过政治表象，看到事物本质，提前做出决策。这说起来容易，但做起来并没有那么简单，没有丰富的社会经验、良好的感知能力和深邃的洞察能力，就不可能透过政治表象，看到事物的本质来引导创业计划，并以此来指导自己的各项行动，做出正确的决策。

我国目前正处在经济发展时期，在良好的大环境条件下，抓住市场机遇对创业会有很好的开端。要想创业必须了解机遇本身的特点：

第一，市场机遇具有极强的渗透性，它无处不在，无时不有，广泛渗透于政治、经济、军事、文化、卫生、体育等各种领域，这就要求创业者"无孔不入，无缝不钻"。

第二，市场机遇具有很深的隐蔽性。它不像浮萍一样漂浮在水面，而是隐藏在市场的深处，越是大机遇，隐蔽得就越深越远，不易被人发现。只有成功者才能透过纷杂的表象发现本质，透过偶然看到必然，甚至穿过假象和危机寻找机会。

第三，市场机遇具有不可逆转的即时性。它稍纵即逝，可谓"机不可失，时不再来"，然而却终究逃不过成功企业家的敏锐目光。最先发现、最先下手的人往往先得益。

市场机遇的三个特点让很多人感到它是一种很难把握的怪东西，以致有人感叹生意难做，机会难找。

一个创业者要想把握住机遇，必须具备以下条件：

（1）目光敏锐，盯住机遇的蛛丝马迹。善于发现冷门中的大热门，凡是眼光独到的企业家对市场行情的"冷"与"热"往往都有独到的见解，因而能够出乎意料地"突然成功"。

（2）把握宏观大局。能否掌握信息是决定经营成败的关键因素之一。想当创业者就必须对竞争形势、消费者需求了如指掌，并以此为出发点，制定当前的经营策略和将来的发展战略。

（3）善打"区域差"和"时间差"，巧钻市场夹缝。市场是时间性、区域性极强的战场，判别时处处都能体现出来。从区域上讲，中国地域辽阔，因政治及历史原因，造成东西之间、南北之间、沿海与内地之间存在很大的差异，这是"区域差"；即使在同一区域，不同的时间也有不同的行情，这就是"时间差"。这些差异对企业家来说就是绝好的信息，是绝对的赚钱的机会。

（4）把机遇升华为现实生产力。许多人在机遇问题上持"知难行易"的观点，认为只要认识机遇，就能赚钱。其实不然，关键在于能否把其具备的潜在能力转化为现实。如果实施了，那才是把握机遇，成了大器。

三、良好的管理才能和健康的体魄

一个创业者的成功固然取决于多方面的因素，但管理才能是其中一个重要的方面，它具体包括两个方面的内容，即建立严格的人事管理制度和具备现代化的生产管理能力。一个精明的创业者，要想在市场竞争中站稳脚跟，就会从练好创业者的"内功"着手，努力提高自己的管理水平。俗话说"创业容易守业难"，所以创业者提高自己的管理才能是维系自己事业发展的必备条件。

另外，创业是最繁琐复杂的工作，创业之初更有来自于各方面的压力，如工商、税务、管理制度方面的问题比较多，所以必须有一个健康的身体才能保证创业的成功、事业的发展。

创业者面临的健康问题主要来自于两个方面：一是体力透支，过度疲劳；二是精神压力过大。体力透支，有时饮食又没规律，长期下来，再好的身体也会被拖垮。在精神方面，创业者既要处理公司内部的人际关系，又要和公司外部各层管理者打交道。如果压力过大，创业者会变得脾气暴躁，容易发怒，而导致连锁反应。

所以，每一个创业者不仅要修身，而且要修心。修炼心态是每一个成功人士每天必做的事情。首先，创业者要树立正确的创业观，即创业只是自己生命中的一件事，而不是全部。自己从事创业，只是为了活得精彩，而不是为了创业而创业。其次，创业者要培养遇事冷静的习惯，因为只有保持清醒的头脑，才能分辨形势，做出正确的选择。创业者不管在什么情况下，都要以最佳的心态去处理各种事务，千万不要跟人斗气、赌气，因而无论在何种情况下，创业者都要培养乐观自信的心态，宽广坦荡的胸怀。只有修心，才能始终保证创业者的健康。

任务二　影响创业的因素

一、个人能力因素

创业是一项非常具有挑战性的社会活动，由于其强烈的个性色彩，因此十分强调创业者本身的个人素质和能力。一个职业类学校的毕业生，要想在真刀真枪的社会竞争中站稳脚跟，靠的只能是自己的实力。但是，一个职业类学校的毕业生，实力相对于大学生、相对于那些久经沙场的企业家们，确实显得势单力薄，在一定程度上不得不承认职校生理论知识层次欠缺，没有实力，许多时候等于枉谈。那创业的美丽梦想，在不少人那里也不可能成为现实。

一个人的能力与素质在创业选择中起着决定性的作用，那么职业类学校的学生想创业，就得克服自己文化知识上的欠缺，发挥技能水平的特长，提高自己的管理水平，必须从技能层次向管理层次飞跃，并将其结合起来应用于创业之中。

二、个人的性格、气质、个性、爱好和特长

创业者的性格、爱好、特长与创业项目的结合，会为创业的成功增加重要的砝码，就像一个人从事自己的职业一样，个人职业方向的发展与从业者的性格、气质及个性爱好、特长有着密切的联系。创业者如是一个性格内向的人，却想搞服装生意，这无疑给生意做成增加了难度。因为他根本没兴趣和服务对象沟通，生意也就根本做不好。一个不喜欢球类运动的人去做体育用品生意，不是说做不成，只是有些强人所难。所以创业者在选择自己的创业项目时，要选择适合自己的创业项目非常重要。

三、家庭因素

职业类学校学生出来创业的一般都是十八九岁，花一样的年龄，单枪匹马战斗的不

多。毕竟年龄较小，对父母的依赖性也较强，往往父母或多或少地起着辅助作用。创业之初可能受父母的影响最多，甚至没有父母的帮助，创业可能就是一纸空谈。而父母的价值观对子女的创业选择会产生一定程度的影响。

四、社会因素

影响学生选择创业的社会因素有两个方面。

（一）社会环境

（1）政策环境：政策环境包括税收优惠、资金扶持、创业培训、创业指导等多个方面。例如，一些地方政府会为创业学生提供创业贷款、创业补贴、创业孵化器等支持，以降低创业门槛和创业风险。同时，政府还会通过举办创业大赛、创业论坛等活动，为学生提供展示创业项目和获取资源的平台。

（2）经济环境：经济发展状况、市场供需关系、产业结构等因素都会直接影响学生的创业机会和创业成功率。在经济繁荣时期，市场需求旺盛，创业机会增多，学生的创业意愿和成功率也会相应提高。而在经济衰退时期，市场需求减少，创业风险增大，学生的创业意愿和成功率可能会受到一定影响。

（3）文化环境：不同的文化背景和价值观会影响学生的创业观念和创业行为。在一些鼓励创新、崇尚创业的文化氛围中，学生更容易产生创业意愿，也更愿意承担创业风险。而在一些保守、传统的文化氛围中，学生可能会更加倾向于选择稳定的工作和收入，而不太愿意尝试创业。

（二）学生创业舆论

目前大学生在校学习期间，不同形式的组织对大学生创业提供了多种训练方式，各种媒体也组织了不同程度的激情创业竞赛等，这些或多或少地影响了高职毕业生，随着各种媒体的关注及学生创业成功的例子的影响，促使毕业生在就业不顺利的时候，也会产生创业的想法。其次，年轻人的从众心理也在一定程度上对毕业生走上创业道路产生了影响。

任务三　创　业　准　备

一、树立创业意识

即将就业的高职毕业生，在自己的人生转折点，不仅只有就业这一条路。做自己的老板，开创自己的事业，创造自己的生活，都应该是青年时期的理想之一。

新时期的高职毕业生，如果仅仅把目光放在求职就业上，三天两头找工作，为找工作辛苦度日，愁眉苦脸，就不如自己行动起来，做自己的主人。许多青年毕业生，在毕业之际，一旦找不到工作，往往会感到迷茫甚至恐慌，他们不知道除了无休止地找工作之外，还能够做一些什么，该做些什么？而且还会产生自卑心理，抱怨现在社会的不公，自己命运的不济，一时间对自己的盲目求职和求职不成茫然不知所措。但茫然归茫然，抱怨归抱怨，迫于生活的压力，趁着自己身强力壮，至少不能再向父母伸手要钱，因为这是必须越过去的坎。

"山重水复疑无路，柳暗花明又一村"。天无绝人之路，此时，我们何不另辟蹊径，再去选择一条路呢？

放下自己求职不济的包袱，昂起头来，找一个正面的理由，做自己的老板，开创自己的事业。理由有：我要做自己的老板，不要其他人告诉我应该做什么；我要利用自己的想象力、才能和活力来获得自己辛勤劳动的成果；我要做自己喜欢的工作；我要赚更多的钱；我希望拥有家庭、企业，和家人一起工作；我希望得到的报酬和付出的心血成正比；我要选择自己喜欢居住的地方；我要用更多的时间参与社区活动以及商业活动；等等。

所有的理想仅仅是一个创业者的创业理由，但是，如果此时想创业，就必须付出大量的时间和心血，拥有足够的资金和技术。事业不是一种业余爱好，要成功就必须付出很大的代价。

二、创业的基础

创业是开创新的事业，为社会创造财富，为个人开辟新的生活道路的社会活动。创业有益于社会，有益于人民，有利于劳动者自身的发展与完善。立志、创业、成功是创业者的三部曲。立志是成就事业的大门，创业是登堂入室的旅程，旅程的目的地便是成功的殿堂。

（一）做好创业思想准备

大学生有热情，有理想，这是好事。但行动前，一定要了解自己，理性分析。如：是否真正做好充分的创业准备？是否有足够的决心和耐力？其实，创业者强大的内在动力，并不是任何人都具有的，创业是一个异常艰苦的过程，需要付出更多的努力和汗水，强大的信念更是创业者必不可少的精神支撑。因此在决定是否创业之前，必须要了解自己是否真的适合创业，切不可仅凭一时兴起盲目地加入到创业的潮流中。

（二）科学地规划创业目标

万事开头难。一个好的开头，便是成功的一半。科学地确立和规划好自己的创业目标，是实现理想、事业成功的前提。要树立正确的目标，突破传统的、狭隘的思想。五彩缤纷的世界蕴藏着千百万种创业的可能，在规划自己的目标时，一定要根据自己的知识和才能、兴趣和需要，全方位地、明智地规划自己的创业目标。

（三）形成合理的知识结构

作为跨世纪的新一代青年学生，面临的将是现代科学技术的挑战，若不具备扎实的科学文化知识、良好的技术技能，在未来的职业生涯中将举步维艰，创业的远大理想也难以实现。

首先要具备真才实学，要有一个适合创业目标的合理的文化知识结构，不论将来从事什么职业，开创什么事业，都需要科学文化知识。学好必备的文化基础知识，这是以不变应万变的基础，在这个基础上突出一两门与自己创业目标密切相关的、需要精通并重点掌握的学科知识。

其次，要具备有关政策知识，认真学习党和国家的方针政策、法律、法规，了解社会职业状况、就业政策及就业形势。

（四）敢于面对风险，勇于克服困难

在人生的征途上，理想的实现不是一帆风顺的。要实现自己的远大理想。前进的路上会有坎坷和曲折，理想的实现要取决于创业者是否具有百折不挠、坚韧不拔的顽强奋斗精神。

三、创业前要考虑的内容

刚刚走出校门的毕业生，开始创业时往往是小本创业。小本创业要成功，确实需要某些条件。怎样才能将失败的风险降到最低呢？因此，创业之前有必要认真地考虑以下几个方面：

（一）考虑自己创业的动机和决心

如果有人对你的计划表示怀疑时，你会因此动摇或退缩吗？如果你所要进入的行业竞争相当激烈，你还有信心吗？你会相信你是最后的胜利者吗？所以，创业之前必须有心理准备，因为创业后需要投入的工作时间会比现在长得多，工作也辛苦得多（尤其是青年毕业生白手起家的多），自己是否有足够的精力和体力去应付。此外，家人是否了解和支持自己的计划，尤其是父母和比较亲近的人在自己的创业过程中所扮演的角色非常重要，如果得不到家人的支持，那么自己的创业就得重新考虑。

（二）考虑自己的创业目标

如果看到别人干什么都赚钱，就头脑发热地参加进去，最后往往是"赔了夫人又折兵"，闹得个灰头土脸，不好收拾。所以，在创业前一定要谨慎地评估。例如，想开一家私人幼儿园，就要考虑自己喜欢不喜欢与小孩子相处，会不会因为小孩的吵闹和顽皮感到厌烦或生气，如果仅仅觉得开家私人幼儿园会有赚头而不具备所要求的能力，那么是不大可能成功的；想开一家茶坊，也要评估一下有没有好的地点、人、物够不够，并且能不能做到平易近人，没有架子，为顾客提供满意的服务。

创业不是想过一过老板的瘾，创业不是为了赚钱而赚钱，创业也不仅仅是为了养家糊口，总之，创业是一个非常复杂的含义。如果只是基于上面这些心理而创业的话，你必须改变，否则，你仅仅是一个小本经营者，而不是创业者。

（三）衡量一下创业的机会成本

这是指创业所支付的有形或无形成本。在有形成本方面，指会失去其他的工作收入；无形成本则很广泛，最明显的是和家人相处和休闲的时间会大大减少或缩短，所以创业一定要先取得家人的谅解与支持，否则后果苦不堪言。

（四）资金的筹措

在现实生活中，钱不是万能的，但是缺了它还真是寸步难行。有些人认为创业最好全部使用自有资金，否则将来难免为债务所拖垮。其实这种观念未必对，因为自有资金也有债务问题，而且，毕业生刚刚走出校门，有限的资金也是来自于父母的资助，因此，向外面筹措资金是很有必要的。当然，筹钱，意味着责任，意味着债务，创业者在筹钱的同时，应考虑是不是值得去筹这一笔钱，而且应该是很有希望还的这一笔钱。

几个朋友一起凑钱也是一个很好的办法。但必须考虑到，将来出现利害纠葛时，是不是仍能和睦相处？千万不能为了创业，搞得朋友没得做，那样就太不划算了。

如果不完全利用自有资金，而是转向传统的非金融渠道，一般来说摆在眼前的有两条

借贷途径：一是向金融机构贷款；二是向传统的非金融体系借贷，如向亲友借贷等要考虑利息是否偏高，不要过于勉强，如果太勉强，宁肯打消创业念头。

（五）考虑自己有没有专业技能

对想从事的行业是否已充分了解，如果尚缺乏这些能力，能不能在短期内弥补。例如，想开家精品店，对流行款式、材质、品牌特色、采购进货和顾客心理要有所了解，才可能让生意维持下去，获利赚钱。

如果真的缺乏专业技能，想要创业就必须找合作伙伴，或聘请专业人员做主管，等到熟悉以后再自己打理。但这种方式总是事关外人，也要慎重考虑。创业不是游戏，不能为了想赚钱就去做，创业者必须对该行业的状况、特性和专业技能有一定程度的了解，才会减小失败的风险。

（六）就业前要有最坏的打算

创业能否成功，没有人能打包票，有人成功，也有人失败。创业前要有可能会失败的心理准备。也不适宜将自己的家产全数投入，以免失败时债务缠身。

任务四　创业的类型和步骤

一、创办企业类型

（一）个人独资企业

个人独资企业也就是媒体通常所说的"一元钱当老板"的企业，由个人全资拥有，投资人对企业任何事务具有绝对决策权。他不是法人，需要承担无限责任。

优势：

(1) 注册手续简单，费用低：个人独资企业的注册手续最简单，获取相关的注册文件比较容易，费用比较低。

(2) 决策自主：企业所有事务由投资人说了算。

(3) 税收负担较轻：企业为个人所有，企业所得即个人所得，因此只征收企业所得税而免征个人所得税。

(4) 注册资金随意：《中华人民共和国个人独资企业法》对注册资金没有规定，极端的说法是一元钱可以当老板。

劣势：

(1) 信贷信誉低，融资困难：由于注册资金少，企业抗风险能力差，不容易取得银行信贷，同时面向个人的信贷也不容易。

(2) 无限责任：这是最大的劣势。一旦经营亏损，除了企业本身的财产要清偿债务外，个人财产也不能幸免，加大了投资风险。

(3) 可持续性低：投资人对企业的任何事务具有绝对的决策权，其他人没有决策权这加大了个人的责任，如果投资人有所闪失，企业本身就不可能存在。而且个人决策也有武断的一面，带有很强的随意性，对企业不利。

(4) 财务有限：企业的全部家当就是个人资产，财务有限，很难有大的发展。

(5) 缺乏企业管理：这是个人独资企业的一个大问题。

（二）非公司制企业法人

非公司制企业法人，是指经过登记取得法人资格，但不称公司，也不按公司法组建的经济组织。非公司制企业法人的登记管理适用企业法人登记管理条例及其施行细则。

优势：

(1) 有限责任：股东个人承担的责任仅仅以所出的股本为限，其他个人资产不受牵连，降低了个人投资风险。

(2) 运行稳定：注册非公司制企业法人时，要求拥有完善的管理和财务制度，同时股东入股后不得抽回资金，这就在法律上保证了充裕的资金和健全的机制，不会因为个别股东的变故而使企业产生动荡。

劣势：

(1) 注册手续复杂、费用高：注册非公司制企业法人必须经过严格审查，费用比较高，主要是获取相关的注册文件和验资费用。

(2) 税收较高：一方面要缴纳企业所得税，另一方面还要缴纳个人所得税。

(3) 不能撤回资金：转让困难，股东一旦出资就不能撤回资金，股东只能享受收益，不能随便转让股本。

(4) 信贷信誉不高，发展空间有限。

（三）私营合伙企业

合伙企业是指合伙人之间以合同关系为基础的企业组织形式，为了共同的目的，相互约定共同出资、共同经营、共享收益和共担风险。合伙企业分为普通合伙和有限合伙。

优势：

(1) 注册手续简便，费用低：注册方式与独资企业类似，关键在于合伙人之间的共同协议，合伙企业运行的法律依据就是他们之间的协议。

(2) 有限合伙承担有限责任，易吸引资金和人才：合伙企业最大的风险就是无限责任，有限责任有效地解决了这个问题。

(3) 税收较低：和独资企业一样，只需要缴纳企业所得税，不用缴纳个人所得税。年营业额 3 万元以下的税率 18%；年营业额 3 万～10 万元，税率 27%；年营业额 10 万元以上的，税率 33%。

劣势：

(1) 无限责任：合伙企业最大的风险就是无限责任，同时还有连带责任。一旦合伙人中某一人经营失误，则所有合伙人都被连累。因此合伙人的选择和合伙协议的拟定就相当重要。有人认为连带责任可以在合伙协议中用相应的条款规定分担比例，减少个人风险，但我国的法律规定合伙人之间的分担比例对债权人没有约束力，债权人可以根据自己的清偿权益，请求合伙人中的一人或几个人承担全部清偿责任。

(2) 易内耗：公司是资本说了算，而合伙企业各合伙人平均享有权利，这是优点，但也会带来问题。合伙人一旦有隙，企业决策就难达成一致意见，互相推诿，业务开展困难。如果合伙人品质有问题，则后患无穷。

(3) 合伙人财产转让困难：由于合伙人的财产转让影响合伙企业和合伙人的切身利益，因此法律对此要求严格。向外转让必须经全体合伙人同意，而不是采取少数人服从多数人的原则。退伙也存在这个问题，除非在拟定合伙协议时有明确规定，否则很难抽身而退。

二、注册公司的步骤

我国现行法律，个人创业的法律途径主要有：设立有限责任公司；申请登记从事个体工商业；设立个人独资企业；设立合伙企业。

（一）注册底线

1. 有限责任公司

最低注册资本 3 万元人民币，法律、行政法规对有限责任公司注册资本的最低限额有较高规定的，从其规定。

基本要求：

(1) 股东符合法定人数即由 50 个以下的股东共同出资设立。

(2) 股东出资达到法定资本最低限额。第一，有限责任公司注册资本的最低限额为人民币 3 万元。法律、行政法规对有限责任公司注册资本的最低限额有较高规定的，从其规定。第二，股东可以用货币出资，也可以用实物、知识产权、土地使用权等可以用货币估价并可以依法转让的非货币财产作价出资；但是，法律、行政法规规定不得作为出资的财产除外。第三，全体股东的货币出资金额不得低于有限责任公司注册资本的 30%。第四，股东不得以劳务、信用、自然人姓名、商誉、特许经营权或者设定担保的财产等作价出资。

(3) 股东共同制订公司章程。

(4) 有公司名称，建立符合有限责任公司要求的组织机构。

(5) 有公司住所。

2. 个体工商户

对注册资金实行申报制，没有最低限额。

基本要求：

(1) 有经营能力的城镇待业人员、农村村民以及国家政策允许的其他人员，可以申请从事个体工商业经营。

(2) 申请人必须具备与经营项目相应的资金、经营场地、经营能力及业务技术。

3. 私营独资企业

对注册资金实行申报制，没有最低限额。基本要求：

(1) 出资人为一个自然人。

(2) 有合法的企业名称。

(3) 有投资人申报的出资。

(4) 有固定的生产经营场所和必要的生产经营条件。

(5) 有必要的从业人员。

4. 私营合伙企业

对注册资金实行申报制，没有最低限额基本要求：

（1）有两个以上合伙人，并且都是依法承担无限责任者。

（2）有书面合伙协议。

（3）有各合伙人实际缴付的出资。

（4）有合伙企业的名称。

（5）有经营场所和从事合伙经营的必要条件。

（6）合伙人应当为具有完全民事行为能力的人。

（7）法律、行政法规禁止从事营利性活动的人不得成为合伙企业的合伙人。

备注：合伙人可以用货币、实物、土地使用权、知识产权或者其他财产权利出资；上述出资应当是合伙人的合法财产及财产权利。

（二）企业工商注册登记

自主创业，要进行企业工商注册登记并领取营业执照。其办理程序为：

（1）核实名称。先到工商局填写《企业名称预先审核申请书》，审核名称后，领取各种表格并准备所需材料［主要有章程、股东协议、房产证明（企业用房）、验资证明等］后申请企业注册。

（2）审查材料。工商局对申请材料进行审核，审查通过的，准予设立并在一定时间内发《准予设立登记通知书》。

可以通过直接到工商部门办公场所、邮寄和电子邮件三种方式申请企业工商注册登记。

具体的申请材料和办理程序可在工商行政管理局网站上查询下载。

（三）税务登记

企业工商注册登记后，还要税务登记，一般需要提供的材料有：

（1）《税务登记表》。

（2）批准成立的文件或合同原件和复印件。

（3）负责人居民身份证或其他合法身份证和复印件。

（4）自有房提供房产证，租用房提供房屋租赁合同。

（5）房屋、土地车船情况登记表。

（6）土地证原件、复印件。

（7）车船行驶证原件、复印件。

纳税人提交材料后，经审查符合条件的，税务部门当场办理税务登记。

三、创业融资

创业投资的成功除取决于创业企业的先天素质外，还需要一定的融资技巧。首先，在准备和创业投资人洽谈融资事宜前，应该准备四份主要文件。提前提交《业务计划书》，并争取得到创业投资人外延网络的推荐，这通常是使本企业的《业务计划书》得到认真考虑的重要一步。能够担任推荐人物的有律师、会计师或其他网络成员，因为创业投资人最容易相信这些人对业务的判断能力。

(1)《投资建议书》，即对风险企业的管理状况利润情况、战略地位等做出概要描述。

(2)《业务计划书》，即对风险企业的业务发展战略、市场推广计划、财务状况和竞争地位等做出详细描述。

(3)《尽职调查报告》，即对风险企业的背景情况和财务稳健程度、管理队伍和行业做出深入细致调查后形成的书面文件。

(4)《营销材料》，即任何直接或间接与风险企业产品或服务销售有关的文件材料。正式和创业投资人接触之前，一般需要提前向创业投资人递交《业务计划书》及其《行动纲要》。

其次，在和创业投资人正式讨论投资计划之前，创业企业家还需做好以下心理准备。

(1) 准备应对一大堆创业投资人以考查投资项目潜在的收益和风险的问题。

(2) 准备应对创业投资人对管理的查验。

(3) 准备放弃部分业务。

(4) 准备作妥协，接受交易，进行讨价还价。

(5) 要提前做一些应对创业投资人的功课。

(6) 要了解创业投资人以前投资过的项目及其目前投资组合的构成。

此外，在和创业投资人沟通过程中要注意"六不要"准则。

(1) 不要逃避创业投资人的提问。

(2) 回答创业投资人的问题时不要模棱两可。

(3) 不要对创业投资人隐瞒重要问题。

(4) 不要希望或要求创业投资人立刻就是否投资做出决定。

(5) 在交易定价问题上不要过于僵化。

(6) 不要带律师去参加会议。

最后就创业投资人的典型提问，示列如下：包括产品、竞争、市场、销售、生产、供应、人员、财务等方面。

四、大学生创业的四大方向

(一) 方向一：高科技领域

身处高新科技前沿阵地的大学生，在这一领域创业有着"近水楼台先得月"的优势（图6-1）。"网易""腾讯"等大学生创业企业的成功，就是得益于创业者的技术优势。但并非所有的大学生都适合在高科技领域创业，一般来说，技术功底深厚、学科成绩出类拔萃的大学生才有成功的希望。有意在这一领域创业的大学生，可积极参加各类创业大赛，获得脱颖而出的机会，以期吸引风险投资。

推荐商机：软件开发、网络服务、游戏开发等。

(二) 方向二：智力服务领域

在智力服务领域创业，大学生游刃有余，智力是大学生创业最先掌握的资本。例如，家教领域就非常适合大学生创业，特别是师范专业的大学生。一方面，家教是大学生勤工俭学的传统渠道，积累了丰富的经验；另一方面，大学生能够充分利用高校教育资源，更容易掘到"第一桶金"。此类智力服务创业项目成本较低，一张桌子、一部电话就可开业。

项目六　激发创业梦想　投身创业实践

图6-1　高科技领域

推荐商机：家教、家教中介设计工作室、翻译事务所等。

（三）方向三：连锁加盟领域

据调查，在相同的经营领域中，个人创业的成功率低于20%，而加盟创业的则高达80%。对创业资源十分有限的大学生来说，借助连锁加盟的品牌、技术、营销、设备优势，可以以较少的投资、较低的门槛实现自主创业（图6-2）。

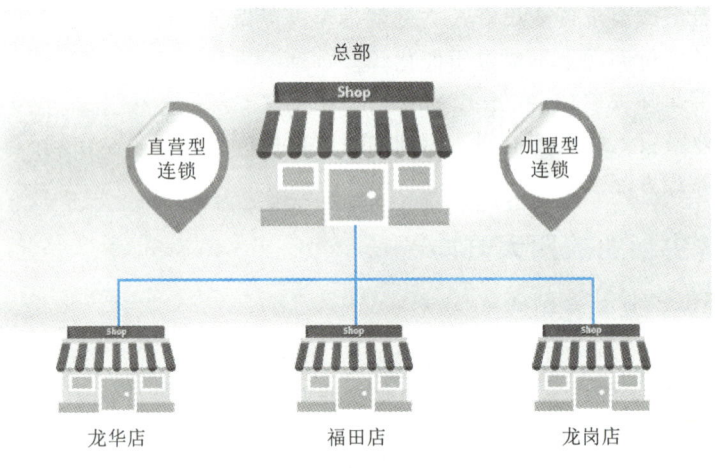

图6-2　连锁加盟领域

但连锁加盟并非"零风险"，在市场鱼龙混杂的现状下，大学生涉世不深，在选择加盟项目时更应注意规避风险。一般来说，大学生创业者资金实力较弱，适合选择启动资金不多、人手配备要求不高的加盟项目，从小本经营开始为宜；此外，最好选择运营时间在5年以上、拥有10家以上加盟店的成熟品牌。

推荐商机：快餐业、家政服务、校园小型超市、数码快印站等。

（四）方向四：开店

大学生开店，一方面可充分利用高校的学生顾客资源；另一方面，由于熟悉同龄人的消费习惯，因此入门较为容易（图6-3）。正由于走"学生路线"，因此要靠价廉物美来吸引顾客。此外，由于大学生资金有限，不可能选择热闹地段的店面，因此推广工作尤为重要，需要经常在校园里张贴广告或与社团联办活动，才能广为人知。

推荐商机：高校内部或周边地区的餐厅、咖啡屋、美发屋、文具店、书店、洗衣店等。

图6-3 开店

五、大学生创业优惠政策

近年来，为支持大学生创业，国家和各级政府出台了许多优惠政策，涉及融资、开业、税收、创业培训、创业指导等诸多方面（图6-4）。对打算创业的大学生来说，了解这些政策才能走好创业的第一步。

图6-4 创业优惠政策扶持

项目六　激发创业梦想　投身创业实践

（1）大学毕业生在毕业后 2 年内自主创业，到创业实体所在地的工商部门办理营业执照，注册资金（本）在 50 万元以下的，允许资金分期到位，首期到位资金不低于注册资本的 10%（出资额不低于 3 万元），1 年内实缴注册资本追加到 50% 以上，余款可在 3 年内分期到位。

（2）大学毕业生新办咨询业、信息业、技术服务业的企业或经营单位，经税务部门批准，免征企业所得税 2 年；新办从事交通运输、邮电通信的企业或经营单位，经税务部门批准，第一年免征企业所得税，第二年减半征收企业所得税；新办从事公用事业、商业物资业、对外贸易业、旅游业、物流业、仓储业、居民服务业、饮食业、教育文化事业、卫生事业的企业或经营单位，经税务部门批准，免征企业所得税 1 年。

（3）各国有商业银行、股份制银行城市商业银行和有条件的城市信用社要为自主创业的毕业生提供小额贷款，并简化程序，提供开户和结算便利贷款额度在 2 万元左右。贷款期限最长为 2 年，到期确定需延长的，可申请延期 1 次。贷款利息按照中国人民银行公布的贷款利率确定，担保最高限额为担保基金的 5 倍，期限与贷款期限相同。

（4）政府人事行政部门所属的人才中介服务机构，免费为自主创业毕业生保管人事档案（包括代办社保、职称、档案工资等有关手续）2 年；提供免费查询人才、劳动力供求信息，免费发布招聘广告等服务；适当减免参加人才集市或人才劳务交流活动收费；优惠为创办企业的员工提供 1 次培训、测评服务。

以上优惠政策是国家针对所有自主创业的大学生所制定的，各地政府为了扶持当地大学生创业，也出台了相关的政策法规，而且更加细化，更贴近实际。了解这些优惠政策，会让大学生感受到国家和政府的支持力度，更加坚定创业的决心。

表 6-1 是浙江省高校毕业生从事个体经营免予收取的行政事业性的收费项目。

表 6-1　　浙江省高校毕业生从事个体经营免予收取的行政事业性收费项目

序号	项目名称		收费标准	批准机关及文号
一	工商			
1	个体工商户注册登记费			国家物价局、财政部价费字〔92〕414 号
		开业登记费（发放营业执照，不另收费）	20 元/户	同上
		临时营业执照	10 元/份	浙价费〔88〕110 号
		换发营业执照（四年一次）	20 元/户	价费字〔92〕414 号
		补发营业执照	10 元/次	同上
		营业执照副本	3 元/本	同上
		变更登记费	10 元/户	同上
2	城乡集贸市场管理费			
		从事工业品、大牲畜交易的	不超过成交总额的 0.8%	价费字〔92〕414 号，计价格〔99〕1707 号

续表

序号	项目名称	收费标准	批准机关及文号
	从事其他商品交易的	不超过成交总额的1.6%	同上
3	个体工商户管理费		
	从事购销活动的管理费	按营业额的0.4%~1.2%	同上,缴纳集贸市场管理费,不再交纳个体工商户管理费
	从事劳务活动的管理费	按收入总额的0.8%~1.6%	
4	经济合同示范文本工本费	每100页八开装订本,10元/本,每100页十六开装订本,7元/本;每100页十六开双面印刷装订本,8元/本	浙价费〔95〕94号
二	公安		
5	特种行业治安许可证工本费	10元/证	浙价费〔99〕447号
三	劳动保障		
6	劳动证书工本费		
	职业资格证书工本费	4元/证	计价格〔1999〕406号
	职业技术培训结业证工本费	2元/本	浙价费〔1999〕437号,财综〔1999〕109号
四	卫生		
7	卫生监测收费	详见文件	〔92〕浙价费联131号,〔92〕财行473号
8	卫生质量检验费	详见文件	同上
9	预防性检测收费	详见文件	同上
10	预防性接种劳务费	有劳务补助经费的计划免疫预防接种不收劳务费	同上
11	食品卫生许可证工本费(五年一次)	40~300元/件,副本工本费10元,临时20~50元/本	同上
12	公共场所卫生许可证工本费(四年一次)	40~300元/件,副本工本费10元,临时20~50元/本	同上
13	健康证工本费	0.5元/本	同上
五	税务		
14	税务登记证工本费	申请新办(换证)30元/证,遗失补证15元/证,变更手续20元,每年验证10元,登记证正本铝合金镜框10元/只	〔93〕浙价发141号,〔1993〕财综193号
六	民政		

续表

序号	项目名称	收费标准	批准机关及文号
15	民办非企业单位登记、变更费	登记费 100 元/件，变更费 40 元/件	计价格〔99〕2115 号
七	旅游		
16	导游证件及 IC 卡工本费	40 元/套	浙价费〔1999〕393 号，浙财综〔1999〕103 号，浙价费〔2004〕347 号，浙财综字〔2004〕148 号
八	建设		
17	城市道路占道费	由各级建设管理部门会同级财政、物价制定，按有关程序报省批准	浙建城〔93〕132 号，〔93〕财综 130 号，〔93〕浙价费联 47 号
九	新闻出版		
18	印刷经营许可证工本费	30 元/套，包括正副本、申请表	浙价费〔2002〕273 号
十	交通		
19	道路运输经营及相关业务经营许可证工本费	10 元/套	浙财综字〔2004〕88 号、浙价费〔2004〕331 号
20	车辆营运证工本费	5 元/本	同上

任务五　创业成功的"赢的策略"

白手起家，小本创业要怎样才会减少失败的风险？

（一）获得创业的第一手资料

一个想创业的人要有冷静的头脑，对自己有清楚的认识，认识到自己并非无所不知、无所不会。从这一点出发，努力获得第一手详细的资料，将是成功创业的首要策略。例如，近几年兴起的加盟创业热潮，虽然根据专家统计，以参加连锁加盟方式来创业，成功的比率要比自行创业高得多，但加盟连锁店并非"万灵丹"，如果事前不做好策略规划，惨败的可能性还是高的。

（二）选择创业要进入的行业

第一是考虑行业的发展前景；第二是选择的行业要有比较完善的管理制度和经营策略；第三是从中可以获得经营管理的专业技能与知识。

同时，创业需要注重时机，当许多人一窝蜂地抢着进入某一行业时，看到前面的创业者赚钱，等自己进入后并不见得赚钱，因为可能市场在自己加入之前已经饱和，自己加入后不管如何努力经营，恐怕也难有起色。

(三)慎选合作伙伴

这里的合作伙伴,包括股东、共同经营者、员工、加盟总部等。如果选错合作伙伴,那么双方一天到晚把大量精力耗费在吵架和冲突之中,事业不垮掉才怪。如一知名连锁集团商家要求加盟店必须从总部工厂进货,但加盟店却发现总部提供的物料品质与市场上的差不多,价格却贵了好几成,于是决定自行寻找供货商进货,以降低成本。总部知道此情况后,不但切断这些加盟店的货源,而且诉诸法律行动,而加盟业主则联合起来在报纸上大登广告,攻击总部。内讧的结果是"胡须张"这块招牌的声誉大受伤害。这种纠葛,在各个行业中屡见不鲜。

(四)减少自我压力

随时保持轻松愉快的心情。要符合这种策略的要求,首先,自然不能找容易紧张发怒的人做合作伙伴。其次,在处理问题时不要一根神经老绷着,在适当的时间放松一下自己,很多棘手的问题或许就能找到方法。

其实创业中的挫折和压力常来自于在创业过程中缺乏组织和系统,但这并不是一件多么庞杂的工作,只要自己和别人沟通良好,彼此了解心中的期望和要求,并创造一个有系统、不浪费时间的工作模式,就可能将大部分时间用于事业的发展,而不会被繁杂事务纠缠不清。

(五)随时关注财务变化

财务要随时注意,账款要能及时巧妙地追讨,很多小本创业者就是被人积欠贷款而拖垮的。因此你在决定创业之前,最好先学会向债务人催收账款的秘诀。

当事业有所成就后,要防止野心的滋长,须谨记"小本创业难,稳健守成更难"。许多优秀的创业者到后来功亏一篑,被打回原形,就是被一时的成功冲昏了头脑,忘记了这个道理的缘故。

"求人不如求自己",当不景气可能变成长期梦魇时,与其等着所谓的分配,还不如冷静地观察周围环境,看看有没有创业的机会,自己白手起家当老板,做一个成功的创业人。

任务六 创业实践案例

一、绍兴职业技术学院优秀创业案例

1. 创业案例解剖——熊士清

创业者:熊士清
毕业学校:绍兴职业技术学院
创业载体:广告传媒
创业年限:10年

创业实践结晶

"很多人在这个过程中马上就退缩下来,本来对自己的选择就没有深刻的认识,抱着一种尝试的心态,做得好就做,做不好就算了。我很多时候对大学生创业,包括我自己创

项目六 激发创业梦想 投身创业实践

业的最大感受是八个字——'燃烧意志，飞扬激情'。大学生创业就是一个意志力和激情的东西，这是非常重要的。你只要有这个决心，你就会一步步去克服。"

——熊士清

熊士清，男，浙江萧山人，绍兴职业技术学院 2004 届计算机应用技术专业毕业生，浙江省"80 后创业明星"。现为冰点视觉传媒股份有限公司执行董事、总经理。获得"2006 浙江教育年度十大影响力人物""第一届浙江省大学生十大成功'创业之星'""绍兴市创业新星""绍兴市首届青年创业创新奖"等荣誉。

熊士清读的是重点高中，却因为填报志愿失误而与重点大学擦肩而过，谈起当初创业的想法是如何形成的，他谈到了当时调档后的状态："那时候我觉得有一点怀才不遇、懊恼，也有心理的不平衡，这也是我那时候创业的原因之一。大学生活又有些浮躁，所以造成了我觉得我应该做一些事情的想法，我觉得我要打破我目前的那种状态。"

对于当时大学生的出路问题，熊士清自己有很清晰的思路。"我很早的时候就在做人生规划，这一点我和其他同学有些不一样。"他说未来有两条路，一条是从政，一条是经商，他又将这两个大方向进行了仔细的分析对比。最终选择了为自己做，开始创业，"首先你对自己要有一个了解，到底适合哪个。每个人的人生轨迹是不一样的，别人的成功谁都不可以去复制。你必须根据自己的经历，选择创业或者就业。于是，在大二某天上课时，他冒出了自己创业办公司的想法。这是一瞬间的思维跳跃，然而这背后却蕴含着他对自我人生的清晰规划。然后熊士清立即着手具体的谋划。"那时候五个创始人，就是那一天想出这个创业想法时，前后左右的同学"。商量后他们决定共同出资，合伙开公司。相对于一般人创业时的谨慎，熊士清认为年轻人更需要种激情。"很多时候年轻人出来就需要这么一种激情。所以那时候我们想到了要做就直接去做了。我觉得年轻可以失败，也允许失败。"

熊士清合伙投资的第一笔原始资金来自于家庭，由于从小做事的态度和给父母的印象让他们支持了他的想法。"他们很信任我，从小到大不管我做什么，都认为我在踏踏实实做一件事情。但我也跟他们去交流，并不是很简单地说爸妈你们给我多少钱。"此时学校刚启动大学生创业基地，学校内的创业氛围正在形成。从办公场地到创业的指导，学校给予了他们很多的帮助，至今他仍很感激。在讨论后，熊士清很快写出了一份 20 多页的创业方案。在学校支持下，不到一个星期，公司正式注册成立绍兴冰点网络技术有限公司。为何选择这方面业务，熊士清说"也是根据自己的能力去做一些事情，因为我们读的是计算机专业，那时候掌握的也就是网络方面知识。"

问起"冰点"公司名称的来历，他说取名字一个要求是朗朗上口。而"冰点"翻译成英文就是 ice idea，他认为现在缺少的其实就是 idea。至于将公司安在绍兴，熊士清有他的考虑："绍兴是一个点，跟农村包围城市一样，你只能从一个竞争比较少的地方做好我觉得这要看自身条件，我的人脉关系、资源主要在绍兴。"

作为直接创业的大学生，资金、关系、技术、环境都是一个问号。熊士清说当时拉到第一笔业务是一个机缘巧合。当时有一个客户打电话打到别家的公司，不知是因为号码错误还是冥冥中注定刚好他接到，而业务内容跟他们公司的相吻合。于是他就这么约了客户前来刚成立的 200 平方米的公司参观，并做出了留住客户的作品。成功需要机缘，但更需要充足的准备和长久的努力。为了拉业务，他们用过一个很实在很直接的方法，用他的话说，也"很傻很苦"。"我带了两名同学，沿着学校大门出去一家一家地跑。那时候胆子很大，直接找到老板给一下名片。在人家的诧异中，我们已经把我们的话都讲完了，'你们需不需要形象广告策划？'人家都很惊讶，因为那时候在一些普通小企业中都没有'形象策划'这个概念，而大的企业不让你进，在门口就会被保安拦下来。"

熊士清谈到了当时的情况，感慨"那时候非常苦，非常不容易。"而这一星期的经历也让他明白这种方法是行不通的，也让他得出了一个可以基本概括他创业遇到瓶颈时的解决方式，那就是"坚持"和"意志力"。大学生选择创业的很多，然而最终成功的人很少。作为一名大学生创业者，熊士清有着切身的体会："很多人在这个过程中马上就退缩下来，本来对自己的选择就没有深刻的认识，抱着一种尝试的心态，做得好就做，做不好就算了。我很多时候对大学生创业，包括我自己创业的最大感受是八个字'燃烧意志，飞扬激情'。大学生创业就是一个意志力和激情的东西，这是非常重要的。你只要有这个决心，你就会一步步去克服。"然而，正是意志与激情的坚持让他获得了自己的成功。正如他在大学一篇演讲中说道："激情是大学生这一年轻创业群体的特点，也是优势；同时创业充满曲折与艰险，在这个过程中必须有坚定的信念、顽强的意志。这是我们大学生的创业精神，它是创业成功的源泉，是支撑大学生创业活动的灵魂。"

2006年公司吸收风险投资资金100万元注册成立冰点视觉传媒股份有限公司不包括业务人员，公司现有员工15名左右，成为集网络运营媒介代理会展活动创意专业广告设计及公关策划、整合传播于一体的综合性传媒公司。走进位于绍兴市中兴中路现代大厦的冰点工作室，记者强烈地感受到公司的环境布置所呈现出的年轻、激情、舒适、温馨。环顾四周，公司里有很多设计精美的标语，如"离你越近的地方，路途越远：最简单的音调，需要最艰苦的练习"、"年轻是我们唯一有权利去编织'梦想'的时候"等。这些无不体现着一个公司所蕴含的文化，而这也恰恰是熊士清所要建立和传承的属于自己的公司文化。

在熊士清的冰点视觉传媒股份有限公司公司的主页上，有这样一段话："'我们的明天'将充满挑战和诱惑，经过我们的努力将使之成为本土最具竞争力和影响力的传媒公司之一，争取成为一家以上海为总部，各地为运营分部的全国性传媒公司。"相信在企业文化和坚持理念下，这一目标能够一如既往地成功。

成功后的熊士清，没有忘记母校，谈及母校，他谦虚而感恩。学校每年的实习生招聘会他都会去看看，在去年学校举行的毕业生招聘会上，冰点公司向学弟学妹们伸出了橄榄枝。冰点视觉传媒股份有限公司已成为母校的实训基地。母校分管就业工作的查院长说："学生结合专业进行自主创业，学校非常鼓励和倡导，这是对现有就业形势的一种很好补充，不但能解决学生自己的就业问题，也为毕业生增加了就业岗位，几年来，熊士清积极回报母校，冰点视觉传媒股份有限公司已招收了近100名本校毕业生。"

熊士清是大学生中成功创业的典型，始终保持"燃烧意志，飞扬激情"的创业状态短短的八个字，对于大学生创业来说，只有经历过才能体会的深刻含义。简单的八个字，用他自己的方式向我们诉说着属于他自己的创业故事。

项目六　激发创业梦想　投身创业实践

创业者点评

创业要有持续的激情

创业激情表现为一种精神状态。事业的成功，总是有一种力量在助推、在支撑，这种力量就是创业激情。企业的成功与发展需要各位具有这种精神，对工作倾注心思，为事业燃放激情。企业充满创业激情，员工的士气才会高扬，整个企业才会富有战斗力和凝聚力。相反，如若缺乏激情，面对创业发展中的困难，则会漠然、马虎和懈怠。要防止和克服一切热情不足、激情贫乏的问题，避免和摒弃一切精神萎靡乃至颓废的现象努力培养起朝气蓬勃、昂扬向上、奋发有为的创业激情。

2. 创业案例解剖——叶科奇

创业者：叶科奇

毕业学校：绍兴职业技术学院

创业载体：网络科技

创业年限：6 年

创业实践结晶

人的使命在于自强不息地追求完美。

——叶科奇

叶科奇，男，浙江舟山人。绍兴职业技术学院信息工程学院 2011 届计算机应用技术专业毕业生，在校期间取得了优异的成绩：获国家励志奖学金、校"优秀学生党员"称号、校"优秀学生干部"、浙江省高校"优秀学生社团干部"校第二届"大学生电脑文化节"之网页设计大赛一等奖绍兴市大学生多媒体大赛二等奖、浙江省第九届大学生多媒体作品设计大赛二等奖、绍兴市高校"优秀毕业生"。

从小因为身高缺陷而自卑的叶科奇，酷爱计算机编程，从高中开始就自学计算机编程，因为没有计算机，只能每周六去当地的文化馆的电子阅览室将学到的理论知识转变成实践，高中毕业后，终于拥有了一台属于自己的计算机。在暑假的 2 个月中，他努力学习实践，终于做出了自己的个人网页。进入大学后在班主任刘志荣老师的启蒙下，他的计算机水平越来越高。在一次偶然的机会中班主任让他参加学校里的计算机文化节，自卑的他说什么都不肯去，后来在班主任的鼓励之下，他就抱着试看看的心态去了，让他没有想到的是，居然得了一等奖，当时他的自卑心一下子就没了，因为他知道别人做不到的事情他可以做到，说明他不比别人差，办法是用自己的长处去弥补天生的不足。也因为这次比赛让他的人生有所改变。在后来的日子里他又连续获得了省、市多媒体大赛网页设计组二等奖。半年后他靠着他的能力赚了在校期间的第一桶金。随后找他做项目的人越来越多了，他也积累了不少客户。

因为客户的大力支持，让他起了自己创业的想法，但是创业需要很多资源，经过三个月的筹备，终于决定自己创业。他于 2011 年 7 月注册了绍兴品诚网络技术工作室，因为家里反对他创业，所以他靠自己仅有的两千元钱开始了艰辛的创业旅程。经过半年的打拼，终于有了成绩，同时家人也看到了他的成绩，以赞助的形式给了他三万元的创业基金。得到家人支持的他终于又向理想迈进了一步，他的办公地点由一个不足 20 平方米的车库搬到了绍兴最繁华的迪荡写字楼北辰广场 713 室。他说："刚开始，没有钱，我只能一日三餐连续吃一星期的泡面,甚至一天不吃饭。就是为了把钱用于该用的地方,现在我人生中最艰苦的时刻终于过去了。"

一个偶然的机会,他在杭州认识了一个志同道合的朋友,巧合的是那位朋友也是自己创业的。于是他们一拍即合,相互合作,在技术上、思想上、理念上相互交流,并入股朋友的公司杭州罗布科技有限公司 30% 的股份。叶科奇也把互联网之都杭州的高端公司的理念带到了自己的创业项目上,在和杭州朋友合作交流期间,又认识了具有超强业务能力的两个朋友,并为叶科奇公司的业务发展奠定了基础。2011 年 12 月,他的工作室承接了绍兴网旗下的绍兴美家网、绍兴教育网和绍兴房产等门户网站,逐渐地,他的技术团队开始形成起来,随着业务的发展,人才需求越来越大。为了快速发展,他选择了培养在校大学生,一方面给大学生实习机会,另一方面也可以缓解人员需求,叶科奇把这个想法告诉了学校创业中心的老师,老师们也大力支持,并给他腾出一间房子供他培养学生和办公用。在短短的三个月中他培养了四个能力超强的学生,其中一个成了他的合作伙伴。

2012 年 7 月份,他为了扩大工作室的规模,决定将个体户的工作室转变成有限责任公司,同时改名为"绍兴品诚网络技术有限公司",承接了中国移动公司绍兴分公司的人力资源管理系统的项目,并看到了软件开发带来的利润。于是他决定将公司的主营业务由单纯的企业网站开发转到企业管理软件开发和门户网站开发。2012 年公司全年营业额 25 万元,利润 15 万元。叶科奇入股的杭州罗布科技有限公司实现了 30 万元营业额。那年他也获得了"绍兴市大学生创业三等奖"。

2013 年对于叶科奇来说是个难熬的一年,面对成本支出比以往高出一倍和业务转型带来的双重困难,固执的他没有退缩,反而更加努力。"既然选择了这条路就一定要走下去。不管多累多苦,只要我还有一口气,我就要把这个公司开下去!因为它是我的所有!"就因为他的坚持不懈和拼搏精神,那一年实现了 35 万元的营业额其中公司利润 20 万元。叶科奇入股的杭州罗布科技有限公司实现了 55 万元营业额。他本人个人收入也突破了 20 万元。

艰难的一年过去了,接下来的 2014 年,叶科奇的公司也开始进入正轨,实现了流程化,正规化管理,同时确立公司的服务宗旨为"品质、诚信、为用户创造价值"。在得知学校有个学企合作平台后,他和学校老师商量,希望能够入驻,通过自己的努力,培养更多的学弟学妹们。他说:"我能有今天的成就,都靠母校绍兴职业技术学院和老师的栽培,如果我不进这个学校,可能还生活在自卑中。现在正是我报答的时候了。"2014 年 4 月,叶科奇和他的公司团队入驻到了绍兴职业技术学院校企合作平台——创新工场。

为了进军杭州市场,叶科奇招了两名业务员在杭州朋友的公司里,负责开拓杭州市场。同时公司正式员工也增加到了 10 人,杭州 4 人,绍兴 6 人,除此之外还有实习大学生 6 名。其中公司所有的技术人员都由他亲自培养亲自教,并全部通过 CNCIW 全球顶级专业认证和 CIW 中国认证。2014 年因业务发展需要,9 月份,叶科奇公司合并了一家网络公司——绍兴协祥网络有限公司,并将原先的企业网站,网站优化推广等业务转到协祥网络名下,主公司只留下门户网站和企业管理软件开发。截至 2014 年 12 月,叶科奇所在的品诚网络全年实现营业 50 万元,利润 30 万元,他入股的杭州罗布科技有限公司实现营业额 80 万元。他们公司以"一对一的需求定制,个性化定制开发"的模式开发的企业

项目六　激发创业梦想　投身创业实践

管理软件获得了很多客户的好评。2015年1月，叶科奇准备将市场重点转向杭州，并在筹备2月份在杭州注册新的公司，打算三年后将公司所有员工转到杭州的公司，绍兴设立分公司。

创业者点评

创业初期资源整合很重要

创业初期很多因素，比如资金、资源等问题会限制公司的发展，叶科奇通过整合朋友资源，将各方朋友的强项整合起来的，使用到自己的公司发展上，这种方式对于一个没有资源的创业者来说是一个很明智的选择。一方面，可以增进朋友之间的相互交流牢固友谊，另一方，也给他的朋友带来了收益。这个收益除了金钱之外还有能力以及综合素质的提升。创业的除了技术能力之外，还需具备很多能力。

创业型的网络公司，技术是关键

对于一个网络技术公司来说什么才是核心？当然是技术了，叶科奇因为爱好计算机编程，从高中开始自学程序编程，经过多年的编程生涯，又将自己的经验传授了公司的其他员工，让公司员工全部通过了相关的认证。这让他公司在技术层面上的具备了和其他公司的竞争的能力。一个公司如果只有业务没有技术水平，公司不能发展，到后来肯定倒下，但是如果拥有技术核心，再整合其他的业务资源。这样就可以发展很快通过整合其他资源的形式将别人的资源通过项目合作变成自己的资源，日积月累，同样会拥有属于自己的资源来满足公司的发展需要。

发展方向定位很重要

创业的难点之一是创业项目的定位，一个好的项目可以让创业者马上进入正轨，叶科奇在自己的公司创业一年后发现利润不是很高，为了寻求发展，他将公司的发展方向定位到了企业管理软件和门户网站上，一方面，他有开发中国移动公司绍兴分公司的人力资源系统的经验，依靠这个作为案例切入，开发更多的软件客户，另一方面，他开发过绍兴网旗下的几个门户网站，对于门户网站的运营模式和开发技术了如指掌。因此他选择的方向都是自己的强项，这样的选择对公司发展非常有利。软件行业的利润也相对比企业网站要高。虽然软件行业和门户网站对技术要求很高，但是对于一个技术过硬的团队来说，这些都不是问题，反而可以提高他们公司的竞争力。

3. 创业案例解剖——韩志军

创业者：韩志军

毕业学校：绍兴职业技术学院

创业载体：网络科技

创业年限：4年

创业实践结晶

创业需要兔子一样的速度，乌龟一样的耐力。

——韩志军

韩志军，男，浙江萧山人，绍兴职业技术学院经贸管理学院2014届国际贸易实务专业毕业生。该生2011年9月入校以来，思想积极上进，勤勉刻苦，专业技能强，一路耕耘，一路收获，取得了优异成绩：在校连续四个学期成绩班级排名第一，获2012学年校级等奖学金，校"十佳创业规划之星"称号，绍兴市大学生创业大赛二等奖，获浙江省第四届大学生职业生涯规划大赛（创业类）等奖。

韩志军在认真完成学业的同时，结合所学专业，开拓创新，积极进取，在创业领域赢得了自己的一片天地。目前，他已拥有三家卫浴产品网店，有团队员工9人，2012年营业额突破百万元，其中美箭家居专营店营业额达80万元，惠达淘宝集市营业额达20万元，思迈尔淘宝集市营业额达30多万元。同时具有卓越的创新创业理念，2012年9月注册自主品牌安克拉卫浴，实现自主研发，外包生产，自主销售的商业模式。截至2013年10月，全国代理经销商已达30多家。

万事开头难，韩志军的创业之路起步艰辛。上高二时，韩志军动了一次胸腔手术，花光了家里的积蓄。也正是这场大病，让他与淘宝结缘，发现了电子商务创业的商机。多番考虑，韩志军决定从当初还不多见的卖卫浴产品入手，即便这一领域没有任何亲戚朋友涉足。他家境并不富裕，全靠自己说动亲戚朋友出钱出力，并得到创业启动资金。随即注册成立了杭州美箭贸易有限公司，主营卫浴产品，但韩志军还是想读书考大学2011年，他考入了绍兴职业技术学院。

进入绍兴职业技术学院后，他没有放弃创业梦想，找到学校主管学生创业工作的老师，申请组建自己的团队。他成功入驻学校大学生创业园，在近30平方米办公室里，他放开手脚，迎难而上。他的淘宝店代理销售惠达、科勒、TOTO、帕朗等多个卫浴知名品牌，但一个月下来几乎没有客人光顾。韩志军便利用课余时间恶补电子商务知识，自学"淘宝大学"的相关课程，寻找失败的原因。他从网页视觉形象设计着手，重新设计包装改善顾客体验，网店一下子有了起色，第二个月的销售额就达到5000元。

对于一名有着创业梦想的学生，且有着一段短暂的创业经历的网店经营者来说，韩志军需要一个良好的创业氛围，也需要一个优秀的创业指导教师团队，指导韩志军成立以自己为核心的学生创业团队，帮助他申请创业场地，指导他参加各类创业大赛，参加比赛的目的不是获奖，而是希望通过参加比赛帮助其更快成长，发现自己的不足，使自己的创业计划更加完善、创业之路更加平坦。学生创业资金也会是一种阻碍发展因素，帮助申请补助，或得到更多的创业优惠也是我们需要帮助思考的。学院也对韩志军的创业给予了大力支持。帮助建立创业指导教师团队。

对于已在创业中，并且已有创业小成果的韩志军来说，特别需要一个系统的创业指导教师团队，帮助其尽快找准方向，通过联系，成立由职业生涯指导课授课教师、就业指导部门负责人、国际贸易实务专业教师、班主任老师组成的团队。职业生涯规划指导老师负责创业生涯规划，就业指导部门负责人负责创业指导、后勤支持，国际贸易实务专业教师负责技术指导，班主任负责协调、交流、沟通。创业指导教师团队指导韩某撰写创业方案，唯有可行的、科学实效的创业方案是学生创业的基础，也是申请创业园办公场地的前提，在创业指导教师团队的共同指导下，完成创业方案的撰写，成功申请到创业广场9号办公场地。

学院还帮助建立了一个以韩志军为核心的学生创业团队，网店的经营需要网店美工人员，产品的图片展示需要专业的摄影人员，需要较为专业的网管以及财会，帮忙联系电艺专业老师、会计专业老师、国际贸易实务专业老师，寻找志同道合的学生团队。

项目六　激发创业梦想　投身创业实践

在校期间韩志军积极参与了各类比赛：以省院职业生涯规划大赛、新苗人才计划、市创业大赛为载体，帮助他创业成长。收集相关创业比赛信息，寻找历届赛事获奖作品，指导完成相关材料准备，指导韩志军参加院职业生涯规划指导大赛，获2012年绍兴职业技术学院十佳创业规划之星称号，经院级审核推荐参加省级比赛，获2012年浙江省职业生涯规划设计大赛二等奖；同时获2012年绍兴市大学生创业大赛二等奖，以参赛帮助创业学生成长。在校期间，班主任帮助收集相关公司注册政策，准备相关材料，指导其成立杭州美箭贸易公司，加强与国际贸易实务教研室合作，进驻国贸实训基地，优化其办公环境，提升办公效率，加强理论指导，帮助其拓展业务平台，委派专业指导教师与其共同开展市场，在校内实现校企合作，指导网店经营战略，营业额突破百万。

2012年一年里，韩志军的淘宝网店销售额实现了130多万元，顾客订单转换成功率在30%左右，也就是每10个顾客中就有3个成功下单。今年，他的生意越做越顺，仅4月17日至5月17日这短短一个月间就卖了近12万元。

他的员工也从当初2个人拓展到了9个人，美工、客服、售后、发货，形成了一条龙服务。除了3名学生，其中6位工作人员是从校外聘请的，其中美工是位研究生，客服是"惠达"品牌的实体店老板，在这些高薪请来的"店小二"心中，"韩老板"虽然年轻，却很有头脑。

韩志军不但创业小有成就，学习成绩也一直名列全班第一，自然消除了老师和学生会创业影响学业的担忧，因为该生有一个清晰的奋斗目标，学习在左，创业在右，学习在先，兼顾创业，也只有把专业知识学好，学以致用，才能更好地经营公司，实现更大的奋斗目标。

韩志军同学的创业梦想坚定执着，但梦想的实现需要众力的帮扶。为帮助他得到全方位的锻炼，实现全面的发展，学院营造积极创业氛围，配备优秀指导教师，指导他参加各级各类竞赛，以赛促学、以赛促练，帮助他更快的成长。2012年他的"美箭贸易"创业项目先后获得绍兴市大学生创业大赛二等奖和浙江省第四届大学生职业生涯规划大赛（创业类）二等奖。

竞赛的不断成功，为其创业发展提供了广泛的创业知识和不竭的精神动力。韩志军早就不满足于做纯粹的中间商了，他在创业初期就给自己定过一个目标，计划在五年内创立自己的品牌。通过竞赛的参与，他结识了更多有创业想法的人，也汲取了众多创业方面的经验，慢慢走出了一条符合自身发展的特色创业之路。

不到两年，他自主创立的卫浴品牌"安克拉"就通过国家工商总局商标局注册，这使韩志军从"微笑曲线"的中间跳到了两端，牢牢掌握了研发和销售的自主权、主动权。他也希望自己的产品接下来能通过阿里巴巴国际站、亚马逊等电子商务平台外销到世界各地。2013年5月，他受邀参加绍兴市大学生创业工作推进会并作交流发言，畅谈自己创业历程、收获和体会，获得与会领导和师生的高度认可。随后，《浙江日报》、绍兴电视台《绍兴日报》《绍兴县报》等多家媒体专程来校采访韩志军，报道他的创业故事，成为了全校师生人人知晓的创业之星。

老牛舐犊觉人间真情，慈乌反哺显情深义重。接踵而至的成功，韩志军并非独揽更多的是将喜悦与众人分享。2013年6月，他参加了学院团委组织的"聆听他的故事追寻你的梦想"创业校友访谈，结合自己曲折的创业经历，为在场师生剖析了创业过程中的关键要素。每当得知学弟学妹有创业的梦想，作为学长的他总是尽其所能帮助他们理性分析，给予最中肯的意见并尽可能提供各种锻炼机会，帮助创业梦想的实现。

创业的成功，让韩志军更加感激学校的培养，他认为是学校的培养教育使其具备过硬的专业技能和协作管理能力，为创业成功奠定了坚实的基础。他曾作为在校生代表在2013级经贸管理学院新生开学典礼上发言，他说："绍兴职业技术学院是我眼中最好的大学！没有绍职院，就没有我韩志军的今天！"这句话深深感动了在场的全体师生。

在得知学院在深入推动校企合作工作时，他主动和学院联系，将自己的公司作为我院的专业实践基地。随着他的业务不断发展，员工人数不断增长，公司规模不断扩大逐渐形成了美工、客服、售后、发货等一条龙服务。他除了校外聘请员工之外，还优先考虑本校学生，招聘了一些优秀的学弟学妹充实公司的队伍，为学弟学妹提供了宝贵的就业机会。

创业者点评

创业者需要找到自己的商业赢利模式

创业者光有激情和创新是不够的，它需要很好的体系、制度、团队以及良好的盈利模式。韩志军创业历程最大的亮点在于他对商业赢利模式的独到认知与把握，这一方面无论从他前期代理经销后期注册自主品牌，实现自主研发，外包生产，自主销售的商业模式，无一不证明他这一点。产品的代理商是生产商的经营延伸，举凡影响大一点的商品都有它的代理商做代理商虽然是为他人做嫁衣裳，但与此同时也是在为自己积累经验做代理商可以借助厂家有形的商品，为自己完成资本原始积累与此同时，还能学习营销知识，建立渠道网络，等到时机成熟了，建立自己的品牌销售，可谓一举两得。从韩志军的案例中，我们可以看到，他从创业初期寻找品牌信誉好或发展潜力大的卫浴产品做其代理，然后注册自主卫浴品牌"安克拉"卫浴，实现从自主研发，外包生产，自主销售一条龙服务，这是一桩本小利大事半功倍的买卖。从某种程度上说，韩志军就是"安克拉"的灵魂，他用自己的不懈努力推开了梦想之门。如韩志军自己所说，"我学的是国际贸易，我还想通过电子商务平台拓展外贸业务，让我的卫浴品牌安克拉有国际影响力。"韩志军从前期的代理其他卫浴产品的网络小店，到现在已有30多家全国代理经销商自主品牌网商，并积极拓展国外市场，无一不显示出他对有效的创新创业商业赢利模式的深入学习与研究。

创业实践路上积淀很重要

从韩志军的案例中其实也不难发现，他的创业成功跟他高中时代积极的创业实践积累有着密切的关系。韩志军高一就涉足电子商务，说服父母投资淘宝网店销售运动服饰，高二因身体手术高额费用，为改变家庭困境和改善家里生活投入到创业实践中。高三在家休养期间，专注创业，并成立杭州美箭贸易有限公司，在淘宝商城代理销售惠达、科勒、TOTO、帕朗等多个卫浴知名品牌，他一个人负责管理经营，月收入达5000元。

三年的淘宝网店创业积淀，不但磨炼了意志、增长了见识和人生阅历、更为重要的是积累了创业经验，为以后的创业之路打下了扎实基础，即便是进入绍兴职业技术学院大学生创业园进行大学时代创业开始，这一"积淀"就是六年，六年的创业积淀，才有了创业的原始第一桶金，然后开始专注投入到淘宝网站创业中。

所以，韩志军的案例告诉我们大学生朋友，一毕业就创业并不是一个最佳选择，在创

项目六　激发创业梦想　投身创业实践

业资金、经验都不具备或者缺乏的情况下，最好的选择就是先去积累经验和资金，特别是要对所想创业的项目的盈利模式进行充分的思考与研究。

韩志军的案例告诉我们，在期初创业资金和经验缺乏的条件下，通过电商平台进行创业实践积累，掌握有效的盈利模式，可采用的方式可以像案例主人公那样选择不多见的产品入手开淘宝店，这样既简单确实又能锻炼自己，一方面积淀电商网店管理的经验和积累人脉，另一方面也可以为自己在电商网店日常营运和盈利模式有着更深入的了解和体验。另外创业路上一定要想法征得家人的支持，应该说韩志军成功背后离不开他家人的全力支持。

4. 创业案例解剖——黄鹏程

创业者：黄鹏程

毕业学校：绍兴职业技术学院

创业载体：食品

创业年限：4 年

创业实践结晶

创业需要超前的眼光和开阔的思维。

——黄鹏程

黄鹏程，男，浙江乐清人，绍兴职业技术学院机电工程学院 2011 届应用电子技术专业毕业生，一鸣真鲜奶吧加盟商，目前在绍兴拥有 4 家店，2014 年主营业务收入 500 余万元，员工人数 25 人。

90 后的黄鹏程，接触过他的人都说，在他身上能感受到温州人特有的气质，那种"敢为人先、特别能吃苦、特别能创业"的精神。正如有人所说，在温州人的血脉里，创业就是基因、就是传承、就是生命里不可或缺的图腾。他从一进绍兴职业技术学院开始，就迈出了自己坚定的创业步伐，网上卖过环保旅游洗漱套装、摆地摊卖过软陶挂件、杭州大学城推销过一卡通、入驻学校创业中心开办过眼镜店，可谓一路艰辛但走得坚强有力，到 2013 年他正式加盟浙江一鸣食品股份有限公司，在绍兴高校内开办了第一家一鸣真鲜奶吧。从此，黄鹏程走上了"牛人"的道路，也与"一鸣"这个温州品牌结下了深厚情缘。

大学，寻梦的摇篮。2008 年 9 月，他带着创业的梦想进入绍兴职业技术学院，开始了他的寻梦之旅。

大一时，他就毅然选择加入了系学生会实践部，"我喜欢与人打交道，我想有更多接触社会的机会，我想锻炼我自己"，这几句朴素的语言，是很多学生在选择加入学生组织时最纯真的动机，在之后两年的在校学习中却一直指引着他默默努力，奋力前行。拉赞助、谈合作，这些都为他日后创业积累了宝贵的经验。

"我想改变命运，所以我必须创业，我渴望成功。"2009 年，他开始了自己第一份真正意义上的创业，申请入驻学校大学生创业园，开展环保旅游洗漱套装的网上营销。2010 年 9 月，他代表学校以《环保旅游洗漱套装推广项目》参加绍兴市第一届大学生创业创意项目比赛并获得二等奖，得到市委市政府赞助金额 7000 元。这次成功，也让他进一步坚定了自己的创业信念，点燃了他的创业激情。

社会，追梦的熔炉。2011 年 7 月，他踏出了校门，在身边大部分同学在努力寻找份稳定的工作时，他却说服了自己的父母，毅然选择了自己的"创业梦"，和一群小伙伴们踏上了去杭州的创业旅程，到杭州下沙大学城发行一种集吃喝玩乐的优惠卡——一卡通，虽然期间很辛苦，结果也是以失败告终，但这并没有影响到他的创业"初心"，反而越挫越勇。在杭州创业的日子里，他无意间发现了一种饰品——软陶挂件，这种饰品在杭州大学生中很流行，但在绍兴却鲜为人知，他意识到这就是一种商机，很快他就从失败的阴影中走了出来，转而又回到绍兴，这个他梦开始的地方，一边卖饰品，一边继续推广一卡通，慢慢地凭着自己坚强的毅力，敏锐的商业嗅觉，打开了绍兴的市场，积累了创业的原始资本。

在社会上摸爬滚打一年多后，随着社会阅历的不断提升，朋友圈的不断扩展，2012 年，他再次选择回到母校，在老师们的关心和帮助下，同意他借用学校大学生创业园的源支持他自主创业，同年他在学校大学生创业园还开办了校内第一家眼镜店，并承接了快递、车票购买等多项业务，他的创业人生也在经历了风雨后迈出了坚实的一步。

一鸣，圆梦的归宿。2012 年底，虽然他在经历了一年半的努力后，月收入已过万，这在当时很多人眼里他已是"创业明星"，但他却清醒地认识到目前的情况并不是他理想的创业状态。用他自己的话说，革命尚未成功，还要去寻找最适合自己创业的领域。就在他苦苦寻找创业项目的时候，一个偶然的机会，他接触到了"一鸣真鲜奶吧"，这在当时的绍兴也还鲜为人知。但他敏锐的商业嗅觉，再次告诉他机会来了。2013 年上半年，足足半年时间，他考察企业，走访加盟店，最后他坚定了自己作为一个温州人要与这个"温州品牌"合作的决心。

在他百折不挠的努力下，2013 年 9 月绍兴高校第一家"一鸣真鲜奶吧"在绍兴职业技术学院正式开业。2014 年 6 月，昌安店开业，同年 10 月，袍江店开业。2015 年 11 月还有一家新店开业。短短两年的时间，他一下子跃然成为了绍兴"一鸣真鲜奶吧"界的新贵，大学生自主创业的明星。回首他的创业经历，正是温州人"敢为人先"的精神成就了他，成就了他的"牛人"事业。

创业者点评

黄鹏程的创业过程也并非一帆风顺，特别是在创业初期，随时会遭受各种风险。黄鹏程遭遇的第一个危机就是资金风险，资金风险在创业初期会一直伴随在创业者的身边，是否有足够的资金创办企业是创业者遇到的第一个问题，公司创办起来后，就必须考虑是否有足够的资金支持企业的日常运作。对于初创企业来说，如果连续几个月入不敷出或者因为其他原因导致公司的现金流中断，都会给企业带来极大的威胁。相当多的初创公司会在创办初期因资金紧缺而严重影响业务的拓展，甚至因错失商机，而不得不关门大吉。遇到的第二个问题就是管理的风险，创业失败者，基本上都是管理方面出了问题，其中包括：决策随意、信息不通、理念不清、患得患失、用人不当、忽视创新急功近利、盲目跟风、意志薄弱等。特别是大学生创业者由于知识单一、经验不足、资金实力和心理素质明显不足，更会增加在管理上的风险。第三个问题就是市场的风险厂的客户大多是经销商，利润太低，而且诚信度偏低，优质客户太少，销售渠道狭窄导致有订单却没钱赚。

在开始创业投资前，要制订一个很好的创业计划。计划里要针对自己，针对市场做一个周密分析，知道自己适合做什么。整理一下有哪些可以利用的社会关系；估计一下资金如何运转；再了解一下市场的需求以及同行业中的创业成功或者失败案例。只有你准备充分了，才能以最快的速度赚到钱。黄鹏程正是在不断的经验积累中对市场进行分析，合理运用资金，完善人脉，最终化解了一次次的风险，走向成功。

5. 创业案例解剖——黄海龙

创业者：黄海龙

毕业学校：绍兴职业技术学院

创业载体：网络科技

创业年限：2年

创业实践结晶

创业需要强大的执行力和抗风险力。

——黄海龙

黄海龙，男，浙江东阳人，绍兴职业技术学院经贸管理学院2015届电子商务专业毕业生，现任东阳市白云紫映电子商务商行总经理。开设速卖通店铺自主创业，主营丝巾、围巾等产品。现店铺日均销售200多单另设2家分店铺，月销售额30万～40万元，月收入4万元。

眼光——看准B2B商机从大二开始独立创业。他出身于普通家庭，父母打工，但他不习惯上下班的生活方式，想趁着年轻，努力奋斗，创造属于自己的财富，从而萌发了创业的想法。在校期间加入学校"易越天下"电子商务工作室，得到相关创业导师的专业指导。店铺于2014年双十一期间单日成交4万美金。未来计划着重发展速卖通和阿里巴巴批发网站店铺的建设，树立自己的品牌，与更多的天猫卖家与C店、速卖通卖家合作与发展，扩大团队人数。

2013年5月，和很多电子商务专业同学一样，在实习和创业之间徘徊的他，偶然接触到了速卖通平台。他意识到，对于电商平台，越早做越好，重在客户的积累和营销方式的创新，就注册了账户，开始了自己大三实习期的创业历程。黄海龙从卖质量轻的货值低的较为容易出单的饰品起步，但在校期间的淘宝失败经历迅速让他转变了思维，从货源地方特色和关键词的搜索热度等角度出发，最终确定了自己专注的速卖通产品：丝巾与围巾。

在开设店铺一个星期后，黄海龙接到了第一个来自西班牙客户的订单，当时的他兴奋得一个晚上没有睡觉。但后续的低流量、低询盘又迫使他不得不静下心来利用专业的知识分析探索店铺的发展。渐渐地，他发现了关键词的重要性，于是当上传完120个宝贝时，他尝试着开始优化标题，接着尝试产品的关联营销，利用关联产品来让引流的产品进行二次点击，三次点击，让卖起来的产品带动没有流量没有曝光的产品。不断研究上传宝贝的时间，在平台浏览量最高的时候上传宝贝，以增加宝贝的曝光几率。

通过几个月的努力，黄海龙的速卖通店铺一直保持着日均20个订单左右的销量月销售额在2500美金左右，店铺的进一步发展遇到了相应的瓶颈。当时家里网速不够，上传产品很慢，他就跑到网吧去上传产品，有时候经常会通宵上传产品，但是在发布了大量宝贝后又遇到了产品管理问题，下架重新编辑，标注货号，制作表格是唯一的办法，虽然浪费了大量的时间，但店铺的运营效率得到了大幅度的提升。创业初期生活很艰苦，但是对于速卖通的热情，依旧不能阻止他前进的脚步。也正是那段日子，让他结交了很多一起奋斗的朋友。

态度——积极探索与学习。转折点是 2014 年 8 月 19 日的一次平台促销，当时的他抱着试一试的心态去报名了那次活动，而效果却出乎意料，日订单一下子从 30 几个跃升到了过 100 个，虽然随之而来的物流压力让其手忙脚乱。但是，内心的激动溢于言表，之后的几天，店铺的业绩也一下子因为这次平台活动更上了一个台阶。

随着平台活动的推广，黄海龙店铺的围巾类目销量很好，其中两款产品甚至登上了总销量的首页。在 2014 年双 11 当天，店铺半个小时就突破了 2000 单，因为国际时差的问题，晚上 11 点半不到，店铺所报名的 4800 条围巾就已经全部售空。为了不错失客户店铺当时就又追加了 4800 条围巾。通宵达旦，直到第二天下午，黄海龙还是激动不已毫无睡意。由于订单太多，根本来不及打包，而且因为产品属性等原因，没有办法打印配货单，只能盯着电脑打单，整整打了 2 个星期，店铺才把货物发送到正常状态。回头一算，当天的交易额就达到了 4 万美金，而后的日订单也超过 400 单。

当然，由于订单太多，期间也出现过一些订单地址错误等问题，为其带来了一定的损失。有一次，有一个客户的订单遗失后，客户在没有任何提醒的情况下，投诉了黄海龙的店铺。这直接导致了店铺问题逾期未处理店铺被平台关闭了整整 7 天，直接造成了几万元的直接损失。

理想——开创 90 后品牌。发展至今，黄海龙已经开通并成功运营了一家速卖通店铺，一家淘宝店铺和一家 1688 店铺。也因为店铺围巾的销量较好，父母转行开始做围巾。自己开始有了厂家的优势，货源的优势，运营的店铺得到了快速的成长。虽然旺季已过，但是订单量还是可以稳定在 200 单左右一天。如今的他不仅仅专注围巾，丝巾等单一产品，也开始尝试销售打底裤等多种商品，虽然很多产品都已经做到首页，自己也开始慢慢熟练店铺运营方面的操作，但是他清楚地知道电商行业发展迅速，以后的路还很长，需要学习的还有很多，也明白一家店铺不只是靠运营就能生存下去，还需要高质量的服务，高质量的产品，高质量的图片，持之以恒。

对于未来发展，黄海龙说："希望做一个属于 90 后的围巾品牌。"根据黄海龙的规划，他希望创立自己的品牌，并将之推向全国市场，在围巾市场站稳脚跟，并拥有一大批稳定的客户群。而在品牌发展规划上，他将通过科学的管理知识来优化供应链。"赚钱只是我创业的其中一个目标，对我而言，创业的另外一个目标是去影响别人，让人们不再站在昂贵的橱窗外面惆怅，而是轻松、简单地就可以获得自己想要的。我希望每个人都能幸福。"

创业者点评

市场经济条件下创业总是有风险的，不敢承担风险就难以求得发展。但是，如何对风险实施有效的管理，在获得高收益的同时把风险降到最低限度，这对初创企业来说至关重要。因此，正确地认识创业风险，合理地管理创业风险是每一个创业者的必修课程。

6. 创业案例解剖——董文达

创业者：董文达

毕业学校：绍兴职业技术学院

创业载体：网络科技

创业公司：杭州渡河之众科技有限公司

董文达，男，浙江温州人，绍兴职业技术学院范蠡商学院2020届商务英语专业毕业生。现任杭州渡河之众科技有限公司总经理、执行董事。

2017年进入我校商务英语专业学习。在校期间，他以专业为依托，在电商专业群教学团队指导下跨专业学习，努力提升自身"精语言、懂商务、通数智"的综合技能，成立"创优享"工作室，入驻学校范蠡创业园。他把创业作为专业学习的实践检验和延伸拓展，入选学校第六期卓越人才培养班学员。2019年，他领衔的创业项目获得了浙江省"挑战杯"大学生创业计划大赛一等奖，并获得40万元天使轮投资。2020年毕业后，他创立了全国首家退役军人创业园，担任杭州退役军人就业创业基地负责人，被推举为浙江省区域经济促进会青创会秘书长，荣获"浙商年度之星"。

自毕业以来，董文达校友始终怀着对母校深切的眷恋和挚爱，一直与母校保持紧密合作关系。他先后与学校电子商务专业和跨境电子商务专业合作开展Shopee跨境电商创新创业实战项目、TIKTOK直播实战项目，参与指导由学校商务英语、跨境电商等专业学生组成的参赛团队在全国大学生"三创"挑战赛跨境电商实战赛中斩获国赛特等奖、一等奖等佳绩。

来自温州的董文达，曾在新疆某部队服役。在他身上，有温州人白手起家的创业基因，还有军人的那份执着。2017年退役后，他进入绍兴职业技术学院就读商务英语专业。他说，是学校浓郁的"双创"氛围，激活了自己的"创业细胞"。当年年底，他经市场调研并获企业专利授权，成立优享工作室，入驻学校范蠡创业园，线下销售自动烘干衣架，掘得了创业的"第一桶金"。

2018年5月，董文达为创业联盟成员翻译产品资料室时，首次接触到Shopee平台。这家面向东南亚国家6亿人口的电商平台，对于国内跨境卖家来说，将是一片电商蓝海，是一片等待被开采的沃土。董文达随即报名参加了Shopee和另一家跨境电商平台Lazada的线下招商大会，并和优享工作室成员一起，立马开设Shopee和Lazada店铺。仅3个月时间，设立的6家Shopee店铺月销售额突破5万元人民币，累计粉丝超过1.2万。到2019年2月，优享工作室成员超过18人，累计上线新产品3万余件，涉及上百个类目，并与蜂鸟公司签约合作，实现东南亚电商平台仓配一体系统的运行。他们还开设Shopee代运营业务，代运营Shopee店铺16家、Lazada店铺18家。2018年"双11"，代运营店铺销售额超90万元，单品销售额超3亿印尼盾（约14.5万元人民币）。此时，董文达的创业项目还获得40万元天使轮投资。

2019年3月，董文达受邀参加Lazada七周年卖家大会时了解到，国内跨境卖家面对东南亚市场，存在着许多"痛点"，如平台选择困难、商品刊登麻烦、订单处理不及时、仓储管理压力大、跨境电商人才匮乏等等。于是，他根据Shopee平台规则，从平台介绍、平台规则解读、基础操作、物流指引、选品推荐、运营技巧等方面，编写了10节课程教材。他认为，这既是对自己与团队摸索形成的解决方案的梳理，更可以为国内跨境卖家提供服务，帮助卖家解决跨境电商运营上的"痛点"。2019年5月，董文达带着课程教材，受邀参加Shopee官方讲师选拔，赴Shopee上海总部试讲，获Shopee平台10位高管一致好评，全票通过他为国内首位Shopee平台官方培训讲师。董文达同学现已受聘为Shopee官方认证培训机构——杭州壹堂课信息科技有限公司培训讲师。他个人的名片出现在了东南亚国家达2亿人使用的APP首页，主讲的跨境电商实操课，课酬达2万元RMB/天。"其实，不仅这些课程的编写是在学校老师的指导下完成的，我所学到的跨境电商专业知识、对东南亚市场的了解，都离不开专业教师和创业导师的指导和帮助，让我能够发挥自己所学专业之长，在创业路上迈出了坚实的第一步！"他说，今天的大学生已错过了十年前中国电商蓬勃发展的机遇，现今的东南亚跨境电商快速兴起、发展，希望有更多的同道者实现自己的创业梦想。

2020年，董文达先后创办了鲸岛（杭州）科技有限公司、绍兴豹单网络科技有限公司、义乌豹单网络科技有限公司、浙江衣身衣事科技发展有限公司和杭州渡河之众科技有限公司，致力于帮助更多的中国企业将大量产品和品牌文化输出到东南亚国家。此外，他还被推举为浙江省区域经济促进会青创会秘书长，杭州市退役军人就业创业基地负责人。

2022年，他打造的新兴跨境电商SaaS平台"渡河之众"作为浙江跨境电商产业联盟副主任单位，先后在英国、越南、泰国、马来西亚、菲律宾、印尼、美国开设多家分公司。2023年，他专注于品牌出海，先后创建了Tpartner行李箱品牌、Yoole小家电品牌、Civago水杯品牌、Energy Echo功能饮料品牌等，年销售额超过6000万美元。

2024年10月18日，中央电视台财经频道"经济半小时"栏目以《服务贸易循"新"出发，"买卖全球"更畅通》为题采访报道我校范蠡商学院2020届毕业生董文达的创业故事，介绍他创办的新兴跨境电商SaaS平台"渡河之众"通过培养海外带货主播、达人，为海内外企业提供跨境电商运营、品牌管理、供应链、营销创作和财务分析等一揽子服务，为中国品牌"出海"赋能，助力"买卖全球"更通畅。

二、绍兴职业技术学院优秀创业者榜单

1. 洪春跃——2003届应用电子技术专业毕业生

在校期间一直担任班长，荣获过学院"英语演讲比赛第二名""优秀学生干部""二等奖学金"和"浙江省优秀毕业生"等荣誉。

2002年加入中国共产党。

2005年进入阿里巴巴公司工作，后经过多次晋升曾任集团业务营销部门区域经理。

2012年创办杭州网迷科技有限公司，主要从事电子商务服务的技术开发、电子商务系统集成服务、企业管理咨询、市场营销策划、企业转型升级服务、跨境电商服务，是中国领先的电子商务一站式解决方案服务提供商，阿里巴巴认证运营服务商、中国产业集群（专业市场）产业升级示范基地、中国产业带指定频道运营服务商、中国民营经济研究所合作单位、浙江省电子商务促进会常务理事单位、浙江省电子商务人才实训单位杭州电子商务服务联盟理事长单位。公司目前规模150多名员工。

2. 谢钦岳——2003届机电一体化技术专业毕业生

在校期间，曾先后担任班长、院学生会部长职务，荣获过"优秀班干部""优秀学生干部""优秀毕学生"等荣誉。

2002年11月加入中国共产党。

毕业后，2004年在浙江化纤联合集团工作。

2005年5月在浙江义乌立了义乌博大工艺销售公司，从事产品对外出口销售和服务。公司主要经营铁、竹制等工艺品，主要出口伊朗、巴基斯坦、印度等中东国家，年销售额在400万元左右。随着市场的需求，产品也在不断地开发和更新，更是得到了许多国外客商的一致认可，及时了解国内外新产品的发展趋势，企业2008年主打塑料工艺产品，年销售额突破800万元，到2012年销售额已突破2000万元。现主要销往土耳其、阿尔及利亚、巴西、葡萄牙、苏丹、韩国、马来西亚等20多个国家和地区。

3. 卜佳——2003届电子商务专业毕业生

2011年11月，筹划成立"几米布头"童装淘宝店，首月销售额达20万元。2012年9月，淘宝店铺信誉达到五钻。全年销售额达100万元，现拥有200平方米仓库，并建立起了一套高效有序的工作团队。

4. 孟小荣——2004届会计电算化专业毕业生

在校期间担任班长，院学生会学习部部长，学院创业者协会主要负责人，曾获"绍兴职业技术学院优秀毕业生"，"绍兴职业技术学院优秀学生干部2001级年级十佳青年""绍兴职业技术学院一等奖学金"的荣誉，在校期间加入中国共产党。

2011年6月，创办绍兴智诚财务咨询有限公司，是一家专门为中小企业代理注册公司、企业年检、代理记账、单证申报、出口退税申报、税收筹划、财务咨询、会计实践操作培训等相关财税业务的专业财税服务机构。

公司目前代理维护近百家企业客户，共有专职员工10人、兼职人员2人与绍兴柯桥依米书院、浙江通达税务师事务所、绍兴东方税务师事务所建立了长期合作伙伴关系，年业务量在150万元以上。

5. 陈云霞——2005届会计电算化专业毕业生

在校期间担任班级团支书、体育委员。

2008年创办绍兴市圣宝食品有限公司，以绍兴地区食品经销、代理为主营业务，主要有春光、乌江、博大、红飞、上口心、乡巴佬、甘源、玛氏、乡下香等36个品牌，涉及400多种商品，商品已进入绍兴地区各大商场、卖场、连锁超市以及余姚、湖州等地，年销售额在2500万元以上。

6. 张溪——2008届电子商务专业毕业生

在校期间担任班长，院宣传部部长．曾获"绍兴市优秀毕业生"，"绍兴职业技术学院二等奖学金"、"优秀部长"等荣誉，在校期间加入中国共产党。

2008年，在慈溪创办启维教育培训机构。

2010年，在宁波江东成立启维国际留学机构。

2012年9月，注册资金100万元成立宁波书涵教育科技有限公司。

公司以书涵教育为旗号，下设书涵学院，启维·国际留学，BOOK熊学前教育三大板块，近几年拟在海曙、鄞州、江北等区开设分校。

目前，公司共有 12 名专职员工，9 名兼职员工，已输送学生出国 50 余人，在校培训学生累计多达 500 多余人。每年创收 100 万元以上。

7. 张越——2008 届计算机网络技术专业毕业生

张越是著名 IT 资讯网站 cnBeta.com 的创始人和负责人，负责网站日常运营的同时兼任内容主编工作。

2008 年 3 月张越率领 cnBeta 团队加入微软中文技术论坛联盟，成为微软技术论坛的联盟网站。

2008 年 8 月，张越被网易科技评为"2008 中国互联网领袖"扑克牌人物。

根据 IT 网站访问数据显示，cnBeta.COM 历年排名都在全国十大 IT 网站之列，以第三方机构艾瑞 2013 年最新垂直 IT 网站访问数据显示，cBetaCOM 网站月度有效浏览时间 214 万小时，日均用户覆盖数 92 万，全行业分列第三和第十，在科技业界极具影响力。最值得注意的是，cnBeta.COM 内容之后的网友互动相当热烈，网站的内容备受欢迎的同时，也是国内最为热门的科技资讯社区。

8. 张良斌——2008 届国际贸易实务专业毕业生

在校期间曾任经贸管理学院（原经济管理系）体育部副部长。在校期间曾获校级优秀毕业生、校级优秀学生干部、绍兴大学生运动会篮球赛第一名、SYB 创业培训班优秀毕业生。在校期间加入中国共产党。

2009 年经过短短一年时间从一名德意橱柜萧山专卖店业务员成长为德意橱柜萧山区业务主管，2011 年由于工作表现出色被提拔为德意橱柜滨江、杭州佳好佳下沙直营店门店经理，同年，兼职德意集团员工培训兼职讲师，2012 年任职德意橱柜杭州、上海直营公司业务部经理、营销总监，2013 年升职为德意橱柜全国零售营运督导部经理在德意期间被评为德意橱柜杭州直营分公司优秀员工、德意橱柜杭州直营分公司优秀主管、德意集团管理创新奖、德意集团营销创新奖、德意集团优秀党员、萧山经济技术开发区优秀党员。

2012 年创办杭州市斌业橱柜，现为德意丽博橱柜杭州、余杭区总代理德意电器杭州区一级代理。创业短短一年时间，已实现年销售额近 3000 万元，位居全国德意丽博橱柜销售量第一。旗下拥有杭州江干区西湖区、下沙、临平 4 家德意丽博橱柜旗舰店有员工近 40 余人。现企业正快速扩张并成功抢占了杭州高端橱柜市场，成为高端建材联盟协会副会长单位。

9. 陈建——2008 届电脑艺术设计专业毕业生

党员，在校期间担任系学生会主席，绍兴市优秀青年志愿者，毕业后从事民间借贷行业，创办中盛理财、政企动力等品牌企业，主要经营股票、期货配资。2014 年达到了 10 家分公司，2013 年第三季度营业额 90 万元以上。

10. 何家亮——2009 届动漫设计与制作专业毕业生

党员，在校期间担任系团总支副书记，大三那一年选择了留在学校实习，毕业之后选择了婚庆这个行业。2010 年的 7 月 27 日成立了杭州喜嫁潇湘婚礼庆典服务有限公司。该公司以创意婚礼为特色，在杭州打下了一片天地，现在年营业额 200 多万元。

项目六　激发创业梦想　投身创业实践

11. 谢飞——2009届商务英语专业毕业生

在校期间担任院学生会体育部部长，热爱体育运动，积极参加各级各类体育赛事曾获"校运动会200米第一名"，"绍兴市第三届大学生跆拳道锦标赛2枚金牌"等荣誉在校期间成为校"长空"跆拳道社社员。2007年3月，被绍兴当时最大的"武杰"跆拳道馆聘请为实习教练，2007年底完成了跆拳道黑带教练资格认证，并成为了绍兴"武杰"跆拳道馆的聘任主教练。

2008年3月，在绍兴袍江开办第一家"龙尚"跆拳道馆；同年6月，第二家跆拳道馆在绍兴县马山镇开办；2010年5月，在家乡萧山开办第三家跆拳道馆。截至2013年4月，三家跆拳道馆共有学员1000余人，总资产超200万元，年均收入达50余万元。《浙江日报》、《绍兴晚报》和《绍兴县报》对其创业事迹进行跟踪采访和深入报道，中国日报网、网易网、杭州网等多家网络媒体进行转载，绍兴电视台新闻综合频道《记录绍兴》栏目作了专题报道。

12. 舒宁——2009届机电一体化技术专业毕业生

在校期间曾担任班级宣传委员，荣获过学院"优秀团员"等荣誉毕业后，继承父辈创办的浙江美虹工贸有限公司，开始"二次创业"的道路。公司经多年发展，现已形成开发、研制、生产、销售、服务为一体的防盗门生产型企业，占地2万平方米、员工200多人、固定资产在1亿元左右。

13. 王佩——2009届国际贸易实务专业毕业生

2010年2月在宁波注册了宁波海曙塞威亚投资咨询有限公司，注册资金10万元公司以离岸公司注册，签证代理的为主要经营项目。目前，公司共有10余名专职员工，年创收20万~30万元。

14. 孙泽民——2010届机电一体化技术专业毕业生

在校期间．曾担任班级班长、副班长等职务．荣获过学院"优秀学生干部"、"优秀团员"等荣誉。

毕业后，先后考取杭州市萧山区村官，曾在浙江金鹭集团有限公司担任董事长秘书和杭州梅苏特科技有限公司担任常务副总。2013年9月，和朋友共同投资600万元，创办杭州锋岛网络科技有限公司，是华东地区"赶集网"、"58同城"总代理。

15. 盛俊芳——2010届机电一体化技术专业毕业生

在校期间，曾担任班级副班长、系学生会女生部部长等职务，荣获过学院"优秀学生干部""二等奖奖学金"等荣誉。2009年11月加入中国共产党。

毕业后，在义乌国际商贸城开始自主创业，经营"盛开皮具"店铺，主营女士钱包、男士钱包、手拿包等，产品都以外贸为主，前几年年经营额都在600万元以上，现在和巴西、非洲几个贸易公司长期合作，2013年买下经营的店铺。

16. 周磊——2010届机电一体化专业毕业生

在校期间．曾担任班级体育委员、系学生会体育部部长、足球队队长等职务，荣获过学院"优秀学生干部""最佳球员"等荣誉。2008年11月加入中国共产党。毕业后自主创业，创办余姚市河姆渡甬发五金制品厂，主营刀具类原材料。年产值1500万元以上。

17. 萧俊——2010届电子商务专业毕业生

2009年4月，与朋友合资成立杭州风讯文化传播有限公司。

2010年公司引进并独立运营创新模式的电子商务项目——buyco校园买客网，致力于打造一个面向大学生的集购物消费、消费分享、产品设计推介、产品订制、商品评价、二手产品拍卖、团购、促销、商务交流等为一体的大学生电子商务平台。

目前，公司共有员工15人，已与杭州宁波等地二十余所高校建立了合作伙伴关系，年均销售额达150万元，被《钱江晚报》《每日商报》等多家媒体报道。

18. 刘辅凡——2011届会计电算化专业毕业生

在校期间担任班长，院党员之家主任，曾获"院优秀学生干部"等荣誉，在校期间加入中国共产党。

2010年7月22日开设的淘宝店"Miss.二小姐的网店"成交了第一笔单子。

2012年10月告别了单打独斗的日子，建立起自己的团队。仅2012年"双十二"一天，销售宝贝数达1473个。

2013年店铺信誉达到双皇冠，年均销售额达150万元以上。

19. 陆彬彬——2011届应用电子技术专业毕业生

在校期间，曾担任班级体育委员，多次参加全院运动会，并刷新了第十届院田径运动会男子3000米纪录。

在校时开始自主开发感应相册，并成功申请了实用新型专利。毕业后，继续研发产品，身兼设计、生产、制作、销售等职务，本产品现已在淘宝网上进行销售，销量可观。

20. 苏渊慈——2012届金融管理与服务专业毕业生

在校期间担任班级心理委员，校足球社社长，带领足球队获校足球赛冠军。

2011年5月，在家乡永嘉"中国泵阀之乡"合资创办永嘉活泉泵业有限公司。公司定位为集科研开发、设计咨询、生产销售为一体的化工泵、排污泵、液下泵、自吸泵、管道离心泵专业生产型企业。经过两年用心的经营，公司年均销售额达千万，并拥有10大系列40种产品1000多种规格型号的水泵和阀门。

2013年4月公司建立了自己的网站，并通过阿里巴巴等电商平台拓宽销售渠道。

21. 朱佳峰——2012届金融管理与服务专业毕业生

在校期间，担任班级心理委员，曾获"绍兴市优秀毕业生"，"2010年浙江省大学生运动会优秀运动员"等荣誉。在校期间加入中国共产党。

2012年合资创办海宁奥斐尼皮革制衣厂。2012年，创办海宁市米路服饰有限公司2013年创办海宁市风行设计工作室，并注册了潮江南（TM）爱奇马（TM）两个自主品牌。

公司现经营主体为一家淘宝天猫店铺，一家拍拍网商城店铺，一家阿里巴巴直营店铺和三家淘宝网集市店铺，共有职员12人，年销售额达400万元。

22. 王国放——2012届计算机网络技术专业毕业生

王国放同学学业成绩优秀，专业突出。在校期间积极参加各项活动，曾获得金牌主持人冠军，浙江省数学建模竞赛三等奖，浙江省第七届大学生程序设计竞赛二等奖，绍兴市第四届大学生计算机技能竞赛三等奖，浙江省第八届ACM竞赛银奖。

项目六　激发创业梦想　投身创业实践

在校期间积极参加创业规划大赛,他说"对于我来说,成为一名信息技术商人是我一生的梦,而且为了这个梦想我会持之以恒的去努力争取。"

2012 年毕业后在绍兴一家网络公司做网站建设工作,月薪 5000 多,作为一名打工者,薪资的上升空间很有限。2012 年在合肥开了一家网络公司,2013 年在温州开了一家网络公司。其公司主要开展网站建设,软件开发,前端、APP 定制等业务。目前年收入 30 万左右。

23. 丁海江——2012 届机电一体化专业毕业生

在校期间,曾担任系党员之家主任、院舞狮队队长、班长等职务,荣获过学院"优秀团干""三好学生""国家励志奖学金"等荣誉。2010 年 11 月加入中国共产党。

毕业后,就职于杭州张富机械厂。2013 年 3 月自主创业,创办杭州协科机械有限公司,主要经营联轴器、减速机、升降机等产品,远销国外,年产值在 400 万元以上。

24. 赵棋彬——2013 届应用电子技术毕业生

在校期间,曾获过"国家励志奖学金""一等奖学金""优秀三好学生"等荣誉,多次参加电子设计竞赛,在全国电子设计大赛(浙江赛区)中获二等奖、浙江省大学生电子设计大赛中获三等奖。2012 年 5 月加入中国共产党。

2012 年年底自主创业,创办瑞安市君盟光电有限公司,主要生产 LEID 厨卫灯,产品主要销往国内内蒙古,湖北,合肥,武汉,苏州等一些大中城市,月销量保持在 3 万元以上。毕业后,积极开拓国外市场,尤其是印度、越南、律宾、马来西亚等国家,在短短的 2 个月时间里,得到 300 多万元的订单实现了创业的起步。

25. 张伦斌——2013 届涉外事务管理专业毕业生

2013 年创办宁波维兹咖啡烘焙有限公司,主营门店 Wiz Coffee Roaster 是一家以咖啡、咖啡豆烘焙、咖啡师技能培训为主的独立咖啡馆。

2013 年被宁波微博传媒推荐为宁波最值得去的 19 家咖啡馆之一,并刊登在宁波当地的知名杂志《阿拉旅游》4 月刊和宁波唯一的外语杂志 *Ningbo Guid* 之上。开业以来,业绩稳步上升,日营业额在 2000 元左右。

26. 陈秀共——2013 届计算机辅助设计与制造专业毕业生

在校期间曾担任 11 计辅 2 班班主任助理,受到班主任和学生的一致好评。

2013 年年初,赴广西南宁市自主创业创办母婴生活馆,主营国内外母婴生活用品和预包装食品。目前,已成功开出三家连锁店,年营业额在 300 万左右。

27. 王廷献——2013 届机电一体化专业毕业生

在校期间曾担任学院团委组织部部长,多次获得"优秀学生干部"荣誉称号。

2010 年与朋友合伙成立"温州耀辉玩具有限公司"。

2013 年 5 月在义乌小商品城成立外贸门市部,同年 6 月进军淘宝市场。7 月成立互联网自主品牌"星之宝"拼搭积木,历经 3 个月,淘宝店铺成功冲到 5 钻,单款爆款排名第 4,C 店排名第一,成功将"以爱传递智慧"的品牌理念带入产品之中!

28. 胡凯迪——2014 届电子商务专业毕业生

在校期间表现良好,现为经贸管理学院"创业之星成长学院"校外师资。

2013 年 8 月在速卖通官网注册店铺"Within of Temptation",主营男女服装,至

2014 年 3 月店铺月销售额突破 4000 美元，从产品的上传、图片优化，店铺的推广，以及备货发货都亲力亲为，他的目标是在一年内店铺月销售额达到 15000 美元。

29. 李长军——2014 届计算机应用技术专业毕业生

在校期间对电子商务产生了浓厚的兴趣，在学校老师的鼓励下，2014 年毕业后开始创业。淘宝网作为平台，将梦想付诸实际行动。每天最少 7 点起，晚上 1 点钟睡，没有时间再去做其他事情，通过自己的不懈努力，现在有皇冠店铺，钻石店铺好几个。2015 年的双十一当天盈利近万元，季度盈利近 30 多万元，年盈利近百万元。

30. 谢陈州——2014 届软件技术专业毕业生

党员，在校期间担任分院实践部部长。在校期间就立志要闯出一番天地的他，不甘心平淡的生活。毕业后做过销售，开过淘宝店，最终和几个同学合伙创办杭州谐诚网络科技有限公司。公司主要跟各大的服饰类厂家合作，通过公司网络平台对厂家提供专业网店运营服务，帮助其完成最终销售。2015 年度公司总盈利近百万元。

31. 谢伟康——2015 届软件技术专业毕业生

在校期间担任信息工程学院学生会副主席，党员，被评为校级优秀毕业生。毕业后做过销售，后来在叔叔的带领下开始创业，目前在广西南宁和广西柳州分别开了熙美诚品林顿保罗等 3 家服装店三家店员工人数约 40 人，年销售额约 400 万元，预计利润达 200 万元左右。

32. 林翔——2015 届电子商务专业毕业生

2013 年 9 月，结合所学的电子商务专业在淘宝网开设店铺"贝斯特"男装。同年 10 月，依靠"E 越天下"工作室组建起了自己的运营团队。经过"双十一"牛刀小试，"双十二"当天店铺营业额突破 2 万元。截至 2014 年 5 月，店铺营业额达到 120 多万元，月纯利润达 2 万元，创业故事被《绍兴日报》予以报道。

2014 年荣获绍兴市创业大赛一等奖，浙江省职业生涯规划大赛二等奖等多项殊荣。

2015 年 1 月，组建自己的创业团队并注册容泰网络科技有限公司，是绍兴唯一一家京东官方认证服务商，一年时间运营 4 家天猫店、3 家京东店，一年店铺总体销售额达 1000 多万元，其中变压器品类京东第一，天猫前三，获多数客户好评。

33. 张涛——2015 届计算机信息管理专业毕业生

在校期间担任 12 计信 1 班班长、优秀学生干部。实习期间在杭州一家电子商务工作上班，毕业后自己开始淘宝创业。开设了"缘瑞玉器包装"店铺，主要经营玉器类的包装，2015 年度营业额达到 20 余万元。

能力训练

1. 影响创业的因素有哪些？
2. 创业之前应做哪些准备工作？
3. 创业之前需要考虑哪些问题？
4. 私营合伙企业的优势与劣势有哪些？各写出三条。
5. 为什么要慎重选择合作伙伴，简述 50 字。

项目七 适应职场环境 转变职业角色

 篇首导言

当大学生活的篇章缓缓落下帷幕，每一位毕业生都即将开启职业生涯的新篇章。走进职场，不仅是从学术殿堂步入社会大熔炉的一步，更是个人角色、责任与身份的一次深刻转变。在这里，你将不再是课堂上的学生，而是成为企业中的专业人士，团队中的一员，以及自己职业生涯的主导者。

职场环境充满挑战，也蕴藏着无限可能。它要求你快速适应新的角色，学会独立思考，培养专业技能，同时也需要你具备团队协作精神和良好的沟通能力。在这里，你的每一个决策、每一次行动都将直接影响到你的职业发展和团队的整体表现。

本篇将引导你如何顺利地走进职场，如何在职场中实现角色的转变，帮助你在职场中快速成长，实现自我超越。

 学习目标

通过本项目的学习，在知识、技能、素养三个层面应达到如下目标。

知识目标
1. 了解学生角色与职业角色的区别。
2. 了解转换角色的重要性。

技能目标
1. 学会建立和谐的人际关系。
2. 学会转换自己的角色定位。

素养目标
1. 培养角色转换意识。
2. 能够多方面地看待问题。

 经典语录

适者生存。

——查尔斯·达尔文

我这个人走得很慢，但是我从不后退。

——亚伯拉罕·林肯

凡是自强不息者，最终都会成功。

——歌德

沉浸于现实的忙碌之中，没有时间和精力思念过去，成功也就不会太远了。——雷音

案例引导

约翰大学毕业后进入一家出版社担任编辑。约翰的文笔出色，工作认真，赢得了领导和同事的一致好评。不过，出版社提供给新员工的薪水比较低。工作了一段时间后，有的新员工开始抱怨："原以为进了这家出版社能拿到很好的薪水和福利，没想到薪水那么少！更气愤的是，都快一年了，社里都没有给我们涨工资的意思。"

不过，约翰并没有参与到这种私下里的抱怨之中。他只是埋头苦干，任劳任怨，因此，有人就笑他傻，领那么点薪水，还那么卖命地去工作。对此，他每次都只是微微一笑，然后又勤奋地投入到工作中去。

当时，出版社正在进行一系列图书的编辑工作，每人都分配了不少任务，都忙得不可开交。然而，出版社领导并没有打算增加人手，所以编辑部的人经常会被派往发行部去帮忙。这样一来，不但新员工，就连老员工也开始出现不满情绪。结果，整个编辑部只有约翰乐意接受领导的指派。

有人偷偷地问约翰："你整天被指派来指派去，干那么多活，却领那么点薪水，你不觉得太亏了吗？要是我，早就不干了！"约翰哈哈一笑，然后回答说："愿意多付出，才更容易收获。我觉得多做事对我的成长很有好处。"两年以后，当初和约翰一起入社的员工，有的已经辞职，有的虽然还在编辑部，但薪酬仍然没有太大提升。而约翰的薪酬已经提升了 20 倍，并且成了某编辑室的负责人。

可以看到，与其抱怨，不如改变。当我们主动地多付出和多做分外之事时，就等于走上了职业发展的快车道。一些初入职场的毕业生对自己抱有很高的期望，认为自己一开始工作就应得到重用，薪酬俨然成了他们衡量成功的唯一标准。这种想法是不对的。刚毕业的大学生应当明白这个道理：现在的工作是为了获得更多的工作经验，当工作经验积累到一定程度时，升职加薪便水到渠成。

任务一 角 色 差 异

毕业生要尽快适应社会职业角色，首先要了解学生角色与职业角色的差异，其差异主要表现在如下几个方面：

一、社会角色不同

学生角色是受教育、储备知识、掌握本领、接受经济供给和资助、逐步完成自己学业

的过程，职业角色则是用自己掌握的本领，通过具体工作为社会付出，独立作业，具有一定的权利和义务，以自己的行为承担责任的过程。两者的区别表现在：

（一）社会责任不同

学生角色的主要责任是努力吸收知识，使自己在德、智、体等方面得到全面发展，责任履行得如何，主要与本人知识掌握的多少和能力培养的程度有关。而职业角色的责任是以特定的身份去履行自己的职责，依靠自己的本领或技能去工作，去服务社会，完成某个事项的过程。责任履行得如何，不仅影响到个人价值的实现，还会影响到单位、行业的声誉。

（二）社会规范不同

学生角色规范主要是从教育的角度出发，遵守学生规范，使之培养成为合格的人才。职业角色的规范则是社会提供的从业者的行为模式，因职业的不同而不同。这些规范既具体又严格，违背了就要承担一定的责任，甚至法律责任。

（三）社会权利不同

学生角色的权利主要是依法接受教育，并获得经济供给或资助。职业角色的权利则是依法行使职权，开展工作，并在履行义务的同时得到报酬。

二、人际关系不同

现代的人际关系，即人与人之间的相互交往关系，学习是学生的主要任务，能否学好科学文化知识，提高自身的素质和能力，主要取决于学生本身。竞争只是促进学习的手段，并未从根本上影响学生的利益，因此决定了学生的人际关系是比较简单的。成为职业者以后，竞争是不可避免的，谁能迅速转换角色，谁的影响力、素质高，谁就在竞争中取胜，并获得相应的收益，竞争的胜败关系到利益的分配，决定了职业者的人际关系是较为复杂的。

三、生活管理方式不同

学生的学习生活是一种社会活动，住的是学生公寓，若干人同一间宿舍，在集体食堂用餐。学校实行统一的生活作息制度，对学生提出统一的行为规范，违反了纪律还要受到处罚。在社会上，单位只在工作时间内对员工提出要求，其他时间主要由员工自行支配。在遵守国家法律、法规和社会公德的前提下，员工在生活上享有很大的自由度，没有严格统一的管理方式来约束

四、对社会认识的内容、途径不同

学生是受教育者，他们对社会的认识、了解主要来自于书本，来自于课堂的学习，认识的途径主要是间接的，认识的内容是理论性的。他们对社会的期望值很高，有完美的理想，充满着浪漫的色彩。职业者则通过亲身的实践加深对社会的认识、了解，认识的途径是直接的，认识的内容主要是实践性的、具体的，带有现实主义的理想与现实总是存在着一定的差距。有的毕业生走向社会后，习惯用在学校时的思维方式去认识社会，因此，遇到现实矛盾容易产生困惑、迷惘、彷徨，甚至失望，无法适应工作环境，难以转换角色；

而有的毕业生则能认识这一差距，通过艰苦的努力拼搏，最终实现了理想。

任务二　适应职业角色

个人在职业上的成功不仅仅取决于学历高低、能力强弱或综合条件的好坏，更重要的是能否与所处的职业环境相匹配，即所谓的"适者生存"。职业发展是一个不断适应职业环境的过程，需要个人主动调整自我，适应环境，以实现个人与职业环境的最佳融合。

职业发展是一个持续的适应过程，需要通过观察、认知、领悟、模仿、认同和内化等步骤，对职业实践、职业规范、职业环境和职业文化进行学习和实践，以实现对职业生活的主动适应（图7-1）。

图 7-1　职业发展

作为一名职业人士，其角色与学生角色有很大的不同，承担的职责和义务也有很大差异。角色转换不仅需要外部环境的影响，更需要大学生在思想意识和观念上进行自我调整，以快速获得角色资格并融入角色。这涉及到精神状态、工作作风、适应能力和心理感受等方面，真正融入工作环境。

对于大学生来说，在工作初期可能会遇到一些不适应的情况，这是正常的。重要的是要有正确的认识，转变意识，缩短适应期，避免因不适应而产生职业心理障碍，失去信心。

职业适应，亦称为工作适应，是指个体基于对职业的认知和实践经验，适应职业生活的发展与变化。这一过程涉及从业者进入职业角色，履行相应的职责，享有角色权利，并遵守职业规范。它主要涉及个体对工作环境、任务和活动适应，以及对自身行为和新工作需求的适应。

具体而言，职业适应是指个人在工作生活的环境中，根据职业工作的性质和外在要求，评估自身的身心状态，调整自己的职业行为，持续改善自己的观念、态度、习惯、行

项目七　适应职场环境　转变职业角色

为和能力结构，努力实现自我与经验的一致性。这包括对工作环境和职业行为规范的适应，对职业价值和生活意义的评估，以及对自身工作能力、状态和压力的体验和认知。

职业适应不只是对工作场景的简单反应，而是个人心理发展水平的综合体现。对于从大学校园步入职场的毕业生来说，他们需要经历一段或长或短的职业适应期。在初入职场时，毕业生如何快速适应工作环境，成功实现角色转换，并获得上司和同事的认可，为未来的职业发展打下坚实基础，是他们面临的挑战。

一、角色适应

角色适应就是对工作岗位的适应，即对所从事职业的地位、性质、职业的适应。

（一）认清自己的角色

制定一个合理的职业规划对于个人发展至关重要，这需要根据当前环境调整个人的期望和目标，并在职场中明确自己的角色定位。增强职业角色意识意味着要真实了解自己的能力和发展方向。

对于刚步入职场的大学生来说，重要的是要清楚地认识到自己的角色定位，明确工作职责、特点、方法以及社会对此角色的期望。这样，他们才能确定如何行动、需要完成什么任务以及如何有效地执行这些任务。

通常，用人单位会通过组织岗前培训来帮助新员工适应工作。除此之外，新员工还可以通过与上级领导沟通、向经验丰富的同事学习、阅读相关规章制度和岗位职责说明等方式，快速适应并熟悉自己的角色。

（二）增强独立意识

刚走上工作岗位的大学生应尽快从对大学生活的怀念中解脱出来，学生时代相对单纯、自由，学习生活上依赖教师和家长，工作后大学生要承担一定的社会责任，要在工作中独当一面，人们也开始把大学生作为一个独立的社会人来看待，这就要求大学生进一步增强独立意识。

（三）树立良好的第一印象

良好的职业形象是进入职业生涯的重要通行证。职业形象反映了社会和他人对一个人职业角色的总体看法和态度。它不仅代表了职业本身，也反映了从业者的素质和专业水平。而给人留下良好的第一印象，是构建职业形象的起点，在职业发展中扮演着关键角色。

大学生正值青春年华，普遍具备优秀的素质和教养，这为他们塑造积极的职业形象提供了坚实的基础。因此，理解良好职业形象的特点以及建立良好第一印象的重要性，对于大学生步入职场具有实际的指导意义。

第一印象作为职业形象的一个重要方面，在职业形象构建中占据着特殊的位置和作用。社会学和心理学的研究成果表明，第一印象具有显著的"思维定式效应""形象光环效应"和"先入为主效应"。在同事间的初次接触中，如果能够展现出整洁的形象、清晰的表达、高效的工作能力和善解人意的相处方式，就更容易被他人接受和认可，从而建立起和谐的工作关系。

因此，大学生要树立良好的职业形象，不仅要使自己的行为和修养符合良好职业形象的共同特征，还要注意树立良好的第一印象（图7-2）。

图7-2 职业形象

1. 良好职业形象的特征

良好的职业形象具有以下特征：

一是良好的职业运行机制，包括职业的性质和社会地位、职业的体制和运营方式、职业的道德规范和行为准则以及从业人员的选拔和培养等，这是由职业本身属性所决定的。

二是职业从业者的外在美。在相互没有详细了解的情况下，从业者的外在表现如服饰、发型、言语和举止等，往往给人一种很深的印象，外在美是树立良好职业形象的先决条件。

三是职业从业者的内在美，与外在美相比，内在美的境界更高，更能够持久地树立良好职业形象、和蔼的态度、谦逊的作风、务实的风格和诚实守信的为人，是内在美的主要表现。良好的职业形象是职业成功的重要条件，对处于职业起步阶段的大学毕业生而言，具有不可低估的重要作用。

2. 良好的第一印象的内容

第一印象通常体现在一个人的着装、仪态以及外在展现的品质上。因此，选择合适的服饰和适宜的行为举止不仅能展现个人魅力，还能体现对他人的尊重、对工作的热爱和对生活的态度。

（1）着装得体、仪表端庄：在正式交往之前，别人对你的第一印象往往来源于你的着装，因为穿着可以反映一个人的个性。为了给对方留下良好的第一印象，应力求服饰整洁、朴素。新员工初到工作单位时，应特别注意衣着和发型，保持整洁、清新的形象和端庄的仪表。

（2）举止得当：对于刚毕业的大学生来说，避免自视过高、傲慢自大至关重要。在同事面前应保持文明、大方的举止，自我介绍应简洁明了、实事求是，避免夸大其词或冒失莽撞。面对新问题、新情况，应虚心向经验丰富的同事学习，谦虚的态度有助于留下良好的第一印象，促进个人在业务和其他方面的成长。

（3）诚实守信：自觉遵守单位的作息时间和规章制度，诚实守信是赢得同事赞誉的基础。在单位中，守时、守信的美德同样重要。大学生在工作中的勤奋、守时，不仅是爱岗敬业的体现，也是尊重和团结同事的表现，能够赢得他人的信任和尊敬。

良好的第一印象是内在品质和技巧共同作用的结果。虽然它具有暂时性和表面性，但有助于大学生在职场中快速站稳脚跟，融入集体和社会，为工作的良好开端和顺利发展打下基础。当然，不应仅满足于第一印象，更不应通过伪装和掩饰来骗取他人的好感。正如"路遥知马力，日久见人心"，大学生应通过不懈的努力，以良好的内在品质、正直的为人和出色的工作表现，建立更高层次的、长期的、稳定的良好形象。

（四）促进角色转换

在过去，个人的职业岗位往往较为固定，许多人可能会从事首次选择的职业直至退休。然而，在社会主义市场经济体制下，社会角色的分配逐渐减少，职业流动性也随之增加。当个人发现自己在当前岗位上的发展受限时，可以选择转换职业，探索新的方向和成长路径。

不适应某个单位可能是由于个人原因，也可能是单位或领导的问题。然而，如果总是跟随他人、不断寻求更好的机会而忽视自我发展，这不仅对社会资源是一种浪费，也对个人的职业适应和发展极为不利。

二、心理适应

心理适应是指个体在面对新职业时，大脑对所接收到的各种信息进行处理的心理活动，包括感受、知觉、注意力、情绪、意志和性格等方面的适应过程。在这些心理活动中，情感的适应尤为关键。情感是人们对外界事物的心理反应，环境的变化要求当代青年调整自己的情感以适应新环境。如果对所从事的职业没有正确的理解和必要的情感投入，不仅难以热爱自己的工作，还可能产生失望情绪。

毕业生在职业适应期会经历一系列心理变化，包括"依恋性、畏缩性、自傲性、浮躁性"等心理感受，以及"兴奋期、冲突期、协调期、稳定期"等阶段。大学生通常具备较高的素质和较强的可塑性，在角色转换过程中，他们需要主动克服心理障碍。在主观上，他们应该以虚心、耐心和安心的态度对待工作和同事；在客观上，他们应该认真、细致地对待工作。从心理上主动进入职业角色，学习并适应职业角色，形成一种少评论、多观察、勤奋工作的风格。

（一）充满信心

毕业生在从小学到大学的求学过程中，一直在努力拼搏，进入社会后，更需要保持年轻人的活力和自信。要坚信，无论遇到什么困难，都不应感到畏惧，因为命运始终掌握在自己手中。尽管在职业生涯的初期，可能会犯一些错误，但只要能够从错误中学习，逐渐地，在同事和前辈的支持与指导下，个人的团队协作能力、独立工作能力和创新意识将得到培养和发展。

（二）热爱本职工作

热情是通往成功的关键，对工作的热爱是完成任务的内在动力，也是适应职业角色和实现个人成长的重要前提。对于当代青年来说，在就业之后，应该培养出对所从事行业的深厚情感，无论是哪一行，都应该全身心投入并深入钻研。拥有了这种热情，就能够无怨无悔地投入工作，全神贯注地追求卓越，从而在工作中找到乐趣和满足感。

（三）保持良好的心态

在从学校过渡到社会的阶段，人们难免会经历一些心理上的起伏，比如可能会因为环境的陌生感而感到孤独，或者因为条件的艰苦而感到沮丧，又或者因为单位内部人才众多而感到畏惧等，这些都是正常的心理反应，无需过度担忧。关键在于维持心态的稳定，避免让消极情绪主导自己的行为和决策。

（四）培养吃苦耐劳精神

专注于本职工作是成功过渡到职业角色的关键。一些大学生在开始工作几个月后仍难以安定心神，这对角色适应过程极为不利。对于毕业后精心挑选的第一份工作，要顺利实现角色转换，首先需要在心理上保持平静，学会自我调整，接受现状并适应它。毕业生应迅速从大学生活的状态中抽离出来，全身心投入到新的工作中，专注于完成手头的任务，将精力投入到有益的事务上。

避免挑剔和不满，要勇于面对挑战，展现出坚韧不拔和勤奋刻苦的精神，克服角色转换过程中遇到的困难。如果总是羡慕他人，频繁比较不同单位的同学在工资、待遇、职位和住房等方面的情况，就可能陷入心理失衡的误区。只有安心工作，才能取得事业上的成就。

乐于吃苦是角色转换的一个重要条件。作为新人，不应试图用自己的习惯去改变环境，而应该学会适应新环境，尽快融入企业文化和单位氛围。避免眼高手低，从小事做起，注重细节，学会适应艰苦和紧张但有序的基层生活。只有乐于吃苦，才能迅速适应工作，及时进入角色。

（五）积极参与工作

战胜消极情绪的关键在于迅速融入自己的"角色"，深入了解本职工作。熟悉工作的过程同样也是激发工作热情的过程。只有通过积极参与工作，才能逐步培养对自己职业的热爱。

同时，快速认识并了解周围的同事也非常重要。与同事建立良好的关系是宝贵的，因为感情是在相互交流中培养出来的。学会如何迅速与同事建立联系，使自己从一个"外来者"转变为团队中和谐、融洽的一部分，这是一项不可忽视的技能。

（六）乐于奉献

勇于承担工作责任、乐于奉献是实现角色转变的重要体现。大学生要成功过渡成为职业人士，必须首先学会"给予"，因为只有先付出，才能获得回报。将索取的心态转变为贡献的心态，是成为职业人士的关键一步。大学生初入职场，不应过分计较个人得失，而应牢记只有通过实际行动才能赢得地位，理解吃亏是福的道理。在奉献的过程中，不仅能够体验到成就带来的快乐，还能赢得领导和同事的信任与尊重，同时提升自己的工作能力和水平。

作为职业人士，应该思考自己能为单位带来什么价值，能为企业创造什么成果，而不是首先考虑单位或企业应该给予自己什么样的回报。这种以贡献为导向的心态，有助于个人在职业道路上不断进步和成长。

（七）学会忍耐

人生的道路从不会一帆风顺，每个人都可能会在事业和生活中遇到挫折，特别是对于刚步入职场的年轻人来说，由于缺乏实际工作经验，加上理想与现实之间的差距，他们可能会面临更多的挑战。在职场上，可能会遇到难以沟通的上司或不讲理的同事，也可能在生活条件和工作环境上遇到一些不如意的事情。面对这些情况，学会忍耐和冷静应对是非常重要的。采取柔和而坚定的态度，而不是冲动和愤怒，这样才能保持前进的步伐，避免陷入停滞不前的状态。同时，不要满足于平庸，而应该学会从挫折中吸取教训。要充分发挥自己的主观能动性和创造力，对每一件事情进行具体分析和处理，然后脚踏实地地工作。

正如宝剑的锋利需要经过磨砺，梅花的香气来自严寒的考验，挫折也是人生的一种财富。经历的挫折越多，就越能够更好地理解社会，适应社会。在职业生涯中，从基层做起，不断积累经验，提升自己的能力，可以为未来的发展打下坚实的基础，形成一个持续发展的职业轨迹。

三、生理适应

生理适应涉及对工作时长、节奏、劳动强度及紧张度的适应。当人们开始新的工作时，环境的变化通常体现为时间和空间概念的变化，以及工作方式和生活方式的转变。对于刚开始工作的当代青年来说，他们最初可能会对工作节奏感到不适应，觉得时间紧迫、劳动强度高、生活节奏快，这可能会导致身体疲劳、头晕等症状。面对这种情况，重要的是要学会合理安排时间，平衡工作与休息，适量增加体育锻炼，保持规律的工作和生活习惯，这样生理上的不适应很快就会得到缓解。

四、群体适应

群体适应涉及青年对新工作环境中团队的适应。在校期间，青年人的社交群体主要是基于同学关系构建的，这种关系相对简单，通常不涉及利益冲突。然而，一旦步入职场，人际关系变得更加复杂和多样化，交往对象包括不同背景、年龄和层次的人。与领导和同事的互动方式与大学时期相比有显著差异，并且可能会涉及到利益冲突。因此，青年需要学会妥善处理人际关系，以便快速融入新的团队（图7-3）。

学校环境中的同学关系是一维的，不涉及经济利益，而职场中的人际关系则是多维的，既有竞争也有合作。大学毕业生进入职场后，需要学会如何与上司、同事建立良好的人际关系，面对同事之间、与领导之间以及与业务客户之间的复杂人际互动，如何加强人际交往并建立和谐的工作关系至关重要。

（一）真诚待人

在与人交往时，应避免偏袒某些人或以外表判断人。有些人在领导面前表现得过分谦卑，而对其他人则冷漠无情，只与对自己有利的人保持密切关系，而忽视那些暂时看起来对自己没有帮助的人。这种功利主义的行为对个人的成长极为不利。

大学毕业生在日常交流中，首先应保持谦逊和随和，易于接近而不是封闭自己。这样的态度会让人觉得亲切，愿意进行交流，从而使双方的交往更加愉快和顺畅。只有如此，

图 7-3 群体适应

才能从同事和领导那里获得帮助和指导，学习他人的优点来弥补自己的不足，拓宽视野，增长见识，不断提升自我素质。

其次，要严格要求自己，遵守各种道德规范和行为准则；对待他人则应宽容大度，多些理解和体谅，而不是过分计较。例如，当在工作中出现错误时，要勇于自我批评，主动承担责任。当同事犯错或造成损失时，应善意地指出并提供热情帮助。这些都是严于律己、宽以待人的体现。

总之，只要心胸开阔，坚持用严格的标准要求自己，用宽容的心态对待他人，就一定能建立起和谐的人际关系。

（二）主动随和

空间上的接近性是促进人际吸引的一个关键因素，因此，接近的人更容易成为朋友。对于刚进入新环境和新工作岗位的大学生来说，他们需要以积极的态度来适应新环境。由于性格、兴趣、生活习惯和方式的差异，一些大学生可能一开始会感到"不合群"，与他人兴趣不合，难以相处，常常独自一人，这往往会导致人际关系的疏远。如果一个人对单位的人和事了解甚少，同时别人对他的了解也不多，那么他在单位中的人际关系很难和谐。

与同事相处时，应该做到以下几点：

（1）遵循"己所不欲，勿施于人"的原则，自己不愿意做的事不要推给他人，不喜欢别人对待自己的方式，也不要用来对待他人。

（2）互相信任，言行一致，保持诚信。

（3）保持平和的态度，既不傲慢也不自卑。

（4）保持适度的社交距离，避免过于亲近或疏远。

（5）在经济往来中保持清晰和透明。

（6）与同事交谈时要有节制，避免讨论荒诞无稽、低级趣味、人身攻击或敏感话题，不说伤害他人自尊的话。

(7) 遇到矛盾要主动缓和，乐于助人，不因私利而忘记道义。

俗话说，"赠人玫瑰，手有余香"。当同事遇到困难时，应该热情地提供帮助，而不是冷漠旁观或幸灾乐祸。只有在困难时期愿意伸出援手的人，才能得到他人的帮助，赢得认可和赞扬。真诚地帮助他人，是建立良好人际关系的重要方式。

（三）服从安排

互补性在人际关系中起着重要作用，能够增进彼此的好感。为了建立稳固的人际关系，双方需要能够相互满足对方的期望和需求。下级与上级之间的关系正是具有这种互补性的例子。

作为下级的大学毕业生，要与领导建立和谐的关系，首先要尊重领导，自觉遵守工作安排，并努力完成领导交代的任务。面对难以完成的任务或领导的不足之处，应首先考虑维护领导的权威，避免在公共场合直接拒绝领导的指示。当上级在工作中遇到难题时，下级应积极协助解决。这样的态度和行为将有助于获得领导的认可，从而更容易与领导建立良好的关系。

（四）加强协作

大学生虽然在理论知识方面有所积累，但在实际工作中仍需积累经验。面对具体的工作任务，他们可能会感到缺乏经验和解决之道。然而，这并不是自卑或退缩的理由。他们应该摆脱内心的压力，勇于实践，勤于学习，这样才能将所学的理论知识与实际工作相结合，并在实践中不断丰富和完善自己的知识体系，最终发挥出自己的知识优势。

和谐的同事关系是事业成功的关键因素。在当代的生产和科研活动中，团队合作的重要性日益凸显。如果无法迅速适应团队协作的要求，就可能难以建立良好的同事关系，进而影响工作进展。因此，大学生需要学会与同事建立和维护良好的工作关系，这对于个人的职业发展至关重要。

★ 能力训练

1. 你认为从学生角色转换为职业角色，需要注意哪些方面？
2. 进入职场与同事、领导相处，应该注意哪些内容？

附　　录

附录一

浙江省各市（区）、县（市）毕业生就业工作部门通讯录

单 位 名 称	地　　址	邮　编	传　真
杭州市人力资源和社会保障局	杭州市中天目山路135号玉泉大厦	310026	0571-87214246
杭州市上城区人力资源和社会保障局	杭州市上城区缸儿巷15号	310002	0571-87817036
杭州市下城区人力资源和社会保障局	杭州市凤起路247号	310004	0571-85130286
杭州市西湖区人力资源和社会保障局	杭州市浙大路1号	310013	0571-87935036
杭州市拱墅区人力资源和社会保障局	杭州市沈半路268号	310015	0571-88297287
杭州市江干区人力资源和社会保障局	杭州市江干区景昙路98-2号	310016	0571-86036550
杭州市高新技术产业开发区（滨江）人社局	杭州市滨江区江南大道100号区行政中心一楼	310052	0571-87702132
杭州市余杭区人力资源和社会保障局	杭州市余杭区临平南大街265市民之家	311100	0571-86222994
杭州市萧山区人力资源和社会保障局	杭州市萧山区金城路1558号	311201	0571-82653611
杭州经济技术开发区人事劳动和社会保障局	杭州经济技术开发区金沙大道600号	310018	0571-86878776
临安市人力资源和社会保障局	临安市临天路75号	311300	0571-63721338
富阳市人力资源和社会保障局	富阳市桂路25号市府大院	311400	0571-63342069
桐庐县人力资源和社会保障局	桐庐县城南街道迎春南路258号栖中路825号	311501	0571-64600002
建德市人力资源和社会保障局	建德市新安江街道电大路18号	311600	0571-64731071
淳安县人力资源和社会保障局	淳安县千岛湖镇新安大街77号	311700	0571-64812594
宁波市人力资源和社会保障局	宁波市海曙区县前街61号1号楼9楼	315010	0574-87322945
宁波市海曙区人力资源和社会保障局	宁波市海曙区顺德路136弄58号晶威大厦3楼	315000	0574-87451892
宁波市江北区人力资源和社会保障局	宁波市环城北路西段499号	315020	0574-87356616
宁波市江东区人力资源和社会保障局	宁波市兴宁路456号东方商务中心2号楼3楼	315040	0574-87811319
宁波市鄞州区人力资源和社会保障局	宁波市鄞州新城区惠风东路225号	315100	0574-87406522

续表

单 位 名 称	地 址	邮编	传 真
宁波市镇海区人力资源和社会保障局	宁波市镇海区招宝山街道胜利路112号	315200	0574-86250482
宁波市北仑区人力资源和社会保障局	宁波市北仑区长江路1166号B座5楼	315800	0574-86784013
宁波保税区人力资源和社会保障局	宁波市北仑区兴业大道1号宁波保税区大厦二楼	315800	0574-86820107
慈溪市人力资源和社会保障局	慈溪市白沙路街道北三环东路1999号	315300	0574-63938011
余姚市人力资源和社会保障局	余姚市保庆路128号	315400	0574-62727722
奉化市人力资源和社会保障局	奉化市河头路151号	315500	0574-88506028
宁海县人力资源和社会保障局	宁海县跃龙街道兴宁中路37号	315600	0574-59971572
象山县人力资源和社会保障局	象山县丹东街道起春路21号	315700	0574-65750405
温州市人力资源和社会保障局	温州市学院中路303号	325027	0577-89090100
温州市鹿城区人力资源和社会保障局	温州市车站大道神力大厦4栋3-4楼	325000	0577-88995668
温州市瓯海区人力资源和社会保障局	温州市将军桥兴海路50号瓯海区府大院	325016	0577-88528774
温州市龙湾区人力资源和社会保障局	温州市龙湾区永中街道高新大道166号	325024	0577-86966750
温州经济技术开发区人力资源局	温州经济技术开发区滨海园区明珠路850号	325025	0577-86996686
永嘉县人力资源和社会保障局	永嘉县上塘功能区下塘西后村	325100	0577-67235002
瑞安市人力资源和社会保障局	瑞安市商城大厦四楼	325200	0577-65618902
平阳县人力资源和社会保障局	平阳县昆阳镇人民路人力社保大楼	325400	0577-63150009
泰顺县人力资源和社会保障局	泰顺县罗阳镇东大街6号	325500	0577-67582464
乐清市人力资源和社会保障局	乐清市伯乐东路888号市行政管理中心	325600	0577-61880275
洞头县人力资源和社会保障局	洞头县北岙镇街道人民路16号	325700	0577-63482359
文成县人力资源和社会保障局	文成县府大院	325300	0577-67862615
苍南县人力资源和社会保障局	苍南县灵溪镇江湾路408号	325800	0577-64781557
湖州市人力资源和社会保障局	湖州市行政中心2号楼	313000	0572-2398698
湖州市吴兴区人力资源和社会保障局	湖州市吴兴区吴兴大道1号	313000	0572-2551369
湖州市南浔区人力资源和社会保障局	湖州市南浔区南浔镇向阳路601号区行政中心14楼	313009	0572-3023236
长兴县人力资源和社会保障局	长兴县行政中心A座3楼	313100	0572-6023345
德清县人力资源和社会保障局	德清县千秋东街1号	313200	0572-8075133
安吉县人力资源和社会保障局	湖州市安吉县灵芝西路1号行政大楼449号	313300	0572-5123449

附录一　浙江省各市（区）、县（市）毕业生就业工作部门通讯录

续表

单　位　名　称	地　　址	邮　编	传　真
嘉兴市人力资源和社会保障局	嘉兴市东升东路1042号	314001	0573-82228807
嘉兴市南湖区人力资源和社会保障局	嘉兴市中环东路南湖区行政中心	314051	0573-82838392
嘉兴市秀洲区人力资源和社会保障局	嘉兴市洪兴西路1670号大树三期18幢506室	314031	0573-82711802
嘉兴市社会保障事务局	嘉兴市禾兴南路334号	314001	0573-82053232
嘉兴经济技术开发区（国际商务）人力社保局	嘉兴市友谊街526号	314033	0573-82208650
嘉兴港区人力社保局	嘉兴港东方大道1号	314201	0573-85582180
嘉善县人力资源和社会保障局	嘉善县魏塘街道谈公北路135号	314100	0573-84124930
平湖市人力资源和社会保障局	平湖市胜利路380号	314200	0573-85060562
海盐县人力资源和社会保障局	嘉兴市海盐县武原街道绮园路66号	314300	0573-86035332
海宁市人力资源和社会保障局	海宁市海州东路548号	314400	0573-87226640
桐乡市人力资源和社会保障局	桐乡市梧桐街道中华路98号	314500	0573-88197939
绍兴市人力资源和社会保障局	绍兴市曲屯路368号人力资源市场大楼	312000	0575-81503200
绍兴市越城区人力资源和社会保障局	绍兴市越城区稽山路161号	312000	0575-88317013
绍兴市柯桥区人力资源和社会保障局	绍兴市兴越路1718号	312000	0575-84120669
绍兴市上虞区人力资源和社会保障局	绍兴上虞区舜江东路287号	312000	0575-82212591
诸暨市人力资源和社会保障局	诸暨市暨阳街道永昌路12号	311800	0575-87027519
嵊州市人力资源和社会保障局	嵊州市剡城路369号	312400	0575-83016167
新昌县人力资源和社会保障局	新昌县南明街道鼓山中路179号	312500	0575-86231009
金华市人力资源和社会保障局	金华市双龙南街801号	321017	0579-82495579
金华市婺城区人力资源和社会保障局	宾虹西路华龙南街	321025	0579-82347467
金华市金东区人力资源和社会保障局	金华市光南路836号	321015	0579-82176509
兰溪市人力资源和社会保障局	兰溪市府前路234号	321100	0579-88884616
武义县人力资源和社会保障局	武义县壶山下街128号	321200	0579-87662683
永康市人力资源和社会保障局	永康市金城路25号行政中心	321300	0579-87101369
义乌市人力资源和社会保障局	义乌市香山路389号	322000	0579-85410536
东阳市人力资源和社会保障局	东阳市振兴路609号	322100	0579-86675757
浦江县人力资源和社会保障局	浦江县浦阳镇中山北路97号	322200	0579-84183371
磐安县人力资源和社会保障局	磐安县安文镇海螺街14号	322300	0579-84662946
衢州市人力资源和社会保障局	衢州市荷花五路468号	324002	0570-3086195
衢州市柯城区人力资源和社会保障局	衢州市柯城区上街62号	324000	0570-3024757

续表

单 位 名 称	地 址	邮 编	传 真
衢州市衢江区人力资源和社会保障局	衢州市衢江区府前路6号	324022	0570-3838719
江山市人力资源和社会保障局	江山市鹿溪北路238号	324100	0570-4035389
常山县人力资源和社会保障局	常山县天马镇白马路159号	324200	0570-5022716
开化县人力资源和社会保障局	开化县城关镇江滨南路2号	324300	0570-6014280
龙游县人力资源和社会保障局	龙游县龙游镇文化西路171号	324400	0570-7022612
舟山市人力资源和社会保障局	舟山市海天大道681号市行政中心1号楼	316021	0580-2281512
舟山市定海区人力资源和社会保障局	舟山市定海区昌国路61号	316000	0580-2023742
舟山市普陀区人力资源和社会保障局	普陀区东港昌正街169号	316100	0580-3012052
岱山县人力资源和社会保障局	岱山县竹屿新区鱼山大道681号	316200	0580-4472743
嵊泗县人力资源和社会保障局	嵊泗县菜园镇沙河路333号	202450	0580-5083796
台州市人力资源和社会保障局	台州市市府大楼12楼	318000	0576-88513099
台州市椒江区人力资源和社会保障局	台州市椒江区青年路404号区府大院1号楼	318000	0576-88830152
台州市黄岩区人力资源和社会保障局	台州市黄岩区政府大楼13楼	318020	0576-84120959
台州市路桥区人力资源和社会保障局	台州市路桥区银安街709号	318050	0576-82519398
临海市人力资源和社会保障局	临海市柏叶西路928号	317000	0576-85115959
三门县人力资源和社会保障局	三门县城关广场路18号县行政中心13楼东	317100	0576-83361707
天台县人力资源和社会保障局	天台县行政大楼17楼东（玉龙路1号）	317200	0576-83930587
仙居县人力资源和社会保障局	仙居县环城南路370号	317300	0576-87772582
温岭市人力资源和社会保障局	温岭市太平街道人民东路258号6楼	317500	0576-86216645
玉环县人力资源和社会保障局	玉环县城关镇广陵路103号	317600	0576-87214066
丽水市人力资源和社会保障局	丽水市花园路1号	323000	0578-2091240
丽水市莲都区人力资源和社会保障局	丽水市莲都区丽青路25号	323000	0578-2278061
缙云县人力资源和社会保障局	缙云县五云镇溪滨南路90号	321400	0578-3127525
遂昌县人力资源和社会保障局	遂昌县妙高镇北街206号	323300	0578-8123429
松阳县人力资源和社会保障局	松阳县西屏镇新华路58号	323400	0578-8063855
景宁畲族自治县人力资源和社会保障局	景宁县鹤溪镇人民中路135号	323500	0578-5082231
云和县人力资源和社会保障局	云和县城北路6号	323600	0578-5121474
龙泉市人力资源和社会保障局	龙泉市贤良路333号	323700	0578-7262390
庆元县人力资源和社会保障局	庆元县松源镇石龙街26号（县府大院内）	323800	0578-6122208
青田县人力资源和社会保障局	青田县鹤城中路33号	323900	0578-6834700

附录二

绍兴职业技术学院学生创业团队
申请大学生创业园条件和程序

一、创业团队申请入园的基本条件

1. 创业团队负责人及其主要成员是我校全日制在校学生。
2. 创业团队原则上由 2 人及以上组成。每个创业团队必须聘请 1 名以上指导老师。
3. 创业团队创业项目不得与各类法律法规以及学校规章制度相抵触。结合所学专业的创业项目具有优先入园资格。
4. 创业团队应具备一定项目启动资金和承担风险能力，并取得家长同意。
5. 创业团队成员应成绩良好，确保学业完成。

二、创业团队入园申请程序

1. 有入园意向的创业团队填写一份《绍兴职业技术学院学生创业团队入园申请表》，并附创业计划书一式三份。
2. 各二级学院对创业团队入园申请表进行初审并签署意见，汇总上报招就处。
3. 招就处邀请创业专家对创业团队与创业项目进行集中面试审定（以自述与答辩形式），签署专家组意见。
4. 范蠡创业学院根据创业项目审核情况和场地供给情况确定入园的创业团队。

绍兴职业技术学院学生创业团队入园申请表

年　月　日

项目负责人		性　别		政治面貌	
学　　号		专　业		指导教师	
联系电话		家庭地址			
项目名称					
合伙人					
项目简述（包括业务介绍、可行性分析、资金情况等，可附页）					
二级学院推荐意见	盖章： 年　月　日				
项目评审专家组意见	组　长 年　月　日				
范蠡创业学院意见	盖　章 年　月　日				

附录二　绍兴职业技术学院学生创业团队申请大学生创业园条件和程序

绍兴职业技术学院"创新工场"入驻申请表

编号_____

入驻企业名：						
法人代表或负责人		联系电话		邮箱地址		
经手人		联系电话		对应专业		
注册地址				注册资本		____万元（大写）
经营地址				入驻房间		
企业性质	□国有及国有控股企业　　□外资企业　　□股份制企业 □民营企业　　　　　　　□大学生创业　□留学生创业					
基本情况	企业职工人数			企业获得荣誉		
	是否曾吸纳我院毕业生就业			□有　　□无		
	依托分院情况					
	分院名称			关联专业		
	关联课程					
	联系教师					
主营业务				行业			
创新工厂园区场地租赁情况	拟租赁面积		平方米			房号	_____楼 _____室
	拟租赁时间	_____年____月____至 _____年____月____日				
可参与课堂教学的主要技术人员和管理人员	姓名	年龄	职务	毕业院校	职称	学历	专业

师生可参与的项目分析	
简述如何参与课程共建及人才培养	

简述（企业投入）配套设施设备	编号	设备名称	数量	单价	备 注
	1				
	2				
	3				
	4				
		合计金额			

相关专业意见	年　月　日
分院意见	签名：　　年 月 日
职能部门意见	签名：　　年 月 日
学校领导意见	签名：　　年 月 日

申请时间：　　年 月 日

附录二　绍兴职业技术学院学生创业团队申请大学生创业园条件和程序

绍兴职业技术学院"创新工场"入驻需提交资料

已注册企业需要提供的资料
入驻申请登记表 企业营业执照（正副本） 税务登记证（国、地税） 组织机构代码证 公司章程复印件 验资报告复印件 上个年度的财务报表 股东身份证、学历证书复印件（留学人员创业须提供留学归国证明材料） 项目资料（检测报告、专利商标证书等） 公司简介及项目可行性报告等
未注册的企业必须提供
入驻申请登记表 股东身份证 学历证书复印件（留学人员创业须提供留学归国证明材料） 项目可行性报告 商业计划书 名称预核准通知书 项目资料（检测报告、专利商标证书等） 公司简介及项目可行性报告等
个人工作室入驻需提供的资料（可根据注册与否确定）
入驻申请登记表 身份证复印件 技能证书、行业证书复印件 项目资料（媒体报道、荣誉证书） 项目简介及预期目标 其他资料

附录

附录三

部分就业信息网站网址

绍兴职业技术学院就业信息网：http：//www.bysjy.com
浙江省大学生网上就业市场：http：//www.ejobmart.cn
浙江省人才网：http：//www.zjrc.com/
浙江人事考试网：http：//www.zjks.com/
浙江人力资源网：http：//www.zjhr.com/
杭州人才网：http：//www.hzrc.com/
杭州毕业生就业网：http：//www.hzbys.com/
宁波人才网：http：//www.nbrc.com.cn/
温州人才网：http：//www.wzrc.net/wzrc/
湖州人才网：http：//www.hzhr.com/
金华人才网：http：//www.jhrcsc.com/
丽水人才网：http：//www.lsrc.cn/
舟山人才网：http：//www.93rc.com
嘉兴人才网：http：//www.jxrcsc.com.cn/
绍兴人才网：http：//www.sxrc.com.cn/
衢州人才网：http：//www.qzrcw.com/
台州人才网：http：//www.tzrc.gov.cn/
中国轻纺产业人才（绍兴县人才）网：http：//www.ctcrc.com.cn/share/index.php
绍兴上虞人才网：http：//www.syrc.org/
绍兴诸暨人才网：http：//www.zjrcw.gov.cn/hr/person_index.asp
绍兴新昌人才网：http：//www.xcrc.net/
绍兴嵊州人才网：http：//www.szrcw.com.cn/
绍兴诸暨人才网：http：//www.zjrcw.gov.cn/rcw/index.asp

附录四

绍兴职业技术学院
毕业生就业推荐表

系　别_____

专　业_____

姓　名_____

绍兴职业技术学院招生与就业处制

二〇二　年九月

附录

绍兴职业技术学院毕业生就业推荐表

姓名		性别		民族		出生年月		照片
政治面貌		入学年月				毕业年月		
专业				学历		身体状况		
个人特长				生源地区				
手机				计算机水平		外语水平		
家庭电话				E-mail				
家庭地址						邮编		
学校地址						邮编		

家庭主要（成员）	姓名	称谓	政治面貌	工作单位	联系电话

学习培训经历	起止年月	学习单位	证明人

获奖情况	获奖名称	授奖单位	获奖年月

在校任职及参加社会实践情况	起止年月	担任职务	证明人

毕业生自我推荐	
班组推荐意见	班主任签名：　　年　月　日
系推荐意见	盖章： 年　月　日	学校主管部门意见	盖章： 年　月　日

欢迎企事业单位来人、来函或来电到我院招聘毕业生！

附录五

绍兴职业技术学院毕业生成绩登记表

专业_____ 姓名_____ 学号_____

序号	主要课程	成绩	序号	主要课程	成绩
1			16		
2			17		
3			18		
4			19		
5			20		
6			21		
7			22		
8			23		
9			24		
10			25		
11			26		
12			27		
13			28		
14			29		
15			30		

教务处（盖章）

附录六

中华人民共和国劳动合同法

(2007年6月29日第十届全国人民代表大会常务委员会第二十八次会议通过 根据2012年12月28日《全国人民代表大会常务委员会关于修改〈中华人民共和国劳动合同法〉的决定》修订)

目 录

第一章 总则
第二章 劳动合同的订立
第三章 劳动合同的履行和变更
第四章 劳动合同的解除和终止
第五章 特别规定
  第一节 集体合同
  第二节 劳务派遣
  第三节 非全日制用工
第六章 监督检查
第七章 法律责任
第八章 附则

第一章 总 则

第一条 为了完善劳动合同制度，明确劳动合同双方当事人的权利和义务，保护劳动者的合法权益，构建和发展和谐稳定的劳动关系，制定本法。

第二条 中华人民共和国境内的企业、个体经济组织、民办非企业单位等组织（以下称用人单位）与劳动者建立劳动关系，订立、履行、变更、解除或者终止劳动合同，适用本法。

国家机关、事业单位、社会团体和与其建立劳动关系的劳动者，订立、履行、变更、解除或者终止劳动合同，依照本法执行。

第三条 订立劳动合同，应当遵循合法、公平、平等自愿、协商一致、诚实信用的原则。

依法订立的劳动合同具有约束力，用人单位与劳动者应当履行劳动合同约定的义务。

第四条 用人单位应当依法建立和完善劳动规章制度，保障劳动者享有劳动权利、履行劳动义务。

用人单位在制定、修改或者决定有关劳动报酬、工作时间、休息休假、劳动安全卫生、保险福利、职工培训、劳动纪律以及劳动定额管理等直接涉及劳动者切身利益的规章制度或者重大事项时，应当经职工代表大会或者全体职工讨论，提出方案和意见，与工会或者职工代表平等协商确定。

在规章制度和重大事项决定实施过程中，工会或者职工认为不适当的，有权向用人单位提出，通过协商予以修改完善。

用人单位应当将直接涉及劳动者切身利益的规章制度和重大事项决定公示，或者告知劳动者。

第五条 县级以上人民政府劳动行政部门会同工会和企业方面代表，建立健全协调劳动关系三方机制，共同研究解决有关劳动关系的重大问题。

第六条 工会应当帮助、指导劳动者与用人单位依法订立和履行劳动合同，并与用人单位建立集体协商机制，维护劳动者的合法权益。

第二章 劳动合同的订立

第七条 用人单位自用工之日起即与劳动者建立劳动关系。用人单位应当建立职工名册备查。

第八条 用人单位招用劳动者时，应当如实告知劳动者工作内容、工作条件、工作地点、职业危害、安全生产状况、劳动报酬，以及劳动者要求了解的其他情况；用人单位有权了解劳动者与劳动合同直接相关的基本情况，劳动者应当如实说明。

第九条 用人单位招用劳动者，不得扣押劳动者的居民身份证和其他证件，不得要求劳动者提供担保或者以其他名义向劳动者收取财物。

第十条 建立劳动关系，应当订立书面劳动合同。

已建立劳动关系，未同时订立书面劳动合同的，应当自用工之日起一个月内订立书面劳动合同。

用人单位与劳动者在用工前订立劳动合同的，劳动关系自用工之日起建立。

第十一条 用人单位未在用工的同时订立书面劳动合同，与劳动者约定的劳动报酬不明确的，新招用的劳动者的劳动报酬按照集体合同规定的标准执行；没有集体合同或者集体合同未规定的，实行同工同酬。

第十二条 劳动合同分为固定期限劳动合同、无固定期限劳动合同和以完成一定工作任务为期限的劳动合同。

第十三条 固定期限劳动合同，是指用人单位与劳动者约定合同终止时间的劳动合同。

用人单位与劳动者协商一致，可以订立固定期限劳动合同。

第十四条 无固定期限劳动合同，是指用人单位与劳动者约定无确定终止时间的劳动合同。

用人单位与劳动者协商一致，可以订立无固定期限劳动合同。有下列情形之一，劳动者提出或者同意续订、订立劳动合同的，除劳动者提出订立固定期限劳动合同外，应当订立无固定期限劳动合同：

（一）劳动者在该用人单位连续工作满十年的；

（二）用人单位初次实行劳动合同制度或者国有企业改制重新订立劳动合同时，劳动者在该用人单位连续工作满十年且距法定退休年龄不足十年的；

（三）连续订立二次固定期限劳动合同，且劳动者没有本法第三十九条和第四十条第一项、第二项规定的情形，续订劳动合同的。

用人单位自用工之日起满一年不与劳动者订立书面劳动合同的，视为用人单位与劳动者已订立无固定期限劳动合同。

第十五条 以完成一定工作任务为期限的劳动合同，是指用人单位与劳动者约定以某项工作的完成为合同期限的劳动合同。

用人单位与劳动者协商一致，可以订立以完成一定工作任务为期限的劳动合同。

第十六条 劳动合同由用人单位与劳动者协商一致，并经用人单位与劳动者在劳动合同文本上签字或者盖章生效。

劳动合同文本由用人单位和劳动者各执一份。

第十七条 劳动合同应当具备以下条款：

（一）用人单位的名称、住所和法定代表人或者主要负责人；

（二）劳动者的姓名、住址和居民身份证或者其他有效身份证件号码；

（三）劳动合同期限；

（四）工作内容和工作地点；

（五）工作时间和休息休假；

（六）劳动报酬；

（七）社会保险；

（八）劳动保护、劳动条件和职业危害防护；

（九）法律、法规规定应当纳入劳动合同的其他事项。

劳动合同除前款规定的必备条款外，用人单位与劳动者可以约定试用期、培训、保守秘密、补充保险和福利待遇等其他事项。

第十八条 劳动合同对劳动报酬和劳动条件等标准约定不明确，引发争议的，用人单位与劳动者可以重新协商；协商不成的，适用集体合同规定；没有集体合同或者集体合同未规定劳动报酬的，实行同工同酬；没有集体合同或者集体合同未规定劳动条件等标准的，适用国家有关规定。

第十九条 劳动合同期限三个月以上不满一年的，试用期不得超过一个月；劳动合同期限一年以上不满三年的，试用期不得超过二个月；三年以上固定期限和无固定期限的劳动合同，试用期不得超过六个月。

同一用人单位与同一劳动者只能约定一次试用期。

以完成一定工作任务为期限的劳动合同或者劳动合同期限不满三个月的，不得约定试用期。

试用期包含在劳动合同期限内。劳动合同仅约定试用期的，试用期不成立，该期限为劳动合同期限。

第二十条 劳动者在试用期的工资不得低于本单位相同岗位最低档工资或者劳动合同约定工资的百分之八十，并不得低于用人单位所在地的最低工资标准。

第二十一条 在试用期中，除劳动者有本法第三十九条和第四十条第一项、第二项规定的情形外，用人单位不得解除劳动合同。用人单位在试用期解除劳动合同的，应当向劳动者说明理由。

第二十二条　用人单位为劳动者提供专项培训费用，对其进行专业技术培训的，可以与该劳动者订立协议，约定服务期。

劳动者违反服务期约定的，应当按照约定向用人单位支付违约金。违约金的数额不得超过用人单位提供的培训费用。用人单位要求劳动者支付的违约金不得超过服务期尚未履行部分所应分摊的培训费用。

用人单位与劳动者约定服务期的，不影响按照正常的工资调整机制提高劳动者在服务期期间的劳动报酬。

第二十三条　用人单位与劳动者可以在劳动合同中约定保守用人单位的商业秘密和与知识产权相关的保密事项。

对负有保密义务的劳动者，用人单位可以在劳动合同或者保密协议中与劳动者约定竞业限制条款，并约定在解除或者终止劳动合同后，在竞业限制期限内按月给予劳动者经济补偿。劳动者违反竞业限制约定的，应当按照约定向用人单位支付违约金。

第二十四条　竞业限制的人员限于用人单位的高级管理人员、高级技术人员和其他负有保密义务的人员。竞业限制的范围、地域、期限由用人单位与劳动者约定，竞业限制的约定不得违反法律、法规的规定。

在解除或者终止劳动合同后，前款规定的人员到与本单位生产或者经营同类产品、从事同类业务的有竞争关系的其他用人单位，或者自己开业生产或者经营同类产品、从事同类业务的竞业限制期限，不得超过二年。

第二十五条　除本法第二十二条和第二十三条规定的情形外，用人单位不得与劳动者约定由劳动者承担违约金。

第二十六条　下列劳动合同无效或者部分无效：

（一）以欺诈、胁迫的手段或者乘人之危，使对方在违背真实意思的情况下订立或者变更劳动合同的；

（二）用人单位免除自己的法定责任、排除劳动者权利的；

（三）违反法律、行政法规强制性规定的。

对劳动合同的无效或者部分无效有争议的，由劳动争议仲裁机构或者人民法院确认。

第二十七条　劳动合同部分无效，不影响其他部分效力的，其他部分仍然有效。

第二十八条　劳动合同被确认无效，劳动者已付出劳动的，用人单位应当向劳动者支付劳动报酬。劳动报酬的数额，参照本单位相同或者相近岗位劳动者的劳动报酬确定。

第三章　劳动合同的履行和变更

第二十九条　用人单位与劳动者应当按照劳动合同的约定，全面履行各自的义务。

第三十条　用人单位应当按照劳动合同约定和国家规定，向劳动者及时足额支付劳动报酬。

用人单位拖欠或者未足额支付劳动报酬的，劳动者可以依法向当地人民法院申请支付令，人民法院应当依法发出支付令。

第三十一条　用人单位应当严格执行劳动定额标准，不得强迫或者变相强迫劳动者加

班。用人单位安排加班的，应当按照国家有关规定向劳动者支付加班费。

第三十二条 劳动者拒绝用人单位管理人员违章指挥、强令冒险作业的，不视为违反劳动合同。

劳动者对危害生命安全和身体健康的劳动条件，有权对用人单位提出批评、检举和控告。

第三十三条 用人单位变更名称、法定代表人、主要负责人或者投资人等事项，不影响劳动合同的履行。

第三十四条 用人单位发生合并或者分立等情况，原劳动合同继续有效，劳动合同由承继其权利和义务的用人单位继续履行。

第三十五条 用人单位与劳动者协商一致，可以变更劳动合同约定的内容。变更劳动合同，应当采用书面形式。

变更后的劳动合同文本由用人单位和劳动者各执一份。

第四章 劳动合同的解除和终止

第三十六条 用人单位与劳动者协商一致，可以解除劳动合同。

第三十七条 劳动者提前三十日以书面形式通知用人单位，可以解除劳动合同。劳动者在试用期内提前三日通知用人单位，可以解除劳动合同。

第三十八条 用人单位有下列情形之一的，劳动者可以解除劳动合同：

（一）未按照劳动合同约定提供劳动保护或者劳动条件的；
（二）未及时足额支付劳动报酬的；
（三）未依法为劳动者缴纳社会保险费的；
（四）用人单位的规章制度违反法律、法规的规定，损害劳动者权益的；
（五）因本法第二十六条第一款规定的情形致使劳动合同无效的；
（六）法律、行政法规规定劳动者可以解除劳动合同的其他情形。

用人单位以暴力、威胁或者非法限制人身自由的手段强迫劳动者劳动的，或者用人单位违章指挥、强令冒险作业危及劳动者人身安全的，劳动者可以立即解除劳动合同，不需事先告知用人单位。

第三十九条 劳动者有下列情形之一的，用人单位可以解除劳动合同：

（一）在试用期间被证明不符合录用条件的；
（二）严重违反用人单位的规章制度的；
（三）严重失职，营私舞弊，给用人单位造成重大损害的；
（四）劳动者同时与其他用人单位建立劳动关系，对完成本单位的工作任务造成严重影响，或者经用人单位提出，拒不改正的；
（五）因本法第二十六条第一款第一项规定的情形致使劳动合同无效的；
（六）被依法追究刑事责任的。

第四十条 有下列情形之一的，用人单位提前三十日以书面形式通知劳动者本人或者额外支付劳动者一个月工资后，可以解除劳动合同：

（一）劳动者患病或者非因工负伤，在规定的医疗期满后不能从事原工作，也不能从事由用人单位另行安排的工作的；

（二）劳动者不能胜任工作，经过培训或者调整工作岗位，仍不能胜任工作的；

（三）劳动合同订立时所依据的客观情况发生重大变化，致使劳动合同无法履行，经用人单位与劳动者协商，未能就变更劳动合同内容达成协议的。

第四十一条 有下列情形之一，需要裁减人员二十人以上或者裁减不足二十人但占企业职工总数百分之十以上的，用人单位提前三十日向工会或者全体职工说明情况，听取工会或者职工的意见后，裁减人员方案经向劳动行政部门报告，可以裁减人员：

（一）依照企业破产法规定进行重整的；

（二）生产经营发生严重困难的；

（三）企业转产、重大技术革新或者经营方式调整，经变更劳动合同后，仍需裁减人员的；

（四）其他因劳动合同订立时所依据的客观经济情况发生重大变化，致使劳动合同无法履行的。

裁减人员时，应当优先留用下列人员：

（一）与本单位订立较长期限的固定期限劳动合同的；

（二）与本单位订立无固定期限劳动合同的；

（三）家庭无其他就业人员，有需要扶养的老人或者未成年人的。

用人单位依照本条第一款规定裁减人员，在六个月内重新招用人员的，应当通知被裁减的人员，并在同等条件下优先招用被裁减的人员。

第四十二条 劳动者有下列情形之一的，用人单位不得依照本法第四十条、第四十一条的规定解除劳动合同：

（一）从事接触职业病危害作业的劳动者未进行离岗前职业健康检查，或者疑似职业病病人在诊断或者医学观察期间的；

（二）在本单位患职业病或者因工负伤并被确认丧失或者部分丧失劳动能力的；

（三）患病或者非因工负伤，在规定的医疗期内的；

（四）女职工在孕期、产期、哺乳期的；

（五）在本单位连续工作满十五年，且距法定退休年龄不足五年的；

（六）法律、行政法规规定的其他情形。

第四十三条 用人单位单方解除劳动合同，应当事先将理由通知工会。用人单位违反法律、行政法规规定或者劳动合同约定的，工会有权要求用人单位纠正。用人单位应当研究工会的意见，并将处理结果书面通知工会。

第四十四条 有下列情形之一的，劳动合同终止：

（一）劳动合同期满的；

（二）劳动者开始依法享受基本养老保险待遇的；

（三）劳动者死亡，或者被人民法院宣告死亡或者宣告失踪的；

（四）用人单位被依法宣告破产的；

（五）用人单位被吊销营业执照、责令关闭、撤销或者用人单位决定提前解散的；

（六）法律、行政法规规定的其他情形。

第四十五条 劳动合同期满，有本法第四十二条规定情形之一的，劳动合同应当续延至相应的情形消失时终止。但是，本法第四十二条第二项规定丧失或者部分丧失劳动能力劳动者的劳动合同的终止，按照国家有关工伤保险的规定执行。

第四十六条 有下列情形之一的，用人单位应当向劳动者支付经济补偿：

（一）劳动者依照本法第三十八条规定解除劳动合同的；

（二）用人单位依照本法第三十六条规定向劳动者提出解除劳动合同并与劳动者协商一致解除劳动合同的；

（三）用人单位依照本法第四十条规定解除劳动合同的；

（四）用人单位依照本法第四十一条第一款规定解除劳动合同的；

（五）除用人单位维持或者提高劳动合同约定条件续订劳动合同，劳动者不同意续订的情形外，依照本法第四十四条第一项规定终止固定期限劳动合同的；

（六）依照本法第四十四条第四项、第五项规定终止劳动合同的；

（七）法律、行政法规规定的其他情形。

第四十七条 经济补偿按劳动者在本单位工作的年限，每满一年支付一个月工资的标准向劳动者支付。六个月以上不满一年的，按一年计算；不满六个月的，向劳动者支付半个月工资的经济补偿。

劳动者月工资高于用人单位所在直辖市、设区的市级人民政府公布的本地区上年度职工月平均工资三倍的，向其支付经济补偿的标准按职工月平均工资三倍的数额支付，向其支付经济补偿的年限最高不超过十二年。

本条所称月工资是指劳动者在劳动合同解除或者终止前十二个月的平均工资。

第四十八条 用人单位违反本法规定解除或者终止劳动合同，劳动者要求继续履行劳动合同的，用人单位应当继续履行；劳动者不要求继续履行劳动合同或者劳动合同已经不能继续履行的，用人单位应当依照本法第八十七条规定支付赔偿金。

第四十九条 国家采取措施，建立健全劳动者社会保险关系跨地区转移接续制度。

第五十条 用人单位应当在解除或者终止劳动合同时出具解除或者终止劳动合同的证明，并在十五日内为劳动者办理档案和社会保险关系转移手续。

劳动者应当按照双方约定，办理工作交接。用人单位依照本法有关规定应当向劳动者支付经济补偿的，在办结工作交接时支付。

用人单位对已经解除或者终止的劳动合同的文本，至少保存二年备查。

第五章 特 别 规 定

第一节 集 体 合 同

第五十一条 企业职工一方与用人单位通过平等协商，可以就劳动报酬、工作时间、休息休假、劳动安全卫生、保险福利等事项订立集体合同。集体合同草案应当提交职工代表大会或者全体职工讨论通过。

集体合同由工会代表企业职工一方与用人单位订立；尚未建立工会的用人单位，由上级工会指导劳动者推举的代表与用人单位订立。

第五十二条 企业职工一方与用人单位可以订立劳动安全卫生、女职工权益保护、工资调整机制等专项集体合同。

第五十三条 在县级以下区域内，建筑业、采矿业、餐饮服务业等行业可以由工会与企业方面代表订立行业性集体合同，或者订立区域性集体合同。

第五十四条 集体合同订立后，应当报送劳动行政部门；劳动行政部门自收到集体合同文本之日起十五日内未提出异议的，集体合同即行生效。

依法订立的集体合同对用人单位和劳动者具有约束力。行业性、区域性集体合同对当地本行业、本区域的用人单位和劳动者具有约束力。

第五十五条 集体合同中劳动报酬和劳动条件等标准不得低于当地人民政府规定的最低标准；用人单位与劳动者订立的劳动合同中劳动报酬和劳动条件等标准不得低于集体合同规定的标准。

第五十六条 用人单位违反集体合同，侵犯职工劳动权益的，工会可以依法要求用人单位承担责任；因履行集体合同发生争议，经协商解决不成的，工会可以依法申请仲裁、提起诉讼。

第二节 劳务派遣

第五十七条 经营劳务派遣业务应当具备下列条件：

（一）注册资本不得少于人民币二百万元；

（二）有与开展业务相适应的固定的经营场所和设施；

（三）有符合法律、行政法规规定的劳务派遣管理制度；

（四）法律、行政法规规定的其他条件。

经营劳务派遣业务，应当向劳动行政部门依法申请行政许可；经许可的，依法办理相应的公司登记。未经许可，任何单位和个人不得经营劳务派遣业务。

第五十八条 劳务派遣单位是本法所称用人单位，应当履行用人单位对劳动者的义务。劳务派遣单位与被派遣劳动者订立的劳动合同，除应当载明本法第十七条规定的事项外，还应当载明被派遣劳动者的用工单位以及派遣期限、工作岗位等情况。

劳务派遣单位应当与被派遣劳动者订立二年以上的固定期限劳动合同，按月支付劳动报酬；被派遣劳动者在无工作期间，劳务派遣单位应当按照所在地人民政府规定的最低工资标准，向其按月支付报酬。

第五十九条 劳务派遣单位派遣劳动者应当与接受以劳务派遣形式用工的单位（以下称用工单位）订立劳务派遣协议。劳务派遣协议应当约定派遣岗位和人员数量、派遣期限、劳动报酬和社会保险费的数额与支付方式以及违反协议的责任。

用工单位应当根据工作岗位的实际需要与劳务派遣单位确定派遣期限，不得将连续用工期限分割订立数个短期劳务派遣协议。

第六十条 劳务派遣单位应当将劳务派遣协议的内容告知被派遣劳动者。

劳务派遣单位不得克扣用工单位按照劳务派遣协议支付给被派遣劳动者的劳动报酬。

劳务派遣单位和用工单位不得向被派遣劳动者收取费用。

第六十一条 劳务派遣单位跨地区派遣劳动者的，被派遣劳动者享有的劳动报酬和劳动条件，按照用工单位所在地的标准执行。

第六十二条 用工单位应当履行下列义务：

（一）执行国家劳动标准，提供相应的劳动条件和劳动保护；

（二）告知被派遣劳动者的工作要求和劳动报酬；

（三）支付加班费、绩效奖金，提供与工作岗位相关的福利待遇；

（四）对在岗被派遣劳动者进行工作岗位所必需的培训；

（五）连续用工的，实行正常的工资调整机制。

用工单位不得将被派遣劳动者再派遣到其他用人单位。

第六十三条　被派遣劳动者享有与用工单位的劳动者同工同酬的权利。用工单位应当按照同工同酬原则，对被派遣劳动者与本单位同类岗位的劳动者实行相同的劳动报酬分配办法。用工单位无同类岗位劳动者的，参照用工单位所在地相同或者相近岗位劳动者的劳动报酬确定。

劳务派遣单位与被派遣劳动者订立的劳动合同和与用工单位订立的劳务派遣协议，载明或者约定的向被派遣劳动者支付的劳动报酬应当符合前款规定。

第六十四条　被派遣劳动者有权在劳务派遣单位或者用工单位依法参加或者组织工会，维护自身的合法权益。

第六十五条　被派遣劳动者可以依照本法第三十六条、第三十八条的规定与劳务派遣单位解除劳动合同。

被派遣劳动者有本法第三十九条和第四十条第一项、第二项规定情形的，用工单位可以将劳动者退回劳务派遣单位，劳务派遣单位依照本法有关规定，可以与劳动者解除劳动合同。

第六十六条　劳动合同用工是我国的企业基本用工形式。劳务派遣用工是补充形式，只能在临时性、辅助性或者替代性的工作岗位上实施。

前款规定的临时性工作岗位是指存续时间不超过六个月的岗位；辅助性工作岗位是指为主营业务岗位提供服务的非主营业务岗位；替代性工作岗位是指用工单位的劳动者因脱产学习、休假等原因无法工作的一定期间内，可以由其他劳动者替代工作的岗位。

用工单位应当严格控制劳务派遣用工数量，不得超过其用工总量的一定比例，具体比例由国务院劳动行政部门规定。

第六十七条　用人单位不得设立劳务派遣单位向本单位或者所属单位派遣劳动者。

第三节　非全日制用工

第六十八条　非全日制用工，是指以小时计酬为主，劳动者在同一用人单位一般平均每日工作时间不超过四小时，每周工作时间累计不超过二十四小时的用工形式。

第六十九条　非全日制用工双方当事人可以订立口头协议。

从事非全日制用工的劳动者可以与一个或者一个以上用人单位订立劳动合同；但是，后订立的劳动合同不得影响先订立的劳动合同的履行。

第七十条　非全日制用工双方当事人不得约定试用期。

第七十一条　非全日制用工双方当事人任何一方都可以随时通知对方终止用工。终止用工，用人单位不向劳动者支付经济补偿。

第七十二条　非全日制用工小时计酬标准不得低于用人单位所在地人民政府规定的最低小时工资标准。

非全日制用工劳动报酬结算支付周期最长不得超过十五日。

第六章 监 督 检 查

第七十三条 国务院劳动行政部门负责全国劳动合同制度实施的监督管理。

县级以上地方人民政府劳动行政部门负责本行政区域内劳动合同制度实施的监督管理。

县级以上各级人民政府劳动行政部门在劳动合同制度实施的监督管理工作中，应当听取工会、企业方面代表以及有关行业主管部门的意见。

第七十四条 县级以上地方人民政府劳动行政部门依法对下列实施劳动合同制度的情况进行监督检查：

（一）用人单位制定直接涉及劳动者切身利益的规章制度及其执行的情况；

（二）用人单位与劳动者订立和解除劳动合同的情况；

（三）劳务派遣单位和用工单位遵守劳务派遣有关规定的情况；

（四）用人单位遵守国家关于劳动者工作时间和休息休假规定的情况；

（五）用人单位支付劳动合同约定的劳动报酬和执行最低工资标准的情况；

（六）用人单位参加各项社会保险和缴纳社会保险费的情况；

（七）法律、法规规定的其他劳动监察事项。

第七十五条 县级以上地方人民政府劳动行政部门实施监督检查时，有权查阅与劳动合同、集体合同有关的材料，有权对劳动场所进行实地检查，用人单位和劳动者都应当如实提供有关情况和材料。

劳动行政部门的工作人员进行监督检查，应当出示证件，依法行使职权，文明执法。

第七十六条 县级以上人民政府建设、卫生、安全生产监督管理等有关主管部门在各自职责范围内，对用人单位执行劳动合同制度的情况进行监督管理。

第七十七条 劳动者合法权益受到侵害的，有权要求有关部门依法处理，或者依法申请仲裁、提起诉讼。

第七十八条 工会依法维护劳动者的合法权益，对用人单位履行劳动合同、集体合同的情况进行监督。用人单位违反劳动法律、法规和劳动合同、集体合同的，工会有权提出意见或者要求纠正；劳动者申请仲裁、提起诉讼的，工会依法给予支持和帮助。

第七十九条 任何组织或者个人对违反本法的行为都有权举报，县级以上人民政府劳动行政部门应当及时核实、处理，并对举报有功人员给予奖励。

第七章 法 律 责 任

第八十条 用人单位直接涉及劳动者切身利益的规章制度违反法律、法规规定的，由劳动行政部门责令改正，给予警告；给劳动者造成损害的，应当承担赔偿责任。

第八十一条 用人单位提供的劳动合同文本未载明本法规定的劳动合同必备条款或者用人单位未将劳动合同文本交付劳动者的，由劳动行政部门责令改正；给劳动者造成损害的，应当承担赔偿责任。

第八十二条 用人单位自用工之日起超过一个月不满一年未与劳动者订立书面劳动合

同的，应当向劳动者每月支付二倍的工资。

用人单位违反本法规定不与劳动者订立无固定期限劳动合同的，自应当订立无固定期限劳动合同之日起向劳动者每月支付二倍的工资。

第八十三条 用人单位违反本法规定与劳动者约定试用期的，由劳动行政部门责令改正；违法约定的试用期已经履行的，由用人单位以劳动者试用期满月工资为标准，按已经履行的超过法定试用期的期间向劳动者支付赔偿金。

第八十四条 用人单位违反本法规定，扣押劳动者居民身份证等证件的，由劳动行政部门责令限期退还劳动者本人，并依照有关法律规定给予处罚。

用人单位违反本法规定，以担保或者其他名义向劳动者收取财物的，由劳动行政部门责令限期退还劳动者本人，并以每人五百元以上二千元以下的标准处以罚款；给劳动者造成损害的，应当承担赔偿责任。

劳动者依法解除或者终止劳动合同，用人单位扣押劳动者档案或者其他物品的，依照前款规定处罚。

第八十五条 用人单位有下列情形之一的，由劳动行政部门责令限期支付劳动报酬、加班费或者经济补偿；劳动报酬低于当地最低工资标准的，应当支付其差额部分；逾期不支付的，责令用人单位按应付金额百分之五十以上百分之一百以下的标准向劳动者加付赔偿金：

（一）未按照劳动合同的约定或者国家规定及时足额支付劳动者劳动报酬的；

（二）低于当地最低工资标准支付劳动者工资的；

（三）安排加班不支付加班费的；

（四）解除或者终止劳动合同，未依照本法规定向劳动者支付经济补偿的。

第八十六条 劳动合同依照本法第二十六条规定被确认无效，给对方造成损害的，有过错的一方应当承担赔偿责任。

第八十七条 用人单位违反本法规定解除或者终止劳动合同的，应当依照本法第四十七条规定的经济补偿标准的二倍向劳动者支付赔偿金。

第八十八条 用人单位有下列情形之一的，依法给予行政处罚；构成犯罪的，依法追究刑事责任；给劳动者造成损害的，应当承担赔偿责任：

（一）以暴力、威胁或者非法限制人身自由的手段强迫劳动的；

（二）违章指挥或者强令冒险作业危及劳动者人身安全的；

（三）侮辱、体罚、殴打、非法搜查或者拘禁劳动者的；

（四）劳动条件恶劣、环境污染严重，给劳动者身心健康造成严重损害的。

第八十九条 用人单位违反本法规定未向劳动者出具解除或者终止劳动合同的书面证明，由劳动行政部门责令改正；给劳动者造成损害的，应当承担赔偿责任。

第九十条 劳动者违反本法规定解除劳动合同，或者违反劳动合同中约定的保密义务或者竞业限制，给用人单位造成损失的，应当承担赔偿责任。

第九十一条 用人单位招用与其他用人单位尚未解除或者终止劳动合同的劳动者，给其他用人单位造成损失的，应当承担连带赔偿责任。

第九十二条 违反本法规定，未经许可，擅自经营劳务派遣业务的，由劳动行政部门责令停止违法行为，没收违法所得，并处违法所得一倍以上五倍以下的罚款；没有违法所得的，可以处五万元以下的罚款。

劳务派遣单位、用工单位违反本法有关劳务派遣规定的，由劳动行政部门责令限期改正；逾期不改正的，以每人五千元以上一万元以下的标准处以罚款，对劳务派遣单位，吊销其劳务派遣业务经营许可证。用工单位给被派遣劳动者造成损害的，劳务派遣单位与用工单位承担连带赔偿责任。

第九十三条 对不具备合法经营资格的用人单位的违法犯罪行为，依法追究法律责任；劳动者已经付出劳动的，该单位或者其出资人应当依照本法有关规定向劳动者支付劳动报酬、经济补偿、赔偿金；给劳动者造成损害的，应当承担赔偿责任。

第九十四条 个人承包经营违反本法规定招用劳动者，给劳动者造成损害的，发包的组织与个人承包经营者承担连带赔偿责任。

第九十五条 劳动行政部门和其他有关主管部门及其工作人员玩忽职守、不履行法定职责，或者违法行使职权，给劳动者或者用人单位造成损害的，应当承担赔偿责任；对直接负责的主管人员和其他直接责任人员，依法给予行政处分；构成犯罪的，依法追究刑事责任。

第八章 附　则

第九十六条 事业单位与实行聘用制的工作人员订立、履行、变更、解除或者终止劳动合同，法律、行政法规或者国务院另有规定的，依照其规定；未作规定的，依照本法有关规定执行。

第九十七条 本法施行前已依法订立且在本法施行之日存续的劳动合同，继续履行；本法第十四条第二款第三项规定连续订立固定期限劳动合同的次数，自本法施行后续订固定期限劳动合同时开始计算。

本法施行前已建立劳动关系，尚未订立书面劳动合同的，应当自本法施行之日起一个月内订立。

本法施行之日存续的劳动合同在本法施行后解除或者终止，依照本法第四十六条规定应当支付经济补偿的，经济补偿年限自本法施行之日起计算；本法施行前按照当时有关规定，用人单位应当向劳动者支付经济补偿的，按照当时有关规定执行。

第九十八条 本法自 2008 年 1 月 1 日起施行。

附录七

中华人民共和国就业促进法

(2007年8月30日第十届全国人民代表大会常务委员会第二十九次会议通过 2015年4月24日第十二届全国人民代表大会常务委员会第十四次会议修订)

目 录

第一章 总则
第二章 政策支持
第三章 公平就业
第四章 就业服务和管理
第五章 职业教育和培训
第六章 就业援助
第七章 监督检查
第八章 法律责任
第九章 附则

第一章 总 则

第一条 为了促进就业，促进经济发展与扩大就业相协调，促进社会和谐稳定，制定本法。

第二条 国家把扩大就业放在经济社会发展的突出位置，实施积极的就业政策，坚持劳动者自主择业、市场调节就业、政府促进就业的方针，多渠道扩大就业。

第三条 劳动者依法享有平等就业和自主择业的权利。

劳动者就业，不因民族、种族、性别、宗教信仰等不同而受歧视。

第四条 县级以上人民政府把扩大就业作为经济和社会发展的重要目标，纳入国民经济和社会发展规划，并制定促进就业的中长期规划和年度工作计划。

第五条 县级以上人民政府通过发展经济和调整产业结构、规范人力资源市场、完善就业服务、加强职业教育和培训、提供就业援助等措施，创造就业条件，扩大就业。

第六条 国务院建立全国促进就业工作协调机制，研究就业工作中的重大问题，协调推动全国的促进就业工作。国务院劳动行政部门具体负责全国的促进就业工作。

省、自治区、直辖市人民政府根据促进就业工作的需要，建立促进就业工作协调机制，协调解决本行政区域就业工作中的重大问题。

县级以上人民政府有关部门按照各自的职责分工，共同做好促进就业工作。

第七条 国家倡导劳动者树立正确的择业观念，提高就业能力和创业能力；鼓励劳动者自主创业、自谋职业。

各级人民政府和有关部门应当简化程序，提高效率，为劳动者自主创业、自谋职业提供便利。

第八条 用人单位依法享有自主用人的权利。

用人单位应当依照本法以及其他法律、法规的规定，保障劳动者的合法权益。

第九条 工会、共产主义青年团、妇女联合会、残疾人联合会以及其他社会组织，协助人民政府开展促进就业工作，依法维护劳动者的劳动权利。

第十条 各级人民政府和有关部门对在促进就业工作中作出显著成绩的单位和个人，给予表彰和奖励。

第二章 政 策 支 持

第十一条 县级以上人民政府应当把扩大就业作为重要职责，统筹协调产业政策与就业政策。

第十二条 国家鼓励各类企业在法律、法规规定的范围内，通过兴办产业或者拓展经营，增加就业岗位。

国家鼓励发展劳动密集型产业、服务业，扶持中小企业，多渠道、多方式增加就业岗位。

国家鼓励、支持、引导非公有制经济发展，扩大就业，增加就业岗位。

第十三条 国家发展国内外贸易和国际经济合作，拓宽就业渠道。

第十四条 县级以上人民政府在安排政府投资和确定重大建设项目时，应当发挥投资和重大建设项目带动就业的作用，增加就业岗位。

第十五条 国家实行有利于促进就业的财政政策，加大资金投入，改善就业环境，扩大就业。

县级以上人民政府应当根据就业状况和就业工作目标，在财政预算中安排就业专项资金用于促进就业工作。

就业专项资金用于职业介绍、职业培训、公益性岗位、职业技能鉴定、特定就业政策和社会保险等的补贴，小额贷款担保基金和微利项目的小额担保贷款贴息，以及扶持公共就业服务等。就业专项资金的使用管理办法由国务院财政部门和劳动行政部门规定。

第十六条 国家建立健全失业保险制度，依法确保失业人员的基本生活，并促进其实现就业。

第十七条 国家鼓励企业增加就业岗位，扶持失业人员和残疾人就业，对下列企业、人员依法给予税收优惠：

（一）吸纳符合国家规定条件的失业人员达到规定要求的企业；

（二）失业人员创办的中小企业；

（三）安置残疾人员达到规定比例或者集中使用残疾人的企业；

（四）从事个体经营的符合国家规定条件的失业人员；

（五）从事个体经营的残疾人；

（六）国务院规定给予税收优惠的其他企业、人员。

第十八条 对本法第十七条第四项、第五项规定的人员，有关部门应当在经营场地等

方面给予照顾，免除行政事业性收费。

第十九条 国家实行有利于促进就业的金融政策，增加中小企业的融资渠道；鼓励金融机构改进金融服务，加大对中小企业的信贷支持，并对自主创业人员在一定期限内给予小额信贷等扶持。

第二十条 国家实行城乡统筹的就业政策，建立健全城乡劳动者平等就业的制度，引导农业富余劳动力有序转移就业。

县级以上地方人民政府推进小城镇建设和加快县域经济发展，引导农业富余劳动力就地就近转移就业；在制定小城镇规划时，将本地区农业富余劳动力转移就业作为重要内容。

县级以上地方人民政府引导农业富余劳动力有序向城市异地转移就业；劳动力输出地和输入地人民政府应当互相配合，改善农村劳动者进城就业的环境和条件。

第二十一条 国家支持区域经济发展，鼓励区域协作，统筹协调不同地区就业的均衡增长。

国家支持民族地区发展经济，扩大就业。

第二十二条 各级人民政府统筹做好城镇新增劳动力就业、农业富余劳动力转移就业和失业人员就业工作。

第二十三条 各级人民政府采取措施，逐步完善和实施与非全日制用工等灵活就业相适应的劳动和社会保险政策，为灵活就业人员提供帮助和服务。

第二十四条 地方各级人民政府和有关部门应当加强对失业人员从事个体经营的指导，提供政策咨询、就业培训和开业指导等服务。

第三章 公 平 就 业

第二十五条 各级人民政府创造公平就业的环境，消除就业歧视，制定政策并采取措施对就业困难人员给予扶持和援助。

第二十六条 用人单位招用人员、职业中介机构从事职业中介活动，应当向劳动者提供平等的就业机会和公平的就业条件，不得实施就业歧视。

第二十七条 国家保障妇女享有与男子平等的劳动权利。

用人单位招用人员，除国家规定的不适合妇女的工种或者岗位外，不得以性别为由拒绝录用妇女或者提高对妇女的录用标准。

用人单位录用女职工，不得在劳动合同中规定限制女职工结婚、生育的内容。

第二十八条 各民族劳动者享有平等的劳动权利。

用人单位招用人员，应当依法对少数民族劳动者给予适当照顾。

第二十九条 国家保障残疾人的劳动权利。

各级人民政府应当对残疾人就业统筹规划，为残疾人创造就业条件。

用人单位招用人员，不得歧视残疾人。

第三十条 用人单位招用人员，不得以是传染病病原携带者为由拒绝录用。但是，经医学鉴定传染病病原携带者在治愈前或者排除传染嫌疑前，不得从事法律、行政法规和国务院卫生行政部门规定禁止从事的易使传染病扩散的工作。

第三十一条　农村劳动者进城就业享有与城镇劳动者平等的劳动权利，不得对农村劳动者进城就业设置歧视性限制。

第四章　就业服务和管理

第三十二条　县级以上人民政府培育和完善统一开放、竞争有序的人力资源市场，为劳动者就业提供服务。

第三十三条　县级以上人民政府鼓励社会各方面依法开展就业服务活动，加强对公共就业服务和职业中介服务的指导和监督，逐步完善覆盖城乡的就业服务体系。

第三十四条　县级以上人民政府加强人力资源市场信息网络及相关设施建设，建立健全人力资源市场信息服务体系，完善市场信息发布制度。

第三十五条　县级以上人民政府建立健全公共就业服务体系，设立公共就业服务机构，为劳动者免费提供下列服务：

（一）就业政策法规咨询；

（二）职业供求信息、市场工资指导价位信息和职业培训信息发布；

（三）职业指导和职业介绍；

（四）对就业困难人员实施就业援助；

（五）办理就业登记、失业登记等事务；

（六）其他公共就业服务。

公共就业服务机构应当不断提高服务的质量和效率，不得从事经营性活动。

公共就业服务经费纳入同级财政预算。

第三十六条　县级以上地方人民政府对职业中介机构提供公益性就业服务的，按照规定给予补贴。

国家鼓励社会各界为公益性就业服务提供捐赠、资助。

第三十七条　地方各级人民政府和有关部门不得举办或者与他人联合举办经营性的职业中介机构。

地方各级人民政府和有关部门、公共就业服务机构举办的招聘会，不得向劳动者收取费用。

第三十八条　县级以上人民政府和有关部门加强对职业中介机构的管理，鼓励其提高服务质量，发挥其在促进就业中的作用。

第三十九条　从事职业中介活动，应当遵循合法、诚实信用、公平、公开的原则。

用人单位通过职业中介机构招用人员，应当如实向职业中介机构提供岗位需求信息。禁止任何组织或者个人利用职业中介活动侵害劳动者的合法权益。

第四十条　设立职业中介机构应当具备下列条件：

（一）有明确的章程和管理制度；

（二）有开展业务必备的固定场所、办公设施和一定数额的开办资金；

（三）有一定数量具备相应职业资格的专职工作人员；

（四）法律、法规规定的其他条件。

设立职业中介机构应当在工商行政管理部门办理登记后，向劳动行政部门申请行政

许可。

未经依法许可和登记的机构,不得从事职业中介活动。

国家对外商投资职业中介机构和向劳动者提供境外就业服务的职业中介机构另有规定的,依照其规定。

第四十一条 职业中介机构不得有下列行为:

(一)提供虚假就业信息;

(二)为无合法证照的用人单位提供职业中介服务;

(三)伪造、涂改、转让职业中介许可证;

(四)扣押劳动者的居民身份证和其他证件,或者向劳动者收取押金;

(五)其他违反法律、法规规定的行为。

第四十二条 县级以上人民政府建立失业预警制度,对可能出现的较大规模的失业,实施预防、调节和控制。

第四十三条 国家建立劳动力调查统计制度和就业登记、失业登记制度,开展劳动力资源和就业、失业状况调查统计,并公布调查统计结果。

统计部门和劳动行政部门进行劳动力调查统计和就业、失业登记时,用人单位和个人应当如实提供调查统计和登记所需要的情况。

第五章 职业教育和培训

第四十四条 国家依法发展职业教育,鼓励开展职业培训,促进劳动者提高职业技能,增强就业能力和创业能力。

第四十五条 县级以上人民政府根据经济社会发展和市场需求,制定并实施职业能力开发计划。

第四十六条 县级以上人民政府加强统筹协调,鼓励和支持各类职业院校、职业技能培训机构和用人单位依法开展就业前培训、在职培训、再就业培训和创业培训;鼓励劳动者参加各种形式的培训。

第四十七条 县级以上地方人民政府和有关部门根据市场需求和产业发展方向,鼓励、指导企业加强职业教育和培训。

职业院校、职业技能培训机构与企业应当密切联系,实行产教结合,为经济建设服务,培养实用人才和熟练劳动者。

企业应当按照国家有关规定提取职工教育经费,对劳动者进行职业技能培训和继续教育培训。

第四十八条 国家采取措施建立健全劳动预备制度,县级以上地方人民政府对有就业要求的初高中毕业生实行一定期限的职业教育和培训,使其取得相应的职业资格或者掌握一定的职业技能。

第四十九条 地方各级人民政府鼓励和支持开展就业培训,帮助失业人员提高职业技能,增强其就业能力和创业能力。失业人员参加就业培训的,按照有关规定享受政府培训补贴。

第五十条 地方各级人民政府采取有效措施,组织和引导进城就业的农村劳动者参加技能培训，鼓励各类培训机构为进城就业的农村劳动者提供技能培训，增强其就业能力和创业能力。

第五十一条　国家对从事涉及公共安全、人身健康、生命财产安全等特殊工种的劳动者，实行职业资格证书制度，具体办法由国务院规定。

第六章　就业援助

第五十二条　各级人民政府建立健全就业援助制度，采取税费减免、贷款贴息、社会保险补贴、岗位补贴等办法，通过公益性岗位安置等途径，对就业困难人员实行优先扶持和重点帮助。

就业困难人员是指因身体状况、技能水平、家庭因素、失去土地等原因难以实现就业，以及连续失业一定时间仍未能实现就业的人员。就业困难人员的具体范围，由省、自治区、直辖市人民政府根据本行政区域的实际情况规定。

第五十三条　政府投资开发的公益性岗位，应当优先安排符合岗位要求的就业困难人员。被安排在公益性岗位工作的，按照国家规定给予岗位补贴。

第五十四条　地方各级人民政府加强基层就业援助服务工作，对就业困难人员实施重点帮助，提供有针对性的就业服务和公益性岗位援助。

地方各级人民政府鼓励和支持社会各方面为就业困难人员提供技能培训、岗位信息等服务。

第五十五条　各级人民政府采取特别扶助措施，促进残疾人就业。

用人单位应当按照国家规定安排残疾人就业，具体办法由国务院规定。

第五十六条　县级以上地方人民政府采取多种就业形式，拓宽公益性岗位范围，开发就业岗位，确保城市有就业需求的家庭至少有一人实现就业。

法定劳动年龄内的家庭人员均处于失业状况的城市居民家庭，可以向住所地街道、社区公共就业服务机构申请就业援助。街道、社区公共就业服务机构经确认属实的，应当为该家庭中至少一人提供适当的就业岗位。

第五十七条　国家鼓励资源开采型城市和独立工矿区发展与市场需求相适应的产业，引导劳动者转移就业。

对因资源枯竭或者经济结构调整等原因造成就业困难人员集中的地区，上级人民政府应当给予必要的扶持和帮助。

第七章　监督检查

第五十八条　各级人民政府和有关部门应当建立促进就业的目标责任制度。县级以上人民政府按照促进就业目标责任制的要求，对所属的有关部门和下一级人民政府进行考核和监督。

第五十九条　审计机关、财政部门应当依法对就业专项资金的管理和使用情况进行监督检查。

第六十条　劳动行政部门应当对本法实施情况进行监督检查，建立举报制度，受理对违反本法行为的举报，并及时予以核实处理。

第八章 法 律 责 任

第六十一条 违反本法规定,劳动行政等有关部门及其工作人员滥用职权、玩忽职守、徇私舞弊的,对直接负责的主管人员和其他直接责任人员依法给予处分。

第六十二条 违反本法规定,实施就业歧视的,劳动者可以向人民法院提起诉讼。

第六十三条 违反本法规定,地方各级人民政府和有关部门、公共就业服务机构举办经营性的职业中介机构,从事经营性职业中介活动,向劳动者收取费用的,由上级主管机关责令限期改正,将违法收取的费用退还劳动者,并对直接负责的主管人员和其他直接责任人员依法给予处分。

第六十四条 违反本法规定,未经许可和登记,擅自从事职业中介活动的,由劳动行政部门或者其他主管部门依法予以关闭;有违法所得的,没收违法所得,并处一万元以上五万元以下的罚款。

第六十五条 违反本法规定,职业中介机构提供虚假就业信息,为无合法证照的用人单位提供职业中介服务,伪造、涂改、转让职业中介许可证的,由劳动行政部门或者其他主管部门责令改正;有违法所得的,没收违法所得,并处一万元以上五万元以下的罚款;情节严重的,吊销职业中介许可证。

第六十六条 违反本法规定,职业中介机构扣押劳动者居民身份证等证件的,由劳动行政部门责令限期退还劳动者,并依照有关法律规定给予处罚。

违反本法规定,职业中介机构向劳动者收取押金的,由劳动行政部门责令限期退还劳动者,并以每人五百元以上二千元以下的标准处以罚款。

第六十七条 违反本法规定,企业未按照国家规定提取职工教育经费,或者挪用职工教育经费的,由劳动行政部门责令改正,并依法给予处罚。

第六十八条 违反本法规定,侵害劳动者合法权益,造成财产损失或者其他损害的,依法承担民事责任;构成犯罪的,依法追究刑事责任。

第九章 附 则

第六十九条 本法自 2008 年 1 月 1 日起施行。

附录八

人力资源社会保障部　教育部　财政部关于做好高校毕业生等青年就业创业工作的通知

人社部发〔2024〕44 号

各省、自治区、直辖市及新疆生产建设兵团人力资源社会保障厅（局）、教育厅（教委、教育局）、财政厅（局）：

高校毕业生等青年就业关系民生福祉、社会稳定和高质量发展。各地要以习近平新时代中国特色社会主义思想为指导，落实党的二十大精神，强化就业优先导向，把促进青年特别是高校毕业生就业工作摆在更加突出的位置，综合施策，多措并举，着力促进高校毕业生等青年就业创业，确保就业局势总体稳定。现就有关工作通知如下：

一、整合优化吸纳就业补贴和扩岗补助政策。合并实施一次性吸纳就业补贴和一次性扩岗补助政策，对招用毕业年度及离校两年内未就业高校毕业生及 16—24 岁登记失业青年，签订劳动合同，并按规定为其足额缴纳 3 个月以上的失业、工伤、职工养老保险费的企业，可按每招用 1 人不超过 1500 元的标准发放一次性扩岗补助。所需资金从失业保险基金支出，上年度失业保险基金滚存结余备付期限不足 1 年的省份，从就业补助资金支出。政策执行至 2025 年 12 月 31 日。

二、延续实施国有企业增人增资政策。激励国有企业发挥示范带动作用，对按照工资效益联动机制确定的工资总额难以满足扩大高校毕业生招聘需求的国有企业，经履行出资人职责机构或其他企业主管部门同意，统筹考虑企业招聘高校毕业生人数、自然减员情况和现有职工工资水平等因素，可给予一次性增人增资，核增部分据实计入工资总额并作为下一年度工资总额预算基数。政策执行至 2025 年 12 月 31 日。

三、实施先进制造业青年就业行动。开展先进制造业职业体验活动，组织高校毕业生等青年参观企业园区、车间厂房，感受工作氛围，增强职业认知。指定人社服务专员归集适合高校毕业生等青年的就业岗位，依托就业信息资源库和招聘平台，加强数据比对，促进高效匹配，并打包办理支持企业吸纳就业和助力人才发展系列政策。建立先进制造业企业集群职称评审"绿色通道"，赋予相关企业高层次人才举荐权，推动具备条件的先进制造业企业试点开展高级职称自主评审。

四、鼓励引导基层一线就业。实施"三支一扶"计划，统筹推动其他基层服务项目实施，鼓励有条件的地方结合实际适当扩大招募规模。结合实施乡村振兴战略，适应基层治理模式创新需要，挖掘医疗卫生、养老服务、社会工作、司法辅助、科研助理等基层就业机会。对到基层就业的高校毕业生，按规定落实学费补偿、国家助学贷款代偿、高定工资、提前转正定级等政策，畅通职业发展通道。

五、支持自主创业和灵活就业。强化青年创业支持，构建创业信息发布、政策咨询、流程办理、孵化服务等全周期服务机制，推进创业服务集成办理。对符合条件的高校毕业生创业项目，按规定给予一次性创业补贴。落实灵活就业社保补贴政策，扩大新就业形态

就业人员职业伤害保障试点，保障青年灵活就业合法权益。

六、大规模组织招聘对接服务。组织公共就业服务进校园，开展政策宣传、校园招聘、指导培训等活动。人社厅局长要结对帮扶就业压力大的高校，定向送资源、送岗位、送服务。组织开展"10＋N"公共就业服务活动，将高校毕业生等青年群体作为服务重点，普遍设立招聘专区。加密招聘频次，高校毕业生集中的地市每周至少举办一次专业性招聘、每月至少举办一次综合性招聘。强化数字赋能，推进线上线下一体服务，探索岗位发布、组织对接、面试洽谈等"一站式"在线服务，便利青年求职应聘。

七、强化青年求职能力训练和学徒培训。要加强高校毕业生等青年职业指导和求职能力训练，组织青年求职能力实训营，注重理论与实践相结合，开展模拟面试、简历诊断、职业规划等互动教学，组织企业参观、行业调研、岗位锻炼等体验活动。组织青年和毕业年度学生参加新型学徒培训，提高技能水平，按规定对承担学徒培训任务的企业和学校给予学徒培训补贴。

八、实施百万就业见习岗位募集计划。支持企业、政府投资项目、事业单位开展就业见习，更多开发科研类、技术类、管理类、社会服务类见习岗位。2024年起，每年募集不少于100万个就业见习岗位，按规定给予就业见习补贴。对见习期未满与见习人员签订劳动合同的，各地可给予剩余期限见习补贴，政策执行至2025年12月31日。

九、实施就业困难青年专项帮扶行动。强化未就业高校毕业生实名帮扶，建立实名台账，普遍提供至少1次政策宣介、1次职业指导、3次岗位推荐及1次培训或见习机会。强化困难高校毕业生结对帮扶，加强与农业农村、残联部门信息共享，及时将脱贫家庭毕业生、残疾毕业生、长期失业青年、求职补贴发放对象纳入帮扶台账，制定专项计划，开展"一对一"结对帮扶，针对性提供高质量岗位信息。

十、高效办成高校毕业生就业一件事。统筹就业与人才政策服务事项，公开办理流程，明确办理时限，加快办理进度，推进档案接收、补贴申领、社保缴纳、落户手续等政策服务"一件事打包办"。有条件的地区可给予高校毕业生等青年人才公寓等支持，为青年就业提供便利。指导各级公共就业人才服务机构普遍设立青年就业服务窗口，有条件的地区要依托零工市场（零工驿站）、家门口就业服务站等现有资源建设一批青年就业驿站，为高校毕业生等青年就业提供一站式服务。

十一、加强就业权益维护。加强人力资源市场监管，依法查处虚假招聘、违规收费、"黑中介"等违法违规行为，规范人力资源市场秩序。加大就业权益知识普及，在招聘会现场、服务大厅和相关网站发布防范求职陷阱的专门提示、典型案例、维权警示和投诉渠道，增强高校毕业生等青年风险防范意识和权益保护意识。加强公共就业服务活动和各类校园招聘活动参与企业资质及岗位审核，避免不合理招聘信息。

各地要提高思想认识，把促进高校毕业生等青年就业作为重大政治责任，作为为民办实事重要内容，细化实施方案，明确职责分工、时间进度和工作要求。要细化完善政策，结合实际优化调整本地促进青年就业政策，能出早出、能出尽出，推动惠企利民。要加强协同配合，人力资源社会保障部门要加强工作统筹协调，建立工作调度机制，强化人员保障，确保各项工作任务落地见效；教育部门要加强高校毕业生就业指导服务，配合相关部门落实落细各项促就业政策；财政部门要做好就业补助资金保障，支持高校毕业生等青年

附录八　人力资源社会保障部　教育部　财政部关于做好高校毕业生等青年就业创业工作的通知

就业政策落实。要强化宣传引导，加强对本地促进青年就业创业政策、经验做法和典型的宣传，引导高校毕业生等青年从实际出发选择就业方向。

人力资源社会保障部

教育部

财政部

2024 年 5 月 17 日

附录九

浙江省 2024 年选拔高职高专毕业生进入本科学习实施细则

一、招生对象

符合下列条件的人员可以报考：

（一）我省全日制高职高专应届毕业。

（二）遵守中华人民共和国宪法和法律。

（三）身体健康，各专业身体要求按教育部等三部委印发的《普通高等学校招生体检工作指导意见》执行。

二、招考类别

根据专业对口原则，高职高专和本科专业分为文史、理工、经管、法学、教育、农学、医学、艺术八个招考类别。

三、招生计划

招生高校为我省各类全日制本科高校，包括普通本科高校、独立学院和职业技术大学，经批准均可开展专升本招生。

招生高校根据浙江省教育厅下达的专升本招生规模，编制分类分专业计划报浙江省教育考试院统一公布。招生高校在安排招生计划时，原则上按照《浙江省专升本各类别所含专业对照表（2024 版）》（附件 1，以下简称《对照表》）的对应关系，确定招考类别及对应的高职高专阶段所学专业要求；部分专业确有需要的，经同意后也可根据实际情况适当缩小对应的高职高专专业范围。英语不作为统一报考条件，但招生高校可根据专业学习需要明确考生英语 CET 三级或高等学校英语应用能力 A 级等具体要求，并在省统一向社会发布的招生计划中公布。学校不设单科成绩要求。

四、报名与缴费

（一）网上报名

符合条件的考生须在 2024 年 3 月 16 日 9 时至 20 日 17 时内，登录浙江省教育考试院网站报名系统，按要求如实填写报名信息，上传本人照片。

（二）志愿填报

每个考生可填报 8 个志愿，每个志愿包括 1 所高校和 1 个专业。考生只能选择 1 个招考类别，具体类别根据考生高职高专阶段所学专业，按《对照表》确定，跨类别填报的志愿无效。考生填报前须认真查看拟报考高校的招生简章和招生要求，确保本人志愿填报符合要求、入学后能正常完成本科阶段学业。医学、护理类等专业的具体报考要求和学制年限，由招生高校严格根据教育部和行业要求设定，在招生计划中予以明确。

（三）资格审核

相关高校于 3 月 21 日至 23 日期间对完成网上信息输入的本校考生进行网上资格审核；3 月 24 日 9 时起，考生可登录报名系统查询审核结果。

（四）网上缴费

资格审核通过的考生，须于 3 月 25 日 9 时至 26 日 17 时登录报名系统，按照系统指引完成网上缴纳考试费。根据《关于普通高校专升本和"2＋2"招生考试收费标准的复函》（浙价费〔2005〕17 号）有关规定，收费标准为 110 元/人次。逾期未完成缴费的，视为放弃报名。

五、考试组织

（一）考试科目

招 考 类 别	考 试 科 目
文史、法学、教育、艺术	大学语文、英语
理工、经管、农学、医学	高等数学、英语

艺术、体育类专业经浙江省教育考试院同意，可由招生高校组织专业加试，并在报名工作开始前完成。专业加试合格的考生才能填报相应的高校专业志愿。

（二）各科分值

各科满分均为 150 分。

（三）考试时间

2024 年 4 月 20 日，上午考高等数学、大学语文（9：00—11：30），下午考英语（14：30—17：00）。

（四）考试组织

考试由浙江省教育考试院统一组织管理，各设区市教育考试机构具体组织实施，考点设在设区市。考生于考前 1 周内登录报名系统自行下载打印准考证，考前 1 天考生可自主前往熟悉考场。

（五）命题评卷

由浙江省教育考试院统一组织。公布成绩时间为 5 月中旬。考生如对成绩有疑义，可按规定程序进行成绩核查申报。成绩核查限报 1 科，只查漏评、误评、积分及统分差误，不查评卷宽严。

六、招生录取

录取工作贯彻公开、公平、公正原则，实行"招生高校负责、省教育考试院监督"的体制。

（一）划定最低控制线

评卷结束后，浙江省教育考试院根据各类别计划的一定比例，分别划定录取最低控制线。

（二）投档办法

按 8 个招考类别分别对考生总分进行排序，并从高分到低分按考生志愿（高校＋专业）顺序检索，一旦出现符合投档条件的高校和专业，即投档到该高校该专业。投档比例原则上为 1∶1，同分考生一并投档。

（三）高校录取

招生高校根据招生计划严格按省有关规定制定工作细则，综合评价、全面考核、择优确定拟录取名单。拟录取考生高职高专阶段就读的高校于 2024 年 7 月 15 日前审核确认拟录取考生高职高专毕业资格，并报浙江省教育厅职成教处复核，不能如期毕业者取消录取资格，招生高校按审核通过的名单办理录取手续，并寄发录取通知书。

对未完成招生计划的高校、专业，根据总体录取情况，视情决定是否进行征求志愿。其中艺术大类中的音乐、舞蹈、表演类专业生源不足时，可降分征求志愿，降分幅度不超过 10 分。

七、学籍管理

（一）报到注册

新生凭"录取通知书"和 2024 年 7 月 15 日前取得的高职高专毕业证书原件报到注册，缺一不予报到。专升本学生为全日制普通高等学校学生，学制两年（注明三年制的除外）。学费按升入学校同届学生收费标准执行。新生可凭"录取通知书"办理户籍迁移手续。

（二）学籍管理

学生入学后不允许转学、转专业。毕业时发全日制普通本科毕业证书，文凭表述为"在本校 XX 专业专科起点本科学习"，学习时间按进入本科阶段学习的实际时间填写，符合学位授予条件的授予学士学位。

（三）入学资格复查

新生入学后，高校要进行全面复查，对不符合报考条件、报到条件和录取标准以及弄虚作假、违纪舞弊者，取消其入学资格，并报省教育考试院备案。

八、其他事项

（一）按照教育部办公厅《关于进一步做好高校学生参军入伍工作的通知》（教学厅〔2015〕3 号）、《普通高职（专科）毕业生服义务兵役退役后接受普通本科教育招生办法（试行）》（教学厅〔2009〕6 号）精神及我省实际，符合我省普通高校专升本招生报考条件（含我省户籍外省就读）的退役士兵，高职高专毕业当年或退役后 1 年内报名参加普通高校专升本考试，录取时总分加 20 分参加统一录取。

考生身份为退役士兵的，报名时须在报名系统上传身份证、义务兵退出现役证照片，我省户籍外省就读的退役士兵考生还须上传毕业证明照片。

考生不得跨省重复报名参加普通高校专升本招生录取，否则遗留问题由考生本人负责。

（二）《浙江省 2024 年普通高校专升本选拔考试考生登记表》（附件 2）由考生所在高校打印存入考生档案并寄送至录取高校招生办。

附件：1. 浙江省专升本各类别所含专业对照表（2024 版）
2. 浙江省 2024 年普通高校专升本选拔考试考生登记表

附件1

浙江省专升本各类别所含专业对照表（2024版）

类别	所含本科专业名称及其国标码	所含高职高专专业名称及其国标码	
		2021年以前入学的退役大学生士兵使用	2021年（含）以后入学的应届毕业生使用
文史类	010101 哲学	540703 物业管理	440703 现代物业管理
	020401 国际经济与贸易	600302 国际邮轮乘务管理	500304 国际邮轮乘务管理
	030102 知识产权	600405 空中乘务	500405 空中乘务
	030302 社会工作	600407 民航空中安全保卫	500407 民航空中安全保卫
	040106 学前教育	620811 老年保健与管理	520803 老年保健与管理
	050107 秘书学	630201 金融管理	530201 金融服务与管理
	050101 汉语言文学	630302 会计	530302 大数据与会计
	050102 汉语言	630501 国际贸易实务	530501 国际经济与贸易
	050103 汉语国际教育	630502 国际经济与贸易	
	050105 古典文献学	630503 国际商务	530502 国际商务
	050201 英语	630601 工商企业管理	530601 工商企业管理
	050202 俄语	630602 商务管理	530603 商务管理
	050203 德语	630701 市场营销	530605 市场营销
	050204 法语	630704 茶艺与茶叶营销	540109 茶艺与茶文化
	050205 西班牙语	630801 电子商务	530701 电子商务
	050206 阿拉伯语	630805 跨境电子商务	530702 跨境电子商务
	050207 日语	630907 采购与供应管理	530808 采购与供应管理
	050209 朝鲜语	640101 旅游管理	540101 旅游管理
	050238 意大利语	640102 导游	540102 导游
	050261 翻译	640103 旅行社经营管理	
	050262 商务英语	640104 景区开发与管理	540110 智慧景区开发与管理
	050301 新闻学	640105 酒店管理	540106 酒店管理与数字化运营
	050302 广播电视学	640106 休闲服务与管理	540113 休闲服务与管理
	050303 广告学	640107 研学旅行管理与服务	540105 研学旅行管理与服务
	050304 传播学	640201 餐饮管理	540201 餐饮智能管理
	050305 编辑出版学	640202 烹调工艺与营养	540202 烹饪工艺与营养
	050306 网络与新媒体	640301 会展策划与管理	540112 会展策划与管理
	050308 时尚传播	650124 摄影与摄像艺术	550118 摄影与摄像艺术
	050309 国际新闻与传播	650401 文化创意与策划	550401 文化创意与策划
	060101 历史学	650402 文化市场经营管理	550402 文化产业经营与管理
	060104 文物与博物馆学	650403 公共文化服务与管理	550403 公共文化服务与管理

续表

类别	所含本科专业名称及其国标码	所含高职高专专业名称及其国标码	
		2021年以前入学的退役大学生士兵使用	2021年（含）以后入学的应届毕业生使用
文史类	120102 信息管理与信息系统 120202 市场营销 120401 公共事业管理 120402 行政管理 120901 旅游管理 130304 戏剧影视文学 130305 广播电视编导 370201 应用英语	650404 文物修复与保护 660102 网络新闻与传播 660201 新闻采编与制作 660214 传播与策划 660215 媒体营销 670101 早期教育 670102 学前教育 670103 小学教育 670104 语文教育 670106 英语教育 670201 汉语 670202 商务英语 670203 应用英语 670204 旅游英语 670205 商务日语 670206 应用日语 670207 旅游日语 670208 应用韩语 670209 应用俄语 670210 应用法语 670211 应用德语 670212 应用西班牙语 670215 应用阿拉伯语 670301 文秘 680502 法律文秘 690101 社会工作 690201 民政管理 690202 人力资源管理 690208 知识产权管理 690301 老年服务与管理 690302 家政服务与管理	550404 文物修复与保护 560102 网络新闻与传播 560205 新闻采编与制作 560215 传播与策划 560216 全媒体广告策划与营销 570101 早期教育 570102 学前教育 570103 小学教育 570201 商务英语 570202 应用英语 570203 旅游英语 570205 商务日语 570206 应用日语 570207 旅游日语 570204 应用韩语 570210 应用俄语 570211 应用法语 570213 应用德语 570212 应用西班牙语 570216 应用阿拉伯语 590401 现代文秘 580402 法律文秘 590101 社会工作 590201 民政服务与管理 590202 人力资源管理 590208 知识产权管理 590302 智慧健康养老服务与管理 590301 现代家政服务与管理

附录九　浙江省2024年选拔高职高专毕业生进入本科学习实施细则

续表

类别	所含本科专业名称及其国标码	所含高职高专专业名称及其国标码	
		2021年以前入学的退役大学生士兵使用	2021年（含）以后入学的应届毕业生使用
理工类	030102 知识产权	510103 设施农业与装备	410112 设施农业与装备
	070101 数学与应用数学	510107 园艺技术	410105 园艺技术
	070102 信息与计算科学	510109 茶树栽培与茶叶加工	410107 茶叶生产与加工技术
	070201 物理学	510113 农产品加工与质量检测	410114 农产品加工与质量检测
	070202 应用物理学	510114 绿色食品生产与检验	410115 绿色食品生产技术
	070301 化学	510116 农产品流通与管理	410116 农产品流通与管理
	070302 应用化学	510119 农村经营管理	410120 农村新型经济组织管理
	070305 能源化学	510201 林业技术	410201 林业技术
	070501 地理科学	510202 园林技术	410202 园林技术
	070502 自然地理与资源环境	510301 畜牧兽医	410303 畜牧兽医
	070503 人文地理与城乡规划	510302 动物医学	410301 动物医学
	070504 地理信息科学	510304 动物防疫与检疫	
	070601 大气科学	510305 动物医学检验技术	410301 动物医学
	070701 海洋科学	510306 宠物养护与驯导	410309 宠物养护与驯导
	070702 海洋技术	510401 水产养殖技术	
	070703 海洋资源与环境	510402 海洋渔业技术	
	070903 地球信息科学与技术	520301 工程测量技术	420301 工程测量技术
	071001 生物科学	520305 地籍测绘与土地管理	420305 地籍测绘与土地管理
	071002 生物技术	520403 油气储运技术	
	071003 生物信息学	520801 环境监测与控制技术	420801 环境监测技术
	071101 心理学	520804 环境工程技术	420802 环境工程技术
	071102 应用心理学	520901 安全健康与环保	420908 职业健康安全技术
	071201 统计学	520904 安全技术与管理	420901 安全技术与管理
	071202 应用统计学	520905 工程安全评价与监理	420903 工程安全评价与监理
	080102 工程力学	520906 安全生产监测监控	420904 安全智能监测技术
	080201 机械工程	530101 发电厂及电力系统	430101 发电厂及电力系统
	080202 机械设计制造及其自动化	530102 供用电技术	
	080203 材料成型及控制工程	530103 电力系统自动化技术	
	080204 机械电子工程	530104 高压输配电线路施工运行与维护	
	080205 工业设计	530201 电厂热能动力装置	
	080206 过程装备与控制工程	530301 风力发电工程技术	

续表

类别	所含本科专业名称及其国标码	所含高职高专专业名称及其国标码	
		2021年以前入学的退役大学生士兵使用	2021年（含）以后入学的应届毕业生使用
理工类	080207 车辆工程	530601 材料工程技术	430601 材料工程技术
	080208 汽车服务工程	530602 高分子材料工程技术	
	080212 汽车维修工程教育		430705 装配式建筑构件智能制造技术
	080213 智能制造工程	540101 建筑设计	440101 建筑设计
	080218 智能交互设计	540102 建筑装饰工程技术	440102 建筑装饰工程技术
	080301 测控技术与仪器	540103 古建筑工程技术	
	080401 材料科学与工程	540104 建筑室内设计	440106 建筑室内设计
	080402 材料物理	540105 风景园林设计	440105 风景园林设计
	080403 材料化学	540106 园林工程技术	440104 园林工程技术
	080407 高分子材料与工程	540107 建筑动画与模型制作	440107 建筑动画技术
	080414 新能源材料与器件	540201 城乡规划	440201 城乡规划
	080501 能源与动力工程	540203 城市信息化管理	440202 智慧城市管理技术
	080502 能源与环境系统工程	540301 建筑工程技术	440301 建筑工程技术
	080503 新能源科学与工程	540302 地下与隧道工程技术	
	080601 电气工程及其自动化		440302 装配式建筑工程技术
	080604 电气工程与智能控制	540304 建筑钢结构工程技术	440303 建筑钢结构工程技术
	080701 电子信息工程	540401 建筑设备工程技术	440401 建筑设备工程技术
	080702 电子科学与技术	540402 供热通风与空调工程技术	440403 供热通风与空调工程技术
	080703 通信工程	540403 建筑电气工程技术	440402 建筑电气工程技术
	080704 微电子科学与工程	540404 建筑智能化工程技术	440404 建筑智能化工程技术
	080705 光电信息科学与工程	540406 消防工程技术	440406 建筑消防技术
	080706 信息工程	540501 建设工程管理	440502 建设工程管理
	080707 广播电视工程	540502 工程造价	440501 工程造价
	080710 集成电路设计与集成系统	540503 建筑经济管理	440503 建筑经济信息化管理
	080711 医学信息工程	540504 建设项目信息化管理	440502 建设工程管理
	080714 电子信息科学与技术	540505 建设工程监理	440504 建设工程监理
	080716 应用电子技术教育	540601 市政工程技术	440601 市政工程技术
	080717 人工智能	540603 给排水工程技术	440602 给排水工程技术
	080801 自动化	540701 房地产经营与管理	440701 房地产经营与管理
	080803 机器人工程	540702 房地产检测与估价	
	080901 计算机科学与技术	550102 水文测报技术	

附录九　浙江省2024年选拔高职高专毕业生进入本科学习实施细则

续表

类别	所含本科专业名称及其国标码	所含高职高专专业名称及其国标码 2021年以前入学的退役大学生士兵使用	所含高职高专专业名称及其国标码 2021年（含）以后入学的应届毕业生使用
理工类	080902 软件工程	550201 水利工程	450201 水利工程
	080903 网络工程	550203 水利水电工程管理	450204 水利水电工程智能管理
	080904 信息安全	550204 水利水电建筑工程	450205 水利水电建筑工程
	080905 物联网工程		450403 水生态修复技术
	080906 数字媒体技术	560101 机械设计与制造	460101 机械设计与制造
	080910 数据科学与大数据技术		460102 数字化设计与制造技术
	080911 网络空间安全	560102 机械制造与自动化	460104 机械制造及自动化
	081001 土木工程	560103 数控技术	460103 数控技术
	081002 建筑环境与能源应用工程	560104 精密机械技术	460104 机械制造及自动化
	081003 给排水科学与工程	560106 材料成型与控制技术	460107 材料成型及控制技术
	081004 建筑电气与智能化	560111 机械产品检测检验技术	
	081005 城市地下空间工程	560112 理化测试与质检技术	460120 理化测试与质检技术
	081006 道路桥梁与渡河工程	560113 模具设计与制造	460113 模具设计与制造
	081008 智能建造	560114 电机与电器技术	460203 电机与电器技术
	081101 水利水电工程	560117 机械装备制造技术	
	081102 水文与水资源工程	560118 工业设计	460105 工业设计
	081103 港口航道与海岸工程	560119 工业工程技术	460106 工业工程技术
	081201 测绘工程	560203 机电设备维修与管理	
	081301 化学工程与工艺	560204 数控设备应用与维护	460201 智能制造装备技术
	081302 制药工程	560206 光电制造与应用技术	460115 智能光电制造技术
	081504 油气储运工程	560301 机电一体化技术	460301 机电一体化技术
	081601 纺织工程	560302 电气自动化技术	460306 电气自动化技术
	081602 服装设计与工程	560303 工业过程自动化技术	460307 工业过程自动化技术
	081603 非织造材料与工程	560304 智能控制技术	460303 智能控制技术
	081701 轻化工程	560308 电梯工程技术	460206 电梯工程技术
	081702 包装工程	560309 工业机器人技术	460305 工业机器人技术
	081703 印刷工程		460310 工业互联网应用
	081801 交通运输	560501 船舶工程技术	460501 船舶工程技术
	081802 交通工程	560502 船舶机械工程技术	
	081803 航海技术	560503 船舶电气工程技术	460503 船舶电气工程技术
	081804 轮机工程	560504 船舶舾装工程技术	

附录

续表

类别	所含本科专业名称及其国标码	所含高职高专专业名称及其国标码	
		2021年以前入学的退役大学生士兵使用	2021年（含）以后入学的应届毕业生使用
理工类	081901 船舶与海洋工程	560506 游艇设计与制造	460508 游艇设计与制造
	081902 海洋工程与技术	560509 船舶动力工程技术	
	082002 飞行器设计与工程	560601 飞行器制造技术	460601 飞行器数字化制造技术
	082107 信息对抗技术	560610 无人机应用技术	460609 无人机应用技术
	082302 农业机械化及其自动化	560701 汽车制造与装配技术	460701 汽车制造与试验技术
	082402 木材科学与工程	560702 汽车检测与维修技术	460701 汽车制造与试验技术
	082501 环境科学与工程	560703 汽车电子技术	460703 汽车电子技术
	082502 环境工程	560707 新能源汽车技术	460702 新能源汽车技术
	082503 环境科学		460704 智能网联汽车技术
	082504 环境生态工程	570101 食品生物技术	
	082506 资源环境科学	570102 化工生物技术	
	082601 生物医学工程	570103 药品生物技术	470102 药品生物技术
	082701 食品科学与工程	570104 农业生物技术	
	082702 食品质量与安全	570201 应用化工技术	470201 应用化工技术
	082705 酿酒工程	570202 石油炼制技术	470202 石油炼制技术
	082801 建筑学	570203 石油化工技术	470204 石油化工技术
	082802 城乡规划	570205 精细化工技术	470203 精细化工技术
	082803 风景园林	570207 工业分析技术	470208 分析检验技术
	082901 安全工程	570208 化工装备技术	
	083001 生物工程		470209 化工智能制造技术
	083002 生物制药	580106 化妆品技术	480101 化妆品技术
	083101 刑事科学技术	580109 鞋类设计与工艺	480104 鞋类设计与工艺
	083103 交通管理工程	580201 包装工程技术	
	100701 药学	580202 包装策划与设计	480202 包装策划与设计
	100702 药物制剂	580301 数字图文信息技术	480303 印刷数字图文技术
	100801 中药学	580304 印刷媒体技术	480302 印刷媒体技术
	100806 中草药栽培与鉴定	580401 现代纺织技术	480401 现代纺织技术
	120101 管理科学	580403 染整技术	480405 数字化染整技术
	120102 信息管理与信息系统	580404 纺织机电技术	
	120103 工程管理	580405 纺织品检验与贸易	480411 纺织品检验与贸易
	120105 工程造价	580406 纺织品设计	480406 纺织品设计

附录九　浙江省2024年选拔高职高专毕业生进入本科学习实施细则

续表

类别	所含本科专业名称及其国标码	所含高职高专专业名称及其国标码 2021年以前入学的退役大学生士兵使用	所含高职高专专业名称及其国标码 2021年（含）以后入学的应届毕业生使用
理工类	120602 物流工程	580409 针织技术与针织服装	480404 针织技术与针织服装
	120701 工业工程	580410 服装设计与工艺	480402 服装设计与工艺
	120703 质量管理工程	590101 食品加工技术	490101 食品智能加工技术
	130508 数字媒体艺术	590102 酿酒技术	490105 酿酒技术
	230602 新材料与应用技术	590103 食品质量与安全	490102 食品质量与安全
	240101 建筑设计	590104 食品贮运与营销	490106 食品贮运与营销
	240104 园林景观工程	590105 食品检测技术	490104 食品检验检测技术
	240301 建筑工程	590107 食品营养与检测	490104 食品检验检测技术
	240302 智能建造工程	590202 药品生产技术	490201 药品生产技术
	240402 建筑电气与智能化工程	590204 药品质量与安全	490206 药品质量与安全
	240501 工程造价	590205 制药设备应用技术	490207 制药设备应用技术
	240502 建设工程管理	590206 化学制药技术	490204 化学制药技术
	260102 智能制造工程技术	590207 生物制药技术	490202 生物制药技术
	260304 机器人技术	590208 中药制药技术	520415 中药制药
	270102 合成生物技术	590209 药物制剂技术	490203 药物制剂技术
	280101 化妆品工程技术	590301 药品经营与管理	490208 药品经营与管理
	290101 食品工程技术	590303 保健品开发与管理	490216 保健食品质量与管理
	290102 食品质量与安全	590304 化妆品经营与管理	490217 化妆品经营与管理
	290103 食品营养与健康	590305 食品药品监督管理	490209 食品药品监督管理
	290201 制药工程技术	600101 铁道机车	
	290202 药品质量管理	600104 铁道工程技术	500101 铁道工程技术
	290203 医疗器械工程技术	600201 智能交通技术运用	500207 智能交通技术
	290204 药事服务与管理	600202 道路桥梁工程技术	500201 道路与桥梁工程技术
	290205 药物分析	600203 道路运输与路政管理	
	290206 药物制剂	600204 道路养护与管理	
	300201 道路与桥梁工程	600207 交通运营管理	
	310102 物联网工程技术	600209 汽车运用与维修技术	500211 汽车检测与维修技术
	310201 计算机应用工程	600210 汽车车身维修技术	500211 汽车检测与维修技术
	310203 软件工程技术	600212 新能源汽车运用与维修	500212 新能源汽车检测与维修技术
	310208 虚拟现实技术	600301 航海技术	500301 航海技术
	320301 药学	600302 国际邮轮乘务管理	500304 国际邮轮乘务管理

续表

类别	所含本科专业名称及其国标码	所含高职高专专业名称及其国标码	
		2021年以前入学的退役大学生士兵使用	2021年(含)以后入学的应届毕业生使用
理工类	320401 中药制药 320402 中药学 320403 中药材生产与加工 320602 康复辅助器具技术 330601 企业数字化管理 740101 土木工程 740201 工程造价 810203 软件工程	600303 船舶电子电气技术 600304 船舶检验 600305 港口机械与自动控制 600307 港口与航道工程技术 600308 港口与航运管理 600310 轮机工程技术 600313 集装箱运输管理 600401 民航运输 600404 直升机驾驶技术 600406 民航安全技术管理 600408 机场运行 600409 飞机机电设备维修 600416 通用航空器维修 600601 城市轨道交通车辆技术 600602 城市轨道交通机电技术 600606 城市轨道交通运营管理 600701 邮政通信管理 600702 快递运营管理 610101 电子信息工程技术 610102 应用电子技术 610104 智能产品开发 610106 智能监控技术应用 610107 汽车智能技术 610109 电子产品营销与服务 610111 电子制造技术与设备 610112 电子测量技术与仪器 610114 声像工程技术 610117 光伏工程技术 610119 物联网应用技术	500308 船舶电子电气技术 500306 港口机械与智能控制 500307 港口与航运管理 500303 轮机工程技术 500401 民航运输服务 500404 直升机驾驶技术 500406 民航安全技术管理 500409 飞机机电设备维修 500412 通用航空器维修 500602 城市轨道车辆应用技术 500603 城市轨道交通机电技术 500604 城市轨道交通通信信号技术 500606 城市轨道交通运营管理 500703 邮政通信管理 500701 邮政快递运营管理 500702 邮政快递智能技术 510101 电子信息工程技术 510103 应用电子技术 510108 智能产品开发与应用 510108 智能产品开发与应用 510107 汽车智能技术 510103 应用电子技术 510102 物联网应用技术

附录九　浙江省2024年选拔高职高专毕业生进入本科学习实施细则

续表

类别	所含本科专业名称及其国标码	所含高职高专专业名称及其国标码	
		2021年以前入学的退役大学生士兵使用	2021年（含）以后入学的应届毕业生使用
理工类		610120 集成电路技术应用	510401 集成电路技术
		610201 计算机应用技术	510201 计算机应用技术
		610202 计算机网络技术	510202 计算机网络技术
		610203 计算机信息管理	510205 大数据技术
		610204 计算机系统与维护	
		610205 软件技术	510203 软件技术
		610206 软件与信息服务	
		610207 动漫制作技术	510215 动漫制作技术
		610210 数字媒体应用技术	510204 数字媒体技术
		610211 信息安全与管理	510207 信息安全技术应用
		610212 移动应用开发	510213 移动应用开发
		610213 云计算技术与应用	510206 云计算技术应用
		610214 电子商务技术	510203 软件技术
		610215 大数据技术与应用	510205 大数据技术
		610216 虚拟现实应用技术	510208 虚拟现实技术应用
		610217 人工智能技术服务	510209 人工智能技术应用
		610301 通信技术	510301 现代通信技术
		610302 移动通信技术	510302 现代移动通信技术
		610303 通信系统运行管理	
		610304 通信工程设计与监理	510305 通信工程设计与监理
		610305 电信服务与管理	510309 电信服务与管理
		610306 光通信技术	510301 现代通信技术
		620103 中医学	520401 中医学
		620105 针灸推拿	520403 针灸推拿
		620301 药学	520301 药学
		620302 中药学	520410 中药学
		620401 医学检验技术	520501 医学检验技术
		620403 医学影像技术	520502 医学影像技术
		620404 医学美容技术	520507 医学美容技术
		620405 口腔医学技术	520504 口腔医学技术
		620406 卫生检验与检疫技术	520508 卫生检验与检疫技术

续表

类别	所含本科专业名称及其国标码	所含高职高专专业名称及其国标码	
		2021年以前入学的退役大学生士兵使用	2021年（含）以后入学的应届毕业生使用
理工类		620407 眼视光技术	520901 眼视光技术
		620501 康复治疗技术	520601 康复治疗技术
		620502 言语听觉康复技术	520603 言语听觉康复技术
		620604 卫生信息管理	520702 卫生信息管理
		620801 健康管理	520801 健康管理
		620802 医学营养	520805 医学营养
		620804 心理咨询	
		620805 医疗设备应用技术	
		620806 精密医疗器械技术	490211 医用电子仪器技术
		620807 医疗器械维护与管理	490213 医疗器械维护与管理
		620808 康复工程技术	490215 康复工程技术
		620812 医疗器械经营与管理	490214 医疗器械经营与服务
		630209 互联网金融	530202 金融科技应用
		630302 会计	530302 大数据与会计
		630401 信息统计与分析	530401 统计与大数据分析
		630402 统计与会计核算	530402 统计与会计核算
		630505 经济信息管理	
		630506 报关与国际货运	530503 关务与外贸服务
		630507 商务经纪与代理	
		630702 汽车营销与服务	500210 汽车技术服务与营销
		630801 电子商务	530701 电子商务
		630802 移动商务	530703 移动商务
		630804 商务数据分析与应用	530706 商务数据分析与应用
		630805 跨境电子商务	530702 跨境电子商务
		630901 物流工程技术	530801 物流工程技术
		630902 物流信息技术	530809 智能物流技术
		630903 物流管理	530802 现代物流管理
		640205 西餐工艺	540204 西式烹饪工艺
		650102 视觉传播设计与制作	550102 视觉传达设计
		650104 数字媒体艺术设计	550103 数字媒体艺术设计
		650108 服装与服饰设计	550105 服装与服饰设计

附录九　浙江省2024年选拔高职高专毕业生进入本科学习实施细则

续表

类别	所含本科专业名称及其国标码	所含高职高专专业名称及其国标码	
		2021年以前入学的退役大学生士兵使用	2021年（含）以后入学的应届毕业生使用
理工类		650109 室内艺术设计	550114 室内艺术设计
		660101 图文信息处理	
		660203 广播影视节目制作	560202 广播影视节目制作
		660204 广播电视技术	
		660211 音像技术	560210 音像技术
		670105 数学教育	
		670107 物理教育	
		670108 化学教育	
		670109 生物教育	
		670120 现代教育技术	
		670411 电子竞技运动与管理	570312 电子竞技运动与管理
		680702 安全防范技术	580701 安全防范技术
		680705 司法信息安全	580604 司法信息安全
经管类	020101 经济学	510102 种子生产与经营	410101 种子生产与经营
	020102 经济统计学	510105 休闲农业	
	020104 资源与环境经济学	510119 农村经营管理	410120 农村新型经济组织管理
	020105 商务经济学	540203 城市信息化管理	440202 智慧城市管理技术
	020109 数字经济	540502 工程造价	440501 工程造价
	020201 财政学	540501 建设工程管理	440502 建设工程管理
	020202 税收学	540503 建筑经济管理	440503 建筑经济信息化管理
	020301 金融学	540504 建设项目信息化管理	440502 建设工程管理
	020302 金融工程	540701 房地产经营与管理	440701 房地产经营与管理
	020303 保险学	540702 房地产检测与估价	
	020304 投资学	540703 物业管理	440703 现代物业管理
	020305 金融数学	580106 化妆品技术	480101 化妆品技术
	020306 信用管理	580401 现代纺织技术	480401 现代纺织技术
	020309 互联网金融	580405 纺织品检验与贸易	480411 纺织品检验与贸易
	020310 金融科技	590301 药品经营与管理	490208 药品经营与管理
	020401 国际经济与贸易	590303 保健品开发与管理	
	020402 贸易经济	590304 化妆品经营与管理	490217 化妆品经营与管理
	030102 知识产权	590305 食品药品监督管理	490209 食品药品监督管理

附录

续表

类别	所含本科专业名称及其国标码	所含高职高专专业名称及其国标码	
		2021年以前入学的退役大学生士兵使用	2021年（含）以后入学的应届毕业生使用
经管类	030302 社会工作	600207 交通运营管理	
	120102 信息管理与信息系统	600313 集装箱运输管理	
	120103 工程管理	600401 民航运输	500401 民航运输服务
	120108 大数据管理与应用	600405 空中乘务	500405 空中乘务
	120201 工商管理	600406 民航安全技术管理	500406 民航安全技术管理
	120202 市场营销	600407 民航空中安全保卫	500407 民航空中安全保卫
	120203 会计学	600408 机场运行	
	120204 财务管理	600606 城市轨道交通运营管理	500606 城市轨道交通运营管理
	120205 国际商务	600701 邮政通信管理	500703 邮政通信管理
	120206 人力资源管理	600702 快递运营管理	500701 邮政快递运营管理
	120207 审计学	610303 通信系统运行管理	
	120208 资产评估	610305 电信服务与管理	510309 电信服务与管理
	120209 物业管理	620602 公共卫生管理	
	120210 文化产业管理	620603 卫生监督	
	120212 体育经济与管理	620604 卫生信息管理	520702 卫生信息管理
	120213 财务会计教育		520704 健康大数据管理与服务
	120216 创业管理	620801 健康管理	520801 健康管理
	120301 农林经济管理	620811 老年保健与管理	520803 老年保健与管理
	120302 农村区域发展	620812 医疗器械经营与管理	490214 医疗器械经营与服务
	120401 公共事业管理	630102 税务	530101 财税大数据应用
	120402 行政管理	630103 资产评估与管理	530102 资产评估与管理
	120403 劳动与社会保障	630201 金融管理	530201 金融服务与管理
	120404 土地资源管理	630202 国际金融	530207 国际金融
	120405 城市管理	630203 证券与期货	530206 证券实务
	120409 公共关系学	630205 保险	530203 保险实务
	120503 信息资源管理	630206 投资与理财	530205 财富管理
	120601 物流管理	630207 信用管理	530204 信用管理
	120702 标准化工程	630208 农村金融	530208 农村金融
	120801 电子商务	630209 互联网金融	530202 金融科技应用
	120803 跨境电子商务	630301 财务管理	530301 大数据与财务管理
	120901 旅游管理	630302 会计	530302 大数据与会计

附录九 浙江省2024年选拔高职高专毕业生进入本科学习实施细则

续表

类别	所含本科专业名称及其国标码	所含高职高专专业名称及其国标码	
		2021年以前入学的退役大学生士兵使用	2021年（含）以后入学的应届毕业生使用
经管类	120902 酒店管理 120903 会展经济与管理 120904 旅游管理与服务教育 330302 大数据与会计 330701 电子商务 300401 民航运输服务与管理 330802 现代物流管理 330601 企业数字化管理 830801 电子商务	630303 审计 630304 会计信息管理 630401 信息统计与分析 630402 统计与会计核算 630501 国际贸易实务 630502 国际经济与贸易 630503 国际商务 630505 经济信息管理 630506 报关与国际货运 630507 商务经纪与代理 630601 工商企业管理 630602 商务管理 630604 连锁经营管理 630607 中小企业创业与经营 630701 市场营销 630702 汽车营销与服务 630801 电子商务 630802 移动商务 630804 商务数据分析与应用 630805 跨境电子商务 630901 物流工程技术 630902 物流信息技术 630903 物流管理 630907 采购与供应管理 640101 旅游管理 640102 导游 640103 旅行社经营管理 640104 景区开发与管理	530303 大数据与审计 530401 统计与大数据分析 530402 统计与会计核算 530501 国际经济与贸易 530501 国际经济与贸易 530502 国际商务 530503 关务与外贸服务 530601 工商企业管理 530603 商务管理 530602 连锁经营与管理 530604 中小企业创业与经营 530605 市场营销 500210 汽车技术服务与营销 530701 电子商务 530703 移动商务 530704 网络营销与直播电商 530706 商务数据分析与应用 530702 跨境电子商务 530801 物流工程技术 530809 智能物流技术 530802 现代物流管理 530808 采购与供应管理 530810 供应链运营 540101 旅游管理 540102 导游 540104 定制旅行管理与服务 540110 智慧景区开发与管理

续表

类别	所含本科专业名称及其国标码	所含高职高专专业名称及其国标码	
		2021年以前入学的退役大学生士兵使用	2021年（含）以后入学的应届毕业生使用
经管类		640105 酒店管理	540106 酒店管理与数字化运营
			540107 民宿管理与运营
		640106 休闲服务与管理	540113 休闲服务与管理
		640107 研学旅行管理与服务	540105 研学旅行管理与服务
			540111 智慧旅游技术应用
		640201 餐饮管理	540201 餐饮智能管理
		640202 烹调工艺与营养	540202 烹饪工艺与营养
		640204 中西面点工艺	540203 中西面点工艺
		640205 西餐工艺	540204 西式烹饪工艺
		640301 会展策划与管理	540112 会展策划与管理
		650402 文化市场经营管理	550402 文化产业经营与管理
		660215 媒体营销	560216 全媒体广告策划与营销
		670202 商务英语	570201 商务英语
		670204 旅游英语	570203 旅游英语
		670401 运动训练	570303 运动训练
		670403 社会体育	570301 社会体育
		670404 休闲体育	570302 休闲体育
		670405 高尔夫球运动与管理	570313 高尔夫球运动与管理
		670408 体育运营与管理	570311 体育运营与管理
		670409 体育保健与康复	570306 体育保健与康复
		670410 健身指导与管理	570307 健身指导与管理
		670411 电子竞技运动与管理	570312 电子竞技运动与管理
		690104 社区管理与服务	590104 社区管理与服务
		690105 公共关系	
		690201 民政管理	590201 民政服务与管理
		690202 人力资源管理	590202 人力资源管理
		690205 公共事务管理	
		690206 行政管理	
		690207 质量管理与认证	
		690208 知识产权管理	590208 知识产权管理
		690301 老年服务与管理	590302 智慧健康养老服务与管理
		690302 家政服务与管理	590301 现代家政服务与管理
		690306 幼儿发展与健康管理	520802 婴幼儿托育服务与管理

附录九　浙江省2024年选拔高职高专毕业生进入本科学习实施细则

续表

类别	所含本科专业名称及其国标码	所含高职高专专业名称及其国标码	
		2021年以前入学的退役大学生士兵使用	2021年（含）以后入学的应届毕业生使用
法学类	030101 法学 030102 知识产权 030105 国际经贸规则 030201 政治学与行政学 030202 国际政治 030204 国际事务与国际关系 030301 社会学 030302 社会工作 030503 思想政治教育 030601 治安学 030602 侦查学 030606 经济犯罪侦查	680101 治安管理 680102 交通管理 680108 警察管理 680109 公共安全管理 680111 部队后勤管理 680201 警察指挥与战术 680203 船艇指挥 680204 通信指挥 680301 刑事科学技术 680401 刑事侦查 680402 国内安全保卫 680403 经济犯罪侦查 680404 禁毒 680502 法律文秘 680503 法律事务 680601 刑事执行 680603 行政执行 680604 司法警务 680605 社区矫正 680702 安全防范技术 680705 司法信息安全 690101 社会工作 690104 社区管理与服务 690106 人民武装 690208 知识产权管理	 580402 法律文秘 580401 法律事务 580501 刑事执行 580503 行政执行 580504 司法警务 580505 社区矫正 580701 安全防范技术 580604 司法信息安全 580702 安全保卫管理 590101 社会工作 590104 社区管理与服务 590208 知识产权管理
教育类	040101 教育学 040102 科学教育 040103 人文教育 040104 教育技术学 040106 学前教育 040107 小学教育 040201 体育教育	670101 早期教育 670102 学前教育 670103 小学教育 670104 语文教育 670105 数学教育 670106 英语教育 670107 物理教育	570101 早期教育 570102 学前教育 570103 小学教育

续表

类别	所含本科专业名称及其国标码	所含高职高专专业名称及其国标码	
		2021年以前入学的退役大学生士兵使用	2021年（含）以后入学的应届毕业生使用
教育类	040202 运动训练 040203 社会体育指导与管理 040204 武术与民族传统体育 040205 运动人体科学 040207 休闲体育	670108 化学教育 670109 生物教育 670112 音乐教育 670113 美术教育 670114 体育教育 670118 特殊教育 670120 现代教育技术 670201 汉语 670301 文秘 670401 运动训练 670403 社会体育 670404 休闲体育 670405 高尔夫球运动与管理 670406 民族传统体育 670408 体育运营与管理 670409 体育保健与康复 670410 健身指导与管理 690304 社区康复 690306 幼儿发展与健康管理	570108 音乐教育 570109 美术教育 570110 体育教育 570114 特殊教育 590401 现代文秘 570303 运动训练 570301 社会体育 570302 休闲体育 570310 体能训练 570313 高尔夫球运动与管理 570311 体育运营与管理 570306 体育保健与康复 570307 健身指导与管理 520802 婴幼儿托育服务与管理
农学类	071002 生物技术 082803 风景园林 090101 农学 090102 园艺 090103 植物保护 090107 茶学 090109 应用生物科学 090201 农业资源与环境 090301 动物科学 090401 动物医学 090501 林学 090502 园林 090601 水产养殖学	510102 种子生产与经营 510103 设施农业与装备 510105 休闲农业 510107 园艺技术 510109 茶树栽培与茶叶加工 510113 农产品加工与质量检测 510114 绿色食品生产与检验 510116 农产品流通与管理 510201 林业技术 510202 园林技术 510301 畜牧兽医 510302 动物医学	410101 种子生产与经营 410112 设施农业与装备 410105 园艺技术 410107 茶叶生产与加工技术 410114 农产品加工与质量检测 410115 绿色食品生产技术 410116 农产品流通与管理 410201 林业技术 410202 园林技术 410210 森林生态旅游与康养 410303 畜牧兽医 410301 动物医学

附录九 浙江省2024年选拔高职高专毕业生进入本科学习实施细则

续表

类别	所含本科专业名称及其国标码	所含高职高专专业名称及其国标码	
		2021年以前入学的退役大学生士兵使用	2021年（含）以后入学的应届毕业生使用
农学类	090602 海洋渔业科学与技术	510304 动物防疫与检疫	
		510305 动物医学检验技术	410301 动物医学
		510306 宠物养护与驯导	410309 宠物养护与驯导
		510401 水产养殖技术	
		510402 海洋渔业技术	
		570101 食品生物技术	
		570102 化工生物技术	
		570103 药品生物技术	470102 药品生物技术
		570104 农业生物技术	
		590101 食品加工技术	490101 食品智能加工技术
		590102 酿酒技术	490105 酿酒技术
		590103 食品质量与安全	490102 食品质量与安全
		590105 食品检测技术	490104 食品检验检测技术
		590107 食品营养与检测	490104 食品检验检测技术
		590207 生物制药技术	490202 生物制药技术
医学类	100101 基础医学	620101 临床医学	520101 临床医学
	100201 临床医学	620102 口腔医学	520102 口腔医学
	100202 麻醉学	620103 中医学	520401 中医学
	100203 医学影像学	620105 针灸推拿	520403 针灸推拿
	100301 口腔医学	620201 护理	520201 护理
	100401 预防医学	620202 助产	520202 助产
	100501 中医学	620401 医学检验技术	520501 医学检验技术
	100502 针灸推拿学	620403 医学影像技术	520502 医学影像技术
	100601 中西医临床医学	620404 医学美容技术	520507 医学美容技术
	100901 法医学	620405 口腔医学技术	520504 口腔医学技术
	101001 医学检验技术	620406 卫生检验与检疫技术	520508 卫生检验与检疫技术
	101003 医学影像技术	620407 眼视光技术	520901 眼视光技术
	101004 眼视光学	620501 康复治疗技术	520601 康复治疗技术
	101005 康复治疗学	620502 言语听觉康复技术	520603 言语听觉康复技术
	101007 卫生检验与检疫	620602 公共卫生管理	
	101008 听力与言语康复学	620603 卫生监督	
	101101 护理学	620604 卫生信息管理	520702 卫生信息管理
	101102 助产学	620802 医学营养	520805 医学营养
	320201 护理		520903 视觉训练与康复
		670409 体育保健与康复	570306 体育保健与康复
		690304 社区康复	

附录

续表

类别	所含本科专业名称及其国标码	所含高职高专专业名称及其国标码	
		2021年以前入学的退役大学生士兵使用	2021年（含）以后入学的应届毕业生使用
艺术类	040105 艺术教育	540101 建筑设计	440101 建筑设计
	050302 广播电视学	540102 建筑装饰工程技术	440102 建筑装饰工程技术
	050303 广告学	540104 建筑室内设计	440106 建筑室内设计
	050306 网络与新媒体	540105 风景园林设计	440105 风景园林设计
	081702 包装工程	540107 建筑动画与模型制作	440107 建筑动画技术
	082803 风景园林		550211 戏曲音乐
	130201 音乐表演	560118 工业设计	460105 工业设计
	130202 音乐学	580105 家具设计与制造	480103 家具设计与制造
	130203 作曲与作曲技术理论	580109 鞋类设计与工艺	480104 鞋类设计与工艺
	130204 舞蹈表演	580110 乐器制造与维护	
	130205 舞蹈学	580201 包装工程技术	
	130206 舞蹈编导	580202 包装策划与设计	480202 包装策划与设计
	130207 舞蹈教育	580406 纺织品设计	480406 纺织品设计
	130301 表演	580409 针织技术与针织服装	480404 针织技术与针织服装
	130304 戏剧影视文学	580410 服装设计与工艺	480402 服装设计与工艺
	130305 广播电视编导	580412 服装陈列与展示设计	550127 服装陈列与展示设计
	130307 戏剧影视美术设计	610207 动漫制作技术	510215 动漫制作技术
	130308 录音艺术	610210 数字媒体应用技术	510204 数字媒体技术
	130309 播音与主持艺术	640301 会展策划与管理	540112 会展策划与管理
	130310 动画	650101 艺术设计	550101 艺术设计
	130311 影视摄影与制作	650102 视觉传播设计与制作	550102 视觉传达设计
	130401 美术学	650103 广告设计与制作	550113 广告艺术设计
	130402 绘画	650104 数字媒体艺术设计	550103 数字媒体艺术设计
	130403 雕塑	650105 产品艺术设计	550104 产品艺术设计
	130404 摄影	650106 家具艺术设计	
	130405 书法学	650108 服装与服饰设计	550105 服装与服饰设计
	130406 中国画	650109 室内艺术设计	550114 室内艺术设计
	130501 艺术设计学	650110 展示艺术设计	550110 展示艺术设计
	130502 视觉传达设计	650111 环境艺术设计	550106 环境艺术设计
	130503 环境设计	650113 雕刻艺术设计	550119 雕刻艺术设计
	130504 产品设计	650114 包装艺术设计	550121 包装艺术设计
	130505 服装与服饰设计	650119 工艺美术品设计	550112 工艺美术品设计
	130506 公共艺术	650120 动漫设计	550116 动漫设计

附录九　浙江省2024年选拔高职高专毕业生进入本科学习实施细则

续表

类别	所含本科专业名称及其国标码	所含高职高专专业名称及其国标码	
		2021年以前入学的退役大学生士兵使用	2021年（含）以后入学的应届毕业生使用
艺术类	130508 数字媒体艺术 130509 艺术与科技 350103 数字媒体艺术 350104 产品设计 350106 环境艺术设计 850105 工艺美术	650121 游戏设计 650122 人物形象设计 650123 美容美体艺术 650124 摄影与摄像艺术 650125 美术 650201 表演艺术 650202 戏剧影视表演 650203 歌舞表演 650204 戏曲表演 650205 曲艺表演 650207 舞蹈表演 650209 服装表演 650210 模特与礼仪 650211 现代流行音乐 650213 音乐制作 650215 钢琴调律 650216 舞蹈编导 650218 舞台艺术设计与制作 650219 音乐表演 650305 民族传统技艺 650404 文物修复与保护 660201 新闻采编与制作 660202 播音与主持 660203 广播影视节目制作 660205 影视制片管理 660206 影视编导 660207 影视美术 660208 影视多媒体技术 660209 影视动画 660211 音像技术 660213 摄影摄像技术 660214 传播与策划 670101 早期教育 670102 学前教育 670112 音乐教育 670113 美术教育	550109 游戏艺术设计 550117 人物形象设计 550111 美容美体艺术 550118 摄影与摄像艺术 550107 书画艺术 550204 表演艺术 550205 戏剧影视表演 550206 歌舞表演 550203 戏曲表演 550207 曲艺表演 550202 舞蹈表演 550217 时尚表演与传播 550217 时尚表演与传播 550210 现代流行音乐 550212 音乐制作 550214 钢琴调律 550215 舞蹈编导 550218 舞台艺术设计与制作 550201 音乐表演 550304 民族传统技艺 550404 文物修复与保护 560205 新闻采编与制作 560201 播音与主持 560202 广播影视节目制作 560207 影视制片管理 560204 影视编导 550218 舞台艺术设计与制作 560208 影视多媒体技术 560206 影视动画 560210 音像技术 560212 摄影摄像技术 560215 传播与策划 570101 早期教育 570102 学前教育 570108 音乐教育 570109 美术教育

附件 2

浙江省 2024 年普通高校专升本选拔考试考生登记表

所在高校：_____ 招考类别：_____
所学专业：_____ 注册号：_____

姓名		性别		民族		照片
身份证号		政治面貌				
录取通知书邮寄地址			手机号码			
			邮政编码			

是否退役士兵	□是　　□否

本人简历	何年何月至何年何月	在何地何单位学习或工作	任何职务

何时何地受过何种奖励或处分	

考生综合品德评定	系（院）负责人： 　　　年　月　日

考生所在高校意见	高校（盖章）： 　　　年　月　日

报考志愿

志愿号	学校、专业代码	学校、专业名称	志愿号	学校、专业代码	学校、专业名称
A			E		
B			F		
C			G		
D			H		

附录十

2024年浙江省各级机关单位考试录用公务员公告

为满足全省各级机关单位补充公务员（含参照公务员法管理的机关单位工作人员，下同）需要，根据公务员法和《浙江省公务员录用实施办法》等有关规定，浙江省公务员局将组织实施2024年全省各级机关单位考试录用一级主任科员以下及其他相当职级层次公务员工作。现将有关事项公告如下：

一、招录计划

2024年全省各级机关单位计划招考公务员7206名，具体的招考单位、职位、人数和报考资格条件可于2023年11月3日起登录下列网站查询：

浙江省人民政府网站（www.zj.gov.cn）
浙江组织工作网（www.zjzzgz.gov.cn）
长三角公务员考录一体化平台网站（www.csjgwy.com）
浙江省公务员考试录用网（gwy.zjks.gov.cn）
浙江人事考试网（www.zjks.gov.cn）

报考市以下各级机关单位的，可于2023年11月7日起登录以下网站查询：

西湖先锋网（www.hzzhdj.cn）
宁波党建网（web.nbdj.gov.cn）
温州党建网（www.wzdj.gov.cn）
嘉兴考试培训网（www.jxkp.com）
湖州组织工作网（zzb.huzhou.gov.cn）
绍兴党建网（www.sxdj.gov.cn）
金华人才网（www.jhrcsc.com）
衢州党建网（www.qzdj.gov.cn）
舟山党建网（www.zsdj.gov.cn）
台州党建网（zzb.zjtz.gov.cn）
丽水先锋网（www.lsxfw.cn）

二、招考的范围、对象和条件

（一）招考的范围和对象

1. 省级机关和省属单位的招考对象为：除职位特殊要求外，原则上为具有本科以上学历并取得相应学位的人员。

2. 省属单位面向服务基层项目人员招考对象为：

（1）参加我省"选聘到村（社区）任职高校毕业生"（以下简称大学生"村官"）项目服务满2年，且历年年度考核称职以上的人员。

（2）参加团中央选派的"大学生志愿服务西部计划"和我省选派的"大学生志愿服务山区、海岛、边远地区计划"（原"大学生志愿服务欠发达地区计划"）（以下简称"两项计划"）服务期满、历年年度考核合格以上，且累计具有2年以上基层工作经历的人员。

（3）参加我省选派的"三支一扶"服务期满、历年年度考核称职以上，且累计具有 2 年以上基层工作经历的人员。

上述（1）（2）（3）人员离开服务岗位后，享受定向考录政策的期限为 5 年，如 2019 年已不在服务岗位的，期限为 2020—2024 年，依此类推。

在军队服役满 5 年的浙江省生源或户籍的高校毕业生退役军人共享省属单位面向服务基层项目人员招录计划。

高校毕业生退役军人是指：普通高校大专以上毕业后参军入伍，现已退役的人员；被普通高校录取或就读期间到部队服役，退役后继续学习并取得普通高校大专以上毕业证书的人员。

3. 市级机关单位面向服务基层项目人员的招考对象参照省属单位执行，具体由各市公告明确。

4. 县级机关单位面向服务基层项目人员的招考对象为：参加大学生"村官"项目服务满 2 个聘期、历年年度考核均为称职以上，且离岗未满 3 年的人员；参加"两项计划"和"三支一扶"服务期满、历年年度考核合格以上，且离开服务岗位未满 3 年的人员。

在军队服役满 5 年的普通高校毕业生退役军人共享县级机关面向服务基层项目人员招录计划。具体由各市公告明确。

5. 乡镇（街道）机关面向服务基层项目人员的范围和对象与县级机关单位相同。在军队服役满 5 年的高校毕业生退役军人、山区海岛县事业编制人员共享乡镇机关面向服务基层项目人员招录计划。

共享乡镇机关面向服务基层项目人员招录计划的事业编制人员为：山区海岛县聘用满 3 年、年度考核均为合格以上等次（其中近 3 年年度考核至少 1 年为优秀等次）的乡镇事业编制人员（含县级机关派驻乡镇事业站所，不含学校、医院）。具体由各市公告明确。

6. 乡镇（街道）机关面向优秀村干部招考范围和对象为：各县（市、区）行政区域内，经选举产生的现任村党组织、村委会（以下简称村"两委"）正职连续任职满 2 年或现任村"两委"委员以上连续任职满 3 年的人员（符合乡镇〈街道〉机关面向服务基层项目人员招考范围和对象的，不能报考优秀村干部职位）。在村级组织换届前已经担任村"两委"正职，在换届实行村党组织书记、村委会主任"一肩挑"后，改任村党组织副书记、村委会副主任的人员，其换届后担任村"两委"副职的时间可纳入连续担任村"两委"正职时间计算。在普通高校脱产就读期间担任村干部的，不计入任职时间。

乡镇（街道）机关面向优秀社区干部招考范围和对象由各市公告明确。

7. 乡镇（街道）机关招考专职人民武装干部的范围和对象为：市内生源且具有浙江省常住户口的高校毕业生退役军人和人民武装学院毕业学员。

8. 市以下各级机关单位其他职位的招考范围和对象由各地公告明确。

（二）招考条件

报考人员除应具备公务员法、公务员录用有关规定要求的基本条件、报考职位要求的资格条件以及符合上述招考范围和对象规定外，还需符合以下条件：

1. 年龄 18 至 35 周岁（1987 年 11 月至 2005 年 11 月期间出生，下同），2024 年硕士以上应届毕业生年龄 18 至 40 周岁（1982 年 11 月至 2005 年 11 月期间出生，下同）。

2. 报考乡镇（街道）机关面向优秀村干部职位的，现任村"两委"正职的，以及在村级组织换届前担任村"两委"正职，换届实行村党组织书记、村委会主任"一肩挑"后，改任村党组织副书记、村委会副主任的人员，年龄18至40周岁，具有国家承认的中专或高中以上学历。其他人员要求年龄18至35周岁，具有国家承认的大专以上学历。

3. 报考乡镇（街道）机关专职人民武装干部的，要求年龄18至30周岁（1992年11月至2005年11月期间出生，下同）。

4. 报考法院、检察院、公安、司法行政系统人民警察职位的，要求年龄18至30周岁，2024年硕士以上应届毕业生报考人民警察职位的，年龄18至35周岁。报考浙江警察学院和浙江警官职业学院职位的，年龄18至35周岁，2024年硕士以上应届毕业生，年龄18至40周岁。报考公安机关法医（狱医）职位、司法行政系统人民警察狱医和心理矫正职位的，年龄18至35周岁。

5. 报考各级共青团职位的，要求年龄18至28周岁（1994年11月至2005年11月期间出生）。

6. 除专业技术类职位和特殊职位外，报考省级机关单位和杭州、宁波两市市级机关单位的，均须具有2年以上基层工作经历。

7. 报考各级法院、检察院机关法律类职位的，应具有普通高校本科以上学历、学位。报考法官助理、检察官助理职位的，须通过国家统一法律职业资格考试或国家司法考试，并取得法律职业资格A类证书（取得C类资格证书的人员，仅限于报考少数民族自治地方）；参加2023年国家统一法律职业资格考试客观题成绩已达到合格分数线的，可以先行报考。

通过高等教育自学考试、成人高等教育学历考试的人员，须在2024年2月底前取得报考职位所需的毕业证书和学位证书。

三、招考程序

报名、资格初审和缴费通过网络方式进行。

（一）报名和资格初审

报名时间：2023年11月9日9时—11月13日17时。

资格初审时间：2023年11月9日9时—11月15日17时。

网址：浙江省公务员考试录用网（gwy.zjks.gov.cn）。

报考人员要仔细阅读诚信承诺书，按职位要求和报名网站提示，如实、准确、完整地填写有关信息，上传使用官方网站提供的"照片审核处理工具"处理后的本人近期照片。

11月11日17时前，报考人员可在浙江省公务员考试录用网查询报考比例不足1：8或超过1：80的职位。每人只能报考一个职位。报考人员报名后，由招录机关对其是否符合资格条件进行资格初审。

通过资格初审的不能再报考其他职位；未通过的可在报名时间内再次报名并接受资格初审。

报考专设残疾人职位的人员，在报名网站填写本人身份及残疾证信息，由各级残联进行审核确认通过后，再进行注册并选择职位报名。

（二）缴费确认

时间：2023 年 11 月 16 日 9 时—11 月 20 日 17 时。

通过资格初审的人员登录浙江省公务员考试录用网进行网上缴费确认并查询是否完成。未按时缴费确认的，视为放弃报名。报考专设残疾人职位的人员，免收考试费。

（三）下载并打印准考证

时间：2023 年 12 月 4 日 9 时—12 月 10 日 17 时。已完成缴费确认的人员登录浙江省公务员考试录用网，自行下载打印准考证。

（四）笔试时间和科目

公共科目笔试时间为 2023 年 12 月 10 日。每个科目满分均为 100 分。具体为：

1. 报考县级以上机关单位职位（不含行政执法类）的，考试类别为综合类，时间和科目为：

上午：9：00—11：00　　　　《行政职业能力测验》（A 卷）

下午：14：00—16：30　　　《申论》（A 卷）

2. 报考乡镇（街道）机关职位的（不含优秀村干部职位），考试类别为基层类，时间和科目为：

上午：9：00—11：00　　　　《行政职业能力测验》（B 卷）

下午：14：00—16：30　　　《申论》（B 卷）

3. 报考公安机关执法勤务类、法检系统司法警察、司法行政系统人民警察、综合行政执法、自然资源、市场监管、生态环保、文化市场、交通运输、农业农村（海洋渔业）、应急管理、卫生健康等一线执法职位的，考试类别为行政执法类，时间和科目为：

上午：9：00—11：00　　　　《行政职业能力测验》（C 卷）

下午：14：00—16：30　　　《申论》（C 卷）

4. 报考乡镇（街道）机关面向优秀村干部职位的，考试类别为优秀村干部类，时间和科目为：

上午：9：00—11：00　　　　《行政职业能力测验》（D 卷）

报考乡镇（街道）机关面向优秀村干部职位的，还须加试《综合应用能力》，时间为 12 月 10 日下午 14：00—16：30。

报考法院、检察院、公安、司法行政系统人民警察职位，除参加公共科目笔试外，还须参加《心理测评》，时间为 2023 年 12 月 9 日上午 9：00—9：50。测评结果不折合分数，不计入笔试成绩，仅判定达标与否，未达标者不能进入后续环节。

报考公安机关执法勤务类职位的，还须参加公安专业科目笔试，试卷总分为 100 分。笔试时间为 2023 年 12 月 9 日上午 10：30—12：30。

报考县级以上机关专业技术类职位的，考试类别为综合类；报考乡镇（街道）机关专业技术类职位的，考试类别为基层类。除参加公共科目笔试外，还须在笔试或面试环节参加专业能力测试。

报考省级机关单位的，考试地点在杭州。报考市级以下机关单位的，考试地点在该市或所辖县（市、区）。报考专设残疾人职位的人员，可在报名时选择考试地点。

具体考试时间、科目及地点详见准考证。报考人员必须同时携带准考证和第二代身份证参加考试。

本次考试范围以《2024年浙江省各级机关单位考试录用公务员公共科目和综合应用能力科目考试大纲》和《2024年度公安机关人民警察职位专业科目笔试考试大纲》为准。考试大纲可在浙江省公务员考试录用网查询下载。

（五）加分并划定笔试成绩合格分数线

笔试总成绩为两科原始成绩相加（考试成绩均精确到小数点后2位）。报考公安机关执法勤务类职位的按照行政职业能力测验、申论、公安专业科目考试成绩各占40%、30%、30%的比例合成笔试总成绩。对现任村"两委"正职（以报名时的任职为准）报考乡镇（街道）机关面向服务基层项目人员职位和优秀村干部职位的，笔试总成绩加10分。

报考专业技术类职位，在笔试阶段加试专业能力测试的，笔试总成绩按职位备注中明确的比例合成。

笔试公共科目按规定作雷同卷甄别后，由省公务员局统一划定各类职位的公共科目笔试成绩合格分数线。公安执法勤务类职位按行政职业能力测验、申论和公安专业科目合成后的笔试总成绩划定合格分数线。面向少数民族招考职位的合格分数线单独划定。

（六）确定体能测评、面试对象

招录机关根据各招考职位的笔试总成绩，在合格人员中按规定比例从高分到低分确定体能测评和面试对象。

1.省级机关单位招考计划2名以下的职位按1∶3确定面试对象，招考计划3名以上的职位按1∶2确定面试对象。各级法官助理、检察官助理职位按上述规定执行。

乡镇（街道）机关面向优秀村干部和服务基层项目人员的职位，按1∶3确定面试对象。

2.省属监狱系统人民警察职位按1∶4确定体能测评对象（其中招考计划3名以上的职位按1∶3确定）。测评对象放弃或不按规定时间、地点参加的，不再递补。体能测评结束后，招录机关在合格人员中从高分到低分按1∶3确定面试对象（其中招考计划3名以上的职位按1∶2确定）。

乡镇（街道）机关招考专职人民武装干部职位，参照上述人民警察职位比例和办法确定体能测评对象和面试对象。

3.专业技术类职位按1∶5比例确定面试对象，其中须开展体能测评的职位，按1∶5确定体能测评对象，体能测评合格人员入围面试。

上述1、2、3中出现不足规定比例的，按实际人数确定。

4.市级以下机关单位的其他职位确定体能测评和面试对象的比例由各市根据有关规定在公告中明确。

（七）资格复审

面试或体能测评前，由各级公务员主管部门组织招录单位具体开展资格复审。资格复审合格者，参加体能测评或面试。

资格复审时，2024年应届毕业生应提供学校核发的就业推荐表、教育部学生司制发的《全国普通高校毕业生就业协议书》（省外高校可持省级教育行政部门制发的《普通高校毕业生就业协议书》）、户口簿（或印有本人户口信息的户口簿页面）、身份证以及报考职位所需的其他证件（证明）原件及复印件；社会人员（含2022年、2023年毕业生）应提供本人身份证、户口簿（或印有本人户口信息的户口簿页面）、毕业证书、学位证书以及报考职位所需的其他证件（证明）原件及复印件。2024年应届毕业生因学校原因或单位签约盖章等原因无法提供就业协议书的，由本人提供书面说明。

除按上述要求外，以下人员还须提供相关证明原件及复印件：

国（境）外学历人员应提供教育部中国留学服务中心出具的国（境）外学历、学位认证书；

大学生"村官"应提供服务地县级组织部门出具的服务满2年或2个聘期、考核称职和是否在服务岗位的证明；参加"大学生志愿服务西部计划"人员应提供全国大学生志愿服务西部计划项目管理办公室颁发的《大学生志愿服务西部计划志愿服务证》及与省级项目办签署的"大学生志愿服务西部计划招募协议书"；参加"大学生志愿服务山区、海岛、边远地区计划"（原"大学生志愿服务欠发达地区计划"）人员应提供浙江省大学生志愿服务山区、海岛、边远地区计划项目管理办公室颁发的《志愿服务证》，参加"三支一扶"人员应提供浙江省"三支一扶"办提供的证明或《"三支一扶"人员服务证书》；

共享乡镇机关面向服务基层项目人员招录计划的事业编制人员应提供《乡镇事业编制人员考试录用乡镇公务员报名推荐表》；

报考乡镇（街道）机关专职人民武装干部等职位的高校毕业生退役军人应提供退出现役证明；

参加2023年国家统一法律职业资格考试的人员，须提供市级司法行政部门出具或从司法部网站下载打印的2023年度国家统一法律职业资格考试主观题成绩通知单。

资格复审开始前48小时以内，报考人员确认不参加资格复审的，相关职位不再递补。

未按规定时间、地点参加资格复审或资格复审不合格的，不能参加面试（体能测评），相关职位不再递补。

（八）体能测评

报考人民警察和行政执法类职位中的综合执法职位须开展体能测评。其中人民警察职位要求10米×4往返跑、纵跳摸高、男子1000米跑（女子800米跑）三个项目均达标。行政执法类职位中的综合执法职位体能测评的项目和标准参照人民警察职位执行。

体能测评工作由市级以上公务员主管部门组织、招录机关实施，也可以由市级以下公务员主管部门会同招录机关实施。

专职人武干部的体能测评工作由省军区组织实施。体能测评项目及评分标准按《浙江省乡镇（街道）机关录用专职人武干部体能测评项目成绩标准》执行，要求三个项目均达标。

（九）面试

面试分别由省、市两级公务员主管部门统一组织实施，入围面试人员放弃面试资格的，相关职位不再递补。面试成绩满分为100分，合格分数为60分。面试不合格者，不能列入体检、考察对象。

省级招录机关专业技术类职位的面试由省级招录机关报经省级公务员主管部门审核同意后自行组织实施，市级以下招录机关专业技术类职位的面试组织由各市公务员主管部门确定。笔试阶段未进行专业测试的专业技术类职位，须在面试阶段组织专业测试。

（十）确定体检、考察对象

面试结束后，将笔试总成绩、面试（总）成绩分别折合成百分制，并按笔试分数占40％、面试分数占60％合成总成绩。总成绩的计算公式为：

总成绩＝笔试分数（百分制）×40％＋面试分数（百分制）×60％。

省级机关（含浙江警察学院、浙江警官职业学院）根据总成绩（若总成绩相等，以笔试总成绩高的排位在前；笔试总成绩再相等的，以行政职业能力测验成绩高的排位在前，下同）从高分到低分按招考计划的1∶2确定考察对象，不足规定比例的按实际人数确定。考察结束后，按1∶1确定体检对象。

省属监狱系统人民警察职位根据报考人员总成绩从高分到低分按1∶2确定体检对象，其中招考计划3名以上的职位，按1∶1.5确定（有小数的四舍五入）。体检结束后，在体检合格人员中从高分到低分按照1∶1确定考察对象。不足规定比例的按实际人数确定。

市级以下招录机关体检、考察对象的比例由各市公务员主管部门研究确定并在公告中明确。

（十一）体检、考察

体检工作由市级以上公务员主管部门组织、招录机关实施，也可以由市级以下公务员主管部门会同招录机关实施。体检工作按《关于修订〈公务员录用体检通用标准（试行）〉及〈公务员录用体检操作手册（试行）〉有关内容的通知》（人社部发〔2016〕140号）、《关于印发〈公务员录用体检特殊标准（试行）〉的通知》（人社部发〔2010〕82号）和《关于进一步做好公务员考试录用体检工作的通知》（人社部发〔2012〕65号）等文件规定执行。报考人员不按规定的时间、地点参加体检的，视为放弃体检。

考察按《公务员录用考察办法（试行）》（中组发〔2021〕11号）执行，对报考各级公安、司法行政系统人民警察职位的人员，还须按《公安机关录用人民警察政治考察工作办法》（公通字〔2020〕11号）执行。

考察期一般不超过60天，自考察对象名单公示之日起计算。考察结论分为"合格"或"不宜录用为公务员"。入围考察名单公示后至办理录用报到手续前，相关人员放弃资格的，记入浙江省公务员考试诚信档案库。

省级机关（含浙江警察学院、浙江警官职业学院）实行差额考察，按照人岗相适原则择优确定拟录用人员，不唯分取人。市级以下招录机关和省属监狱系统人民警察职位实行等额考察。

考察结果仅作为本次招考是否录用的依据。

（十二）公示、录用

招录机关根据考试成绩、体检结果和考察情况，确定拟录用人员名单并在浙江省公务员考试录用网公示5个工作日。县以下机关面向服务基层项目人员和优秀村（社区）干部招考的职位，由县级公务员主管部门负责在拟录用人员所在县（市、区）、乡镇（街道）、村（社区）公示5个工作日。

公示期满后，没有反映或反映有问题经查实不影响录用的，由招录机关办理录用报批手续。对反映有影响录用问题并查有实据的，不予录用；对反映的问题一时难以查实的，可暂缓录用，待查清后再决定是否录用。

2024 年应届毕业生不能在 2024 年 9 月 30 日前向招录机关提供报考所需的学历、学位证书等相关证明文件及其他材料的，原则上取消录用资格。

报考省级机关（含浙江警察学院、浙江警官职业学院）的人员放弃考察的，由招录机关在相应职位面试合格人员中按总成绩从高分到低分递补考察。报考人员放弃体检或体检不合格、不能在规定时间提供报考所需相关证明文件及其他材料、在向录用审批机关报送录用审批材料前放弃录用资格的，由招录机关在相应职位考察合格人员中递补。无考察合格人员时，由招录机关自行决定是否继续从面试合格人员中递补考察、体检。

报考省属监狱系统人民警察职位的人员放弃体检或体检不合格的，不予递补；放弃考察、考察结论为不宜录用为公务员、不能在规定时间提供报考所需相关证明文件及其他材料、在向录用审批机关上报前放弃录用资格的，由招录机关在相应职位体检合格人员中按总成绩从高分到低分递补。

确定参加体能测评、面试、体检、考察及递补人员的名单均在浙江省公务员考试录用网公布。

录用审批材料上报后，拟录用人员放弃或无正当理由逾期不报到的，取消录用资格，记入浙江省公务员考试诚信档案库。出现上述情况，省级机关和省属单位不再递补。

市以下各级机关单位的递补规则由各市公务员主管部门根据有关规定研究确定并在公告中予以明确。

在次年浙江省公务员招考公告发布时，尚未进行递补公示的，不再递补。

四、山区海岛县专项招录

2024 年将组织开展山区海岛县机关单位专项招录公务员工作，计划于全省公务员四级联考面试后推出专项招录职位。报考 2024 年全省公务员四级联考、笔试科目类别与专项招录要求测试科目类别相同，且公共科目笔试成绩合格的人员，均可报名。

专项招录公告、职位及相关事宜将在浙江省公务员考试录用网发布。

五、注意事项

（一）法官助理、检察官助理的考录工作按照中共浙江省委组织部、浙江省高级人民法院、浙江省人民检察院《关于招录人民法院法官助理、人民检察院检察官助理工作的实施意见》（浙组〔2016〕33 号）执行。

（二）截至 2023 年 11 月 9 日户口尚在迁移中的人员，不得报考对户籍有限制的职位。请报考人员注册报名时确认本人落户情况并如实填写。

（三）报考人员报名前须先进行注册，完成注册后进行报名。报考人员须用第二代身份证号码注册报名。参加笔试时，必须同时携带准考证和第二代居民身份证。

（四）报考人员在初审、复审等过程中提交的所有注册信息和材料应当真实、准确、有效。凡提供虚假信息和材料获取报考资格的，或有意隐瞒本人真实情况的，一经查实，即取消报考或录用资格。

（五）最低生活保障家庭的报考人员，可于 2023 年 11 月 17 日 17 时前将本人身份证及相关证明通过传真或电子邮件报浙江省社会保险和就业服务中心人事考试院（电话：0571-88396765，传真：0571-88396652，邮箱：zjks01@126.com），经审核后免除其考试费。

（六）缴费确认人数不足招考计划数 3 倍的职位，将酌情核减或取消招考计划，此类计划将在浙江省公务员考试录用网公布。招考职位取消的，考生自接到通知起 24 小时内可改报其他职位。因考生自身原因，无法正常联络或接到通知后逾期未改报的，视作放弃改报权，退还考试费。专设残疾人招录职位和部分特殊职位可视情适当降低开考比例，面向少数民族招考的职位不受开考比例的限制。

（七）根据人社部、公安部、国家公务员局《关于印发公安机关录用人民警察体能测评项目和标准（暂行）的通知》（人社部发〔2011〕48 号），体能测评三个项目中有一项不达标的，视为体能测评不合格。测评中，纵跳摸高不超过 3 次，10 米×4 往返跑不超过 2 次，1000 米（800 米）只测试 1 次。

（八）考试违规违纪行为的认定和处理，按照中组部、人社部《公务员录用违规违纪行为处理办法》（中组发〔2021〕12 号）执行。

（九）报考人员对在浙江省公务员考试录用网公布、公示的相关内容有异议的，可在公布、公示之日起 5 个工作日内向当地公务员主管部门或招录机关反映。

（十）公务员录用考试中涉及以下行为的：故意损毁试卷、答题纸、答题卡，或者将试卷、答题纸、答题卡带出考场；抄袭、协助抄袭；持假证件参加考试；使用禁止自带的通信设备或者具有计算、存储功能的电子设备；串通作弊或者有组织作弊；由他人替考或者冒名顶替他人参加考试等，将在浙江信用网上予以公布。

（十一）招考公告中规定的体能测评、体检、考察及违规违纪处理等政策文件，可在浙江省公务员考试录用网的"招考政策"专栏中查询。各招录机关的招考人数、具体职位、考试类别、资格条件、咨询电话等详见《2024 年浙江省各级机关单位公务员招考计划一览表》。报考者对招考职位的专业、学历、学位、工作经历等资格条件有疑问需要咨询时，可直接与招录机关联系，咨询电话可在招考计划一览表中查询。各市、县（市、区）政策咨询电话可在浙江省公务员考试录用网查询。

（十二）资格审查工作由招录机关负责。报名期间，招录机关根据报考资格条件对报考申请进行集中审查，确认报考者是否具有报考资格。资格审查贯穿录用工作全过程，在各环节发现报考者存在不得报考的情形或不符合报考资格条件的，招录机关均可以取消其报考资格或录用资格。

（十三）有关报考政策等事宜，详见与公告同时发布的《2024 年浙江省各级机关单位考试录用公务员报考指南》。

浙江省公务员局
2023 年 11 月 3 日

参 考 文 献

［1］ 蒋胜祥. 大学生就业指导［M］. 杭州：浙江科学技术出版社，2005.
［2］ 张瑶祥. 高职毕业生就业指导实用教程［M］. 北京：北京理工大学出版社，2007.
［3］ 高峰，石华富. 大学生就业指导［M］. 长春：吉林大学出版社，2005.
［4］ 尹忠泽. 大学生职业生涯规划［M］. 长春：吉林大学出版社，2007.
［5］ 唐晓林. 大学生职业生涯规划与就业指导［M］. 北京：中国言实出版社，2006.
［6］ 杨蕴彤，宋大伟. 大学生职业发展与就业指导［M］. 长春：吉林大学出版社，2009.
［7］ 金海燕. 大学生就业指导［M］. 5版. 杭州：浙江科学技术出版社，2012.
［8］ 金海燕. 大学生人生规划与择业指导［M］. 杭州：浙江科学技术出版社，2012.
［9］ 查良松. 高职大学生职业发展指南［M］. 2版. 杭州：浙江大学出版社，2013.
［10］ 陈齐苗. 大学生就业指导［M］. 北京：航空工业出版社，2022.
［11］ 阮雪刚. 大学生职业生涯规划与就业指导［M］. 北京：电子工业出版社，2024.